Leitungsaufgaben – nicht gelernt und dennoch gefordert

Liebe Kita-Leiterin, liebe Leserin,

Sie haben in Ihrer Ausbildung vielfältige Kenntnisse und Fertigkeiten erworben, die Sie täglich in Ihrer Arbeit mit Kindern anwenden: Sie sind Pädagogin. Sie verfügen über ein entsprechendes Repertoire an Ideen für Aktionen und Angeboten für Kinder.

Doch gerade das Leiten einer Kita war während der Ausbildung selten ein Thema. So übernehmen die meisten Leitungen in der Regel recht unvorbereitet diese anspruchsvolle Aufgabe. Sie als Kita-Leitung sind Ansprechpartnerin, wenn es um die Planung und Ausführung von Aktionen, die Moderation von Teamgesprächen oder die Außenwirkung der Einrichtung geht. Hier ist es Ihre Aufgabe, „den Ton anzugeben" und Verantwortung zu übernehmen. All diese Aufgaben müssen Sie wahrnehmen, ohne vorher in Personalführung und Unternehmensleitung ausgebildet worden zu sein.

Außerdem erwartet Ihr Träger von Ihnen, dass Sie ihn im Kita-Alltag bei der Personalführung und in arbeitsrechtlichen Fragen entlasten. Gleichzeitig räumen Ihnen die meisten Träger in letzter Konsequenz doch nicht die volle Entscheidungskompetenz ein. In wichtigen Fragen mischen sie sich tüchtig ein und erschweren Ihnen damit häufig die Arbeit. Kompetenzgerangel und Unsicherheiten, wer wofür tatsächlich zuständig ist, bleiben da nicht aus und belasten Sie und Ihre Rolle und Autorität im Team oft erheblich.

Der 1. Teil dieses Handbuchs hilft Ihnen mit Anleitungen und Übersichten bei der Ausführung Ihrer Leitungsaufgaben. So finden Sie Ihren individuellen Führungsstil und bekommen Anregungen, um aus Ihren Mitarbeiterinnen ein starkes Team zu formen. Zudem erhalten Sie konkrete Tipps, wie Sie als Leitung Konflikte im Kita-Team erkennen und damit umgehen.

Der 2. Teil dieses Handbuchs unterstützt Sie dabei, die schwierige Zwitterrolle als Vorgesetzte und letztlich doch nicht Personalverantwortliche einzunehmen und arbeitsrechtlich sicher zu handeln. Sie bekommen konkrete Hinweise, wie Sie kritische Situationen im Kita-Alltag arbeitsrechtlich einwandfrei in den Griff bekommen.

So müssen Sie zum einen nicht fürchten, dass Sie aus Unwissenheit für Ihren Träger teure Fehler machen und sich damit selbst in Schwierigkeiten bringen.

Zum anderen können Sie, wenn Sie Ihre Rechte und Pflichten kennen, gegenüber Ihrem Träger professionell auftreten, sich in Personalfragen souverän behaupten und die Interessen Ihrer Einrichtung und Ihres Teams überzeugend vertreten.

Bedenken Sie bei Ihrem Handeln als Chefin, was der chinesische Philosoph Laotse schon vor langer Zeit sagte:

„Der beste Chef wird von den Mitarbeitern kaum wahrgenommen. Nicht besonders gut ist es, wenn man ihm unterwürfig gehorcht oder ihn mit Überschwang begrüßt. Schlecht ist es, wenn man ihn verabscheut. Von einem guten Chef, der wirkungsvoll arbeitet, wird man nach vollbrachter Arbeit und erreichten Zielen sagen: ‚Das haben wir ohne ihn geschafft!'"

Wir wünschen Ihnen viel Freude und Energie, damit Sie als Kita-Leitung alle Herausforderungen dieser Rolle gelassen und souverän meistern.

Ihre

Petra Bartoli
Diplom-Sozialpädagogin

Judith Barth
selbstständige Rechtsanwältin

Inhalt

Teil I: Personal führen. 7

1. Ihre Rolle als Kita-Leiterin gegenüber Träger und Team 7
   1.1 Sind Sie die lange Hand des Trägers?. 7
   1.2 Kita-Leiterin und dennoch Kollegin 9

2. Das Ruder übernehmen! – Finden Sie zu Ihrer Leitungsidentität 11
   2.1 Prüfen Sie, ob Sie die Leitungsaufgabe annehmen. 11
   2.2 Mit Kritik umgehen können: So gelingt es Ihnen 13
   2.3 Alles Ihre Aufgabe? – Lernen Sie, Nein zu sagen! 15
   2.4 Damit Sie motoviert bleiben: Sorgen Sie auch für sich! 17

3. „Wegweiser" sein: So gelingt Führen spielend leicht 19
   3.1 Locker oder rigide? – Verschiedene Führungsstile für Sie
       als Orientierung. 19
   3.2 Ihr Führungsstil – Reflektieren Sie Ihre Art, das Kita-Team zu leiten. 22
   3.3 Transparenz = Wertschätzung – Schaffen Sie Einblicke in Vorgänge und
       Entscheidungsprozesse. 24
   3.4 Delegieren heißt Verantwortung übertragen 26
   3.5 Ihr persönliches Netzwerk stärkt Sie als Leitung. 29

4. Entscheidungen treffen: Bleiben Sie standhaft 31
   4.1 Geben Sie als Kita-Leitung die Richtung vor 31
   4.2 So soll es gehen: Sie stellen die Spielregeln auf 33
   4.3 Bilden Sie sich eine Meinung, und trauen Sie sich, diese zu vertreten! . . 37

5. Gemeinsam stark – Fördern Sie Teambildung 40
   5.1 Ihre Haltung zählt: Alle unter einen Hut bringen 40
   5.2 „Das sind wir" – Ein Leitbild ist Bestandteil Ihrer Corporate Identity 42
   5.3 Einheitliches Auftreten repräsentiert Ihre Kita nach außen –
       Zeigen Sie Zusammengehörigkeit. 47
   5.4 Teambildende Maßnahmen = Aktionen, die Spaß machen und
       verbinden 49

6. Mitarbeiterinnen fördern und binden **51**

6.1 So fördern Sie einen guten Einstieg für neue Mitarbeiterinnen
in der Einarbeitungsphase 51

6.2 Leiten Sie Praktikantinnen gekonnt an – denn davon profitieren
alle im Team. 53

6.3 Ob Alt oder Jung: Nutzen Sie die Stärken des jeweiligen Alters
Ihrer Mitarbeiterinnen 55

6.4 Gehen Sie auf die unterschiedlichen Persönlichkeiten der
Kolleginnen ein 56

6.5 Besprechungen in der Kita effektiv gestalten: So geht's. 57

6.6 Mal was anderes: Mit innovativen Moderationstechniken
führen Sie Ihr Team zu neuen Ideen 60

6.7 Mitarbeitergespräche zielorientiert führen – damit jede Kollegin
sich weiterentwickeln kann 63

6.8 Kollegiale Beratung: Bieten Sie bei pädagogischen Fragen
schnelle Unterstützung an 68

7. Wenn es mal nicht rund läuft … Mit Konflikten umgehen. **70**

7.1 Alles o. k. in der Kita? – Fragen Sie im Team nach 70

7.2 Stress, lass nach! Sorgen Sie für ausgeglichene Mitarbeiterinnen 73

7.3 Ein Unwetter im Anmarsch? Konflikte im Team erkennen. 76

7.4 Führen Sie konstruktive Konfliktgespräche mit Mitarbeiterinnen. 78

7.5 Supervision – Eine Chance für Ihr Kita-Team 80

Teil II: Arbeitsrechtlich sicher handeln **83**

**1. Bewerbungsverfahren – So finden Sie die richtigen Mitarbeiterinnen
für Ihr Team** **83**

1.1 Erstellen Sie ein Anforderungsprofil 83

1.2 Formulieren Sie Stellenanzeigen rechtlich einwandfrei 85

1.3 Gehen Sie rechtlich einwandfrei mit Bewerbungsunterlagen um 89

1.4 Beachten Sie im Bewerbungsverfahren datenschutzrechtliche
Vorgaben und das AGG 90

1.5 Vorsicht bei der Recherche über Bewerberinnen in sozialen
Netzwerken!. 91

1.6 Behandeln Sie Bewerbungsunterlagen wie Personalakten 92

1.7 Sorgen Sie für eine rechtssichere Rücksendung von
Bewerbungsunterlagen. 93

1.8   Machen Sie keine Notizen in Bewerbungsunterlagen 96
1.9   Formulieren Sie Absageschreiben „AGG-sicher" 98
1.10 So verstehen und formulieren Sie Arbeitszeugnisse richtig 100
1.11 Führen Sie Vorstellungsgespräche rechtssicher 110
1.12 Beachten Sie Rechtsaspekte bei Hospitationen 116
1.13 Konsequenzen, wenn Sie im Bewerbungsverfahren etwas
        falsch machen 117
1.14 So erleichtern Sie neuen Mitarbeiterinnen den Einstieg 119
1.15 Nutzen Sie die Probezeit effektiv, und ziehen Sie rechtzeitig 121
        Konsequenzen

2. Wissenswertes rund um Arbeitsverträge **123**
    2.1 Diese Punkte sollte ein Arbeitsvertrag regeln 123
    2.2 TVöD – Auf diese Verträge findet er Anwendung,
        und diese Konsequenzen hat das für Sie 125

3. Arbeitsrechtliche Fragen im Kita-Alltag **127**
    3.1   Leitungsaufgaben: Klären Sie Ihre Kompetenzen gegenüber
          Ihrem Träger und Team 129
    3.2   Dienstanweisung: Leiten Sie mit klaren Ansagen 131
    3.3   Arbeitszeiten: Erstellung von Dienstplänen – Ihre Aufgabe 134
    3.4   Beachten Sie Besonderheiten bei der Rückkehr aus der Elternzeit 135
    3.5   Sorgen Sie für die Einhaltung der Pausen 136
    3.6   Klären Sie Rechtsfragen rund um den Urlaub Ihres Teams 137
    3.7   Das sollten Sie über Überstunden und Mehrarbeit wissen 141
    3.8   Diese Vorschriften gelten bei Erkrankungen von Mitarbeiterinnen . . . 143
    3.9   So reagieren Sie auf verspätete Krankmeldungen 145
    3.10 Machen Sie „Blaumachern" das Leben schwer 145
    3.11 In Ausnahmefällen: Unter diesen Voraussetzungen ist eine
          krankheitsbedingte Kündigung möglich 146
    3.12 Arzttermine während der Arbeitszeit sind prinzipiell zulässig 147
    3.13 Arbeiten trotz Krankheit? Das sollten Sie als Vorgesetzte beachten . . . 148
    3.14 Diese Vorgaben gelten hinsichtlich Fortbildungen 149
    3.15 Rechtliche Aspekte von Mitarbeitergesprächen 151

4. Reagieren Sie auf Fehlverhalten im Team arbeitsrechtlich einwandfrei . . 156

4.1 Rolle der Kita-Leitung – Klären Sie Ihre Kompetenzen
gegenüber Team und Träger 157

4.2 Ermahnungen 159

4.3 Abmahnungen 160

4.4 Voraussetzungen für eine verhaltensbedingte Kündigung 164

4.5 Das sollten Sie bei fristlosen Kündigungen beachten 165

4.6 Mobbing im Team: Mit diesen Maßnahmen setzen Sie klare Grenzen . . 167

5. Voraussetzungen für die Kündigung von Mitarbeiterinnen 171

5.1 Voraussetzungen für die Anwendung des Kündigungsschutzgesetzes . . 172

5.2 Diese Kündigungsfristen sollten Sie kennen 175

5.3 Formalien rund um die Kündigung – Schriftform, Unterschrift, Zugang . 177

5.4 So sieht es mit Abfindungsansprüchen aus 178

5.5 Das sollten Sie über den Abschluss von Aufhebungsverträgen wissen . . 179

**6. Befristete Arbeitsverträge und Teilzeit – Das sollten Sie als Leitung
darüber wissen 181**

6.1 Besonderheiten befristeter Arbeitsverhältnisse 181

6.2 Teilzeitjobs – Diese Besonderheiten sollten Sie kennen 186

6.3 Diese Besonderheiten sollten Sie bei 400-€-Kräften kennen 190

Abkürzungsverzeichnis 192

Teil I: Personal führen

Ein Team zu führen ist eine große Herausforderung, der Sie sich als Kita-Leitung tagtäglich stellen. Um diese Aufgabe erfolgreich zu meistern, brauchen Sie Kompetenz, Motivation und Engagement. In diesem Handbuch finden Sie Beispiele aus der Praxis, konkrete Anleitungen, Übersichten und Checklisten für Ihre tägliche Leitungsarbeit. Damit gehen Ihnen Leitungsaufgaben und Personalführung nicht nur leichter von der Hand – Sie gewinnen auch immer mehr Sicherheit und Führungskompetenz. Und das entlastet Sie als Leitung im Kita-Alltag!

1. Ihre Rolle als Kita-Leiterin gegenüber Träger und Team

Als Leiterin einer Kita sitzen Sie häufig zwischen den Stühlen. Sie sind Angestellte des Trägers Ihrer Einrichtung. Ihr Träger hat entsprechende Erwartungen an Sie, die er an Ihre Arbeit stellt. Gleichzeitig sind Sie zudem Mitglied des Kita-Teams und arbeiten täglich direkt mit Ihren Kolleginnen eng zusammen.

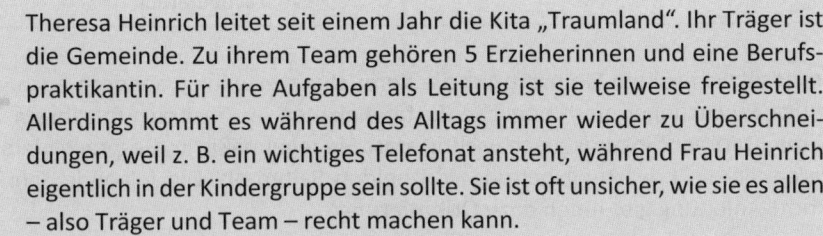

Theresa Heinrich leitet seit einem Jahr die Kita „Traumland". Ihr Träger ist die Gemeinde. Zu ihrem Team gehören 5 Erzieherinnen und eine Berufspraktikantin. Für ihre Aufgaben als Leitung ist sie teilweise freigestellt. Allerdings kommt es während des Alltags immer wieder zu Überschneidungen, weil z. B. ein wichtiges Telefonat ansteht, während Frau Heinrich eigentlich in der Kindergruppe sein sollte. Sie ist oft unsicher, wie sie es allen – also Träger und Team – recht machen kann.

Damit Sie **nicht in die Situation eines Rollenkonflikts kommen**, sollten Sie als Leitung gegenüber Träger und Team grundsätzlich abklären, welche Aufgaben Sie wahrnehmen und was Sie leisten können und müssen.

1.1 Sind Sie die lange Hand des Trägers?

Viele Träger wünschen sich von ihren Kita-Leitungen, dass diese alle anfallenden Aufgaben in einer Kita erledigen. Egal, ob es sich hierbei um Pädagogik, Personalführung, Öffentlichkeitsarbeit oder Kassenbuchführung handelt. Doch damit Sie nicht die „lange

Hand des Trägers" sind, sollten Sie vorab die **anfallenden Aufgaben und gegenseitigen Erwartungen klären**. So schaffen Sie sich eigenverantwortliche Gestaltungsfreiräume.

Gerade in Personalangelegenheiten ist ein Abgleich der Kompetenzen notwendig, damit es nicht zu Überschneidungen oder unnötigen Konflikten kommt. Eine mögliche Verteilung der **Kompetenzen im Bereich Personalführung** finden Sie in der folgenden Übersicht:

Übersicht: Kompetenzverteilung in der Personalführung in Ihrer Kita

Möglicher Kompetenzbereich für Sie als Kita-Leiterin	Möglicher Kompetenzbereich Ihres Trägers
• Gestaltung der Dienstpläne • Regelung des Urlaubs der Mitarbeiterinnen • Vorauswahl und Sichtung bei Bewerbungen • Gestaltung der Vorstellungsgespräche • Delegation von Aufgaben an Mitarbeiterinnen • Dienstaufsicht des Teams • Regelmäßige Mitarbeitergespräche	• Genehmigung des Stellenplans • Mitauswahl bei Neueinstellungen • Teilnahme an Vorstellungsgesprächen • Einstellungen und Kündigungen • Mitwirkung bei „Problem"-Mitarbeitergesprächen • Dienstaufsicht der Einrichtung • Evtl. Fachberatung

Grundsätzlich sollten Sie nicht nur die Kompetenzverteilung, sondern auch gegenseitige Erwartungen und mögliche Zuständigkeiten im Gespräch mit Ihrem Träger klären. Darüber hinaus ist auch wichtig, dass Sie regelmäßig im Gespräch bleiben. So klären Sie die Erwartungshaltung von beiden Seiten ab. Die folgende Schritt-für-Schritt-Anleitung gibt Ihnen dazu Orientierung:

1. Schritt: Formulieren Sie Ihre Erwartungen von Anfang an
Bitten Sie Ihren Träger zu Beginn Ihrer Tätigkeit als Leitung um ein Gespräch. Nutzen Sie die Gelegenheit, um die Erwartungen des Trägers abzufragen und Ihre eigenen Interessen einzubringen. Stellen Sie z. B. folgende Fragen, und informieren Sie den Träger über Ihre Interessen:
• Was erwartet der Träger von Ihnen als Leiterin?
• Welche Erwartungen haben Sie an den Träger?
• Welche Aufgaben und Entscheidungen überträgt der Träger Ihnen?
• Wie stellen Sie sich die Ausführung dieser Aufgaben vor?
• Welche Ziele haben Sie für die Kita in nächster Zukunft?

 Halten Sie die Ergebnisse des Gesprächs schriftlich fest. Geben Sie Ihre **Aufzeichnungen mit der Bitte um Gegenzeichnung** zur Kenntnisnahme an Ihren Träger weiter. So vermeiden Sie Missverständnisse und sorgen für Transparenz. Das stärkt eine gute Zusammenarbeit.

2. Schritt: Zusammenarbeit strukturieren

Legen Sie schon im Erstgespräch fest, wie oft und wo Sie sich in Zukunft für Absprachen mit dem Träger treffen werden. Am besten planen Sie monatliche Termine für das kommende Halbjahr ein. Dazwischen können Sie festlegen, wann Sie und der Träger am besten telefonisch erreichbar sind.

3. Schritt: Jährliches Abgleichen des Ist-Standes

Langfristige Ziele sollten Sie gemeinsam im Auge behalten. Dazu eignet sich ein Jahrestreffen. Hier wird dann besprochen,
• ob die Ziele erreicht wurden,
• ob ein Ziel verändert werden soll oder
• weitere Maßnahmen nötig sind, um ein Ziel zu erreichen.

Ein jährliches Treffen können Sie zudem nutzen, um Ideen für die Zukunft zu sammeln und sich gegenseitig Rückmeldung über die Zufriedenheit mit der Zusammenarbeit zu geben. Besprechen Sie mit dem Träger unbedingt, dass dieses Gespräch losgelöst vom jährlichen Mitarbeitergespräch stattfindet.

Gestalten Sie die **Zusammenarbeit mit dem Träger aktiv und konstruktiv**. Denn davon profitieren nicht nur Sie selbst, sondern schließlich auch Ihre gesamte Kita. Ihre Kita erlebt Sie und Ihren Träger dann als eine verlässliche Einheit. Zudem bekommen Sie als Leitung durch die konstruktive Kooperation mit dem Träger Anerkennung und können Ihre Arbeit darstellen. Das sorgt für Motivation.

1.2 Kita-Leiterin und dennoch Kollegin

In Ihrem Kita-Team nehmen Sie als Leitung 2 unterschiedliche Rollen ein: Zum einen sind Sie Kollegin, die mit den anderen Erzieherinnen zum Wohle der Kinder pädagogische Ziele im Auge hat. Zum anderen nehmen Sie die Führungsrolle im Team ein, sind Vorgesetzte, Vermittlerin zwischen Träger und Kita und geben den Kurs vor.

Um beide Rollen gleichermaßen auszufüllen, brauchen Sie Leitungs- und Sozialkompetenz. Wie gut Ihnen das gelingt, erfahren Sie **direkt von Ihren Mitarbeiterinnen.** Fragen Sie darum jährlich nach, wie Teammitglieder Sie als Leitung erleben. Diese Rückmeldungen helfen Ihnen dabei, Ihre Haltung als Leitung gegenüber dem Team zu reflektieren.

Es geht dabei nicht darum, es jedem recht zu machen – das wird Ihnen ohnehin nicht gelingen. Aber als Kita-Leitung sollten Sie die Bedürfnisse und Befindlichkeiten Ihrer Mitarbeiterinnen kennen und angemessen darauf reagieren können. Folgender Fragebogen kann als Grundlage für ein persönliches Gespräch mit einzelnen Kolleginnen dienen:

Fragebogen: Sind Sie mit Ihrer Kita-Leitung zufrieden?

1. Wie zufrieden sind Sie mit dem Auftreten Ihrer Kita-Leitung?
   ❑ sehr zufrieden ❑ zufrieden ❑ wenig zufrieden ❑ unzufrieden
   Warum? . . . .

2. Sprechen Sie mit Ihrer Kita-Leitung, wenn Sie Fragen oder ein pädagogisches Anliegen haben?
   ❑ immer ❑ manchmal ❑ selten ❑ nie
   Warum? . . . .

3. Erhalten Sie von Ihrer Kita-Leitung ausreichend Unterstützung und Informationen, die Sie brauchen?
   ❑ immer ❑ manchmal ❑ selten ❑ nie
   Ihre Anmerkung dazu: . . . .

4. Wie beurteilen Sie die fachliche Kompetenz Ihrer Kita-Leitung, z. B. deren pädagogisches Wissen, die Organisation von Aufgaben usw.?
   ❑ sehr gut ❑ gut ❑ in Ordnung ❑ mangelhaft
   Warum? . . . .

5. Wie beurteilen Sie die sozialen Kompetenzen Ihrer Kita-Leitung, z. B. deren Umgang mit Konflikten, deren Gesprächsmoderation usw.?
   ❑ sehr gut ❑ gut ❑ in Ordnung ❑ mangelhaft
   Warum? . . . .

6. Was würden Sie sich von Ihrer Kita-Leitung wünschen? Was könnte sie verbessern / ändern?
   Ihre Anmerkung dazu: . . . .

Bitten Sie Ihre Mitarbeiterinnen 1-mal jährlich, diesen Fragebogen auszufüllen. Die Teammitglieder können den Bogen entweder mit ihrem Namen versehen oder ihn anonym im Büro in eine dafür vorgesehene Ablage legen. Überprüfen Sie nach dem Rücklauf aller Fragebogen, wie Sie als Kita-Leitung von Ihren Kolleginnen wahrgenommen werden.

Sind die **Teammitglieder unzufrieden, sollten Sie das Gespräch mit der jeweiligen Mitarbeiterin suchen.** Fragen Sie nach den Erwartungen und konstruktiven Verbesserungsvorschlägen an Sie als Leitung. So nehmen Sie Ihre Kolleginnen ernst, zeigen Führungsverhalten und verhalten sich dennoch kollegial.

2. Das Ruder übernehmen! – Finden Sie zu Ihrer Leitungsidentität

Mit der Übernahme der Leitung Ihrer Kita haben Sie ein anspruchsvolles Aufgabengebiet – besonders gegenüber Ihren Mitarbeiterinnen – übernommen. Denn durch Ihr Handeln beeinflussen Sie die Atmosphäre im Team.

Darum lohnt es sich, das eigene Verständnis von Teamführung und Ihre Rolle als Leiterin regelmäßig zu reflektieren und anzupassen.

2.1 Prüfen Sie, ob Sie die Leitungsaufgabe annehmen

Um als Kita-Leitung sicher aufzutreten, ist es wichtig, Bereitschaft zu zeigen, die Leitungsherausforderungen anzunehmen. Dessen sollten Sie sich von Anfang an stets bewusst sein.

Linda Thiel ist die Leitung der Kita „Sonnenschein". Sie hört, wie sich 2 Mitarbeiterinnen im Flur der Kita unterhalten. Eine Erzieherin meint: *„Ich weiß nicht so recht, ob wir mit Linda darüber reden sollten. Sie ist zwar unsere Leitung. Aber irgendwie glaube ich, sie tut sich schwer, auch so aufzutreten."*

Wenn Sie Ihre Rolle als Leitung für alle sichtbar annehmen, werden Ihre Entscheidungen leichter akzeptiert werden. Sie werden **als Leitung der Kita vom Team wahr- und ernst genommen.**

Das **sorgt für Klarheit und Orientierung** – und davon profitieren Sie ebenso wie Ihre Mitarbeiterinnen in der Kita. Testen Sie deshalb, ob Sie Ihre **Führungsrolle aktiv wahrnehmen**. Lesen Sie sich folgende Aussagen in Ruhe durch, und lassen Sie diese kurz wirken. Kreuzen Sie dann an, ob Sie diesen zustimmen können.

Selbsttest: Nehmen Sie Ihre Rolle als Kita-Leiterin für alle Mitarbeiterinnen klar und eindeutig ein?

	Ja	Nein
Sie treffen gerne Entscheidungen.	❏	❏
Sie haben Freude daran, andere dabei zu unterstützen, sich persönlich weiterzuentwickeln.	❏	❏
Sie erleben Führen als eine positive Herausforderung.	❏	❏
Sie erledigen anfallende Leitungsaufgaben gerne und freuen sich über Erfolge, die Sie als Leitung erzielen.	❏	❏
Sie haben Einfluss auf Ihre Mitarbeiterinnen.	❏	❏
Ihre Entscheidungen werden vom Team angenommen und mitgetragen.	❏	❏
Sie erkennen die Kompetenzen Ihrer Mitarbeiterinnen an und greifen bei fachlichen Fragen darauf zurück.	❏	❏
Sie treten innerhalb des Teams klar als Leitung auf und zeigen das, indem Sie z. B. die Begrüßung bei einem Elternabend übernehmen.	❏	❏
Sie repräsentieren die Einrichtung als Leitung gerne und fühlen sich in dieser Aufgabe sicher, indem Sie z. B. gut vorbereitet bei öffentlichen Veranstaltungen erscheinen.	❏	❏
Sie gehen offen auf Eltern zu und stellen sich diesen klar als Leitung der Einrichtung vor.	❏	❏

Auswertung:
6- bis 10-mal „Ja": Sie sind die Leitung Ihrer Kita – und das ist für alle klar. Achten Sie darauf, dass Ihre Freude am Führen einer Einrichtung erhalten bleibt, indem Sie Ihr Leitungsverhalten immer wieder reflektieren. Sorgen Sie für sich, z. B. durch regelmäßige Pausen und Auszeiten. Denken Sie auch daran, dass Sie im Alltag nicht alles selbst erledigen müssen. Sie dürfen auch delegieren und sollten Ihren Teammitgliedern Aufgaben übertragen, die sie eigenverantwortlich ausführen.
0- bis 5-mal „Ja": Nehmen Sie sich Zeit, um Ihre Rolle als Leitung zu überdenken. Konkrete Tipps in diesem Buch helfen Ihnen dabei, klarer aufzutreten, Entscheidungen sicher zu treffen, die von allen respektiert werden, und Ihre Einrichtung nach außen angemessen zu repräsentieren.

2.2 Mit Kritik umgehen können: So gelingt es Ihnen

Harmonie ist ein Zustand, der für Ausgeglichenheit und Zufriedenheit sorgt. Doch als Leitung einer Kita können Sie es **nicht immer allen recht machen**. Darum ist es wichtig, darauf vorbereitet zu sein, dass es zu Kritik aus dem Team an Ihrem Vorgehen oder an Ihren Entscheidungen kommt.

> **Beispiel**
>
> In der Kita „Sonnenblume" soll statt einer Muttertagsfeier dieses Jahr an einem Samstag ein „Generationenfest" stattfinden. Die langjährige Erzieherin Jutta Wegmann reagiert ungehalten und beschwert sich bei der Leiterin Ines Körner: *„Ich finde, du solltest nicht immer alles neu machen wollen, sondern an den guten Aktionen, die wir schon jahrelang machen, festhalten. Außerdem will ich nicht schon wieder samstags arbeiten."*

Kritik aus dem Team ist immer ein Zeichen dafür, dass eine Störung vorliegt oder Grenzen überschritten wurden. Darum sollten Sie grundsätzlich Beschwerden oder kritische Äußerungen nicht unbeantwortet lassen. Betrachten Sie stattdessen Kritik als eine Chance, Ihr Team weiterzubringen. Denn nur wenn eine gute Lösung gefunden wird, wenn Störungen auftauchen, fühlen sich alle ernst genommen, und die Arbeitsmotivation bleibt erhalten. Damit es Ihnen gelingt, **gelassen und lösungsorientiert zu reagieren**, sollten Sie die folgenden 5 Regeln für den konstruktiven Umgang mit Kritik beachten.

1. Regel: Unberechtigte Kritik zurückweisen

Es gibt verschiedene Arten von Kritik: professionell-konstruktive und verletzend-persönliche Kritik. Auf Letztere müssen Sie nicht eingehen, und diese dürfen Sie sofort zurückweisen.

Wirft Ihnen z. B. eine Erzieherin vor: *„Immer willst du es dem Träger recht machen. Eine schöne Kita-Leitung bist du"*, können Sie klar und deutlich sagen, dass Sie **diese Art von Äußerung unprofessionell finden und darauf nicht eingehen werden**.

Sie können beispielsweise entgegnen: *„Ich möchte nicht, dass du so mit mir sprichst. Ich höre, dass du dich geärgert hast. Wenn du mich angreifst und verletzt, können wir nicht mehr sachlich über das eigentliche Problem sprechen. Kannst du mir konkret sagen, worüber du dich geärgert hast?"*

2. Regel: Berechtigter Kritik offen begegnen

Konstruktive Kritik kann Türen öffnen und ein Entwicklungsmotor sein. Darum ist es wichtig, dass Sie Anregungen, Sorgen und kritische Äußerungen von Mitarbeiterinnen ernst nehmen. Das **bedeutet nicht, dass Sie alle Hinweise umsetzen müssen**, um die Kolleginnen zufriedenzustellen. So würden Sie zum Spielball des Teams werden.

Stattdessen sollten Sie Verständnis für die Situation der Mitarbeiterin zeigen. Gemeinsam können Sie überlegen, wie sich Verbesserungen oder Lösungen finden und umsetzen lassen.

Im Alltag kann es beispielsweise vorkommen, dass eine Erzieherin und selbst junge Mutter kritisiert: *„Die Abholzeiten in unserer Kita ziehen sich immer häufiger in die Länge. Da komme ich dann selbst oft zu spät, um meine Tochter von der Kinderkrippe abzuholen. Das nervt mich total."*

Hinter dieser Äußerung steckt eine berechtigte Kritik, die dazu genutzt werden kann, **einen Prozess in der Kita zu überdenken und nach einer Optimierung zu suchen.**

Nehmen Sie sich für diese Art von Kritik Zeit, und zeigen Sie sich offen. Sie können hier beispielsweise erwidern: *„Ich kann verstehen, dass du dich ärgerst. Du möchtest gerne pünktlich Feierabend machen. Lass uns das Thema auf die Tagesordnung unserer nächsten Teamsitzung setzen. Wir sollten alle gemeinsam darüber nachdenken, wie wir gewährleisten können, dass Eltern ihre Kinder pünktlich abholen."*

3. Regel: Bedacht und ruhig auf Kritik reagieren

Es fällt sicherlich nicht immer leicht, ruhig zu bleiben, wenn man kritisiert wird. Doch eine gewisse Gelassenheit ermöglicht es Ihnen, **professionell und sicher mit Beschwerden umzugehen.** Damit Sie diese Sachlichkeit aufbringen können, ist es wichtig, dass Sie den Ärger, der bei Ihnen nach einer Kritik aufkommt, erst einmal loswerden. Denn wütend oder verärgert auf eine Äußerung zu reagieren würde nur bewirken, dass Sie unsachlich werden oder „zurückpoltern". Am besten suchen Sie sich erst einmal ein Ventil für Ihren eigenen Ärger, bevor Sie auf eine Kritik reagieren. So können Sie sich beispielsweise abkühlen:

Atmen Sie ruhig und tief ein und aus

Dieser banal klingende Tipp bewirkt oft Wunder. Denn eine ruhige und bewusste Atmung entspannt, sorgt für eine gute Sauerstoffversorgung des gesamten Körpers und hilft so dabei, gelassen und konzentriert zu sein.

Nehmen Sie sich eine kurze Auszeit
Wenn Ihr Ärger nach einer kritischen Äußerung etwas größer ausfällt, sollten Sie sich einige Augenblicke oder eine kurze Zeitspanne zurückziehen, bevor Sie reagieren. Informieren Sie Ihre Mitarbeiterin darüber, dass Sie etwas Zeit brauchen, um mit ihr über die Beschwerde in Ruhe zu sprechen.

Vereinbaren Sie einen Termin, wann ein Gespräch über die geäußerte Kritik stattfinden kann. So signalisieren Sie der Kollegin, dass Sie dem Problem nicht aus dem Weg gehen, sondern etwas Bedenkzeit brauchen.

Auf die Botschaft hinter kritischen Worten achten
Ist Ihr Ärger dann verflogen, sollten Sie ein ungestörtes Einzelgespräch mit der Mitarbeiterin führen. Seien Sie offen für die Botschaft, die hinter der Kritik steckt. Fragen Sie nach, was die Kollegin konkret stört. Hören Sie aktiv zu, d. h., fragen Sie nach, wenn Sie etwas nicht verstanden haben, und fassen Sie Gehörtes kurz zusammen. Ist klar, worum es bei der Beschwerde geht, können Sie gemeinsam nach einer möglichen Lösung suchen.

4. Regel: Die Stimmung im Blick behalten
Damit sich Ärger und Kritikpunkte bei den Mitarbeiterinnen nicht ansammeln, sollten Sie die Stimmung im Team im Blick haben. Nutzen Sie z. B. täglich die Gelegenheit, einen **„Small Talk"** mit jeder Kollegin zu führen, um im Kontakt zu bleiben. Stellen Sie fest, dass Unmut im Team vorhanden ist, sollten Sie auch ohne konkrete Beschwerden ein Einzelgespräch für einzelne Mitarbeiterinnen anbieten. So können Sie direkt auf Unzufriedenheiten eingehen und schnell eine Lösung finden.

5. Regel: Kritik als Bereicherung verstehen
Jede Sache hat immer 2 Seiten. Auch wenn es nicht immer angenehm ist, Kritik entgegenzunehmen, kann sie dennoch eine Chance für Sie als Leitung darstellen. Denn durch kritische Rückmeldungen von Kolleginnen können Sie Ihr Leitungsverhalten reflektieren und verbessern. **Gehen Sie respektvoll und professionell mit Kritik um**, wirken Sie auf Ihr Team kompetent, gerecht und verlässlich. Das stärkt Sie in Ihrer Rolle als Leitung und vermittelt dem Team Sicherheit.

2.3 Alles Ihre Aufgabe? – Lernen Sie, Nein zu sagen!
Als Leitung einer Kita sollten Sie sie beherrschen: die große Kunst des Neinsagens. Es ist wichtig, eine Auswahl zu treffen, um welche Anliegen Sie sich kümmern können.

Nur dann werden Ihnen ein positives Zeitmanagement und eine gute Balance zwischen den einzelnen Aufgabengebieten als Leitung gelingen.

Simone Fröhlich, die Leiterin der Kita „Regenbogen", ist gerade damit beschäftigt, die Belegungszeiten der einzelnen Kinder im vergangenen Monat zu überprüfen. Rosi Haller, Erzieherin in der Igel-Gruppe, kommt ins Büro und wirkt gestresst. *„Kannst du mir bitte kurz helfen, die Material-kiste mit dem Buntpapier zu suchen? Du weißt am besten, wo welche Papierbogen zu finden sind."* Simone möchte ihre Verwaltungstätigkeit jetzt nicht unterbrechen. Darum müsste sie zu Rosi „Nein" sagen.

Doch „Nein" zu sagen ist nicht immer einfach, denn Sie möchten niemanden benachteiligen und den anderen das Gefühl geben, dass Sie zuverlässig sind und sich gut und gerne um Angelegenheiten kümmern. Folgende Tipps helfen Ihnen dabei, **Anfragen abzulehnen, ohne** Kolleginnen, Träger oder Eltern **vor den Kopf zu stoßen.**

1. Tipp: Denken Sie in Ruhe über die Anfrage nach

Wenn Sie sich überrumpelt fühlen, laufen Sie Gefahr, sich gewohnheitsmäßig als Leiterin für alles zuständig zu fühlen. Bevor Sie also das nächste Mal auf eine Anfrage reagieren, bitten Sie erst um eine kurze Bedenkzeit. Sie können z. B. sagen: *„Ich muss kurz in meinem Terminkalender nachsehen. Dann melde ich mich bei Ihnen und geben Ihnen Bescheid, ob ich die Aufgabe übernehmen kann."*

2. Tipp: Wägen Sie professionell ab

Sie sind nicht für alles zuständig, das an Sie herangetragen wird. Prüfen Sie darum, ob Sie die Aufgabe annehmen können und wollen. Auch wenn ein Auftrag nicht konkret unter Ihre Leitungsaufgaben fällt, könnte es sein, dass Sie die Aufgabe dennoch interessiert. Dann müssen Sie entscheiden, ob Sie ausreichend Zeit haben, um die Anfrage angemessen zu erledigen. Überwiegen die Einwände, ist es legitim, eine Aufgabe abzulehnen.

3. Tipp: Sagen Sie mit Respekt „Nein"

Bei einer Absage machen Formulierung und Ton die „Musik". Sagen Sie freundlich, klar und bestimmt „Nein". Das gelingt Ihnen, wenn Sie z. B. entgegen: *„Ich freue mich darüber, dass Sie bei der Vergabe dieser Aufgabe an mich gedacht haben. Dennoch habe ich derzeit keine zeitlichen Puffer, um mich darum zu kümmern."*

In der Übersicht finden Sie konkrete Aussagen, wie Sie bei bestimmten Anfragen „Nein" sagen können.

Übersicht: So überzeugen Sie wertschätzend mit Ihrem „Nein"

Beispiele für Bitten und Anfragen an Sie	Ihre Möglichkeit, „Nein" zu sagen
Bitte eines Vaters: „Ich möchte, dass Sie als Leitung das übernehmen."	„Im Augenblick kann ich mich leider um Ihr Anliegen nicht kümmern. Aber als Leitung kann ich prüfen, wer im Team diese Aufgabe übernehmen kann."
Anfrage einer Mitarbeiterin: „Ich glaube, dass Sie die Einzige sind, die das übernehmen kann."	„Da es sich nicht konkret um eine Leitungsaufgabe handelt, bitte ich Sie, sich mit Ihrem Anliegen an jemand anderen zu wenden. Im Augenblick habe ich keine zeitlichen Kapazitäten dafür."
Anfrage des Trägers: „Sie sollten die Aufgabe übernehmen, da sonst das ganze Projekt auf der Kippe steht."	„Ich bin mir sicher, dass das Projekt eine gute Sache ist. Zu einem anderen Zeitpunkt kann ich mir vorstellen, Sie darin zu unterstützen. Im Augenblick kann ich die Aufgabe aber nicht erledigen."

2.4 Damit Sie motiviert bleiben: Sorgen Sie auch für sich!

Als Kita-Leitung sind Sie im Rahmen der Personalführung dafür zuständig, dass Mitarbeiterinnen motiviert und zielorientiert arbeiten. Damit Sie selbst aber auch langfristig Kraft und Energien für Ihre Aufgaben als Leitung haben, sollten Sie regelmäßig darauf achten, Ihre eigene Arbeitsfreude zu erhalten.

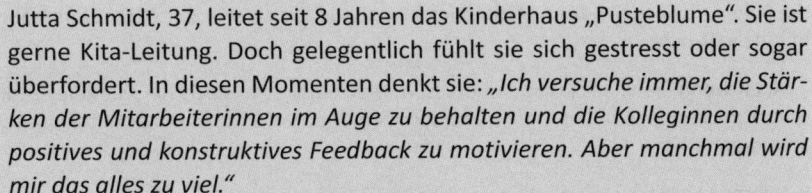

Jutta Schmidt, 37, leitet seit 8 Jahren das Kinderhaus „Pusteblume". Sie ist gerne Kita-Leitung. Doch gelegentlich fühlt sie sich gestresst oder sogar überfordert. In diesen Momenten denkt sie: *„Ich versuche immer, die Stärken der Mitarbeiterinnen im Auge zu behalten und die Kolleginnen durch positives und konstruktives Feedback zu motivieren. Aber manchmal wird mir das alles zu viel."*

Ihre **Arbeitsmotivation und -zufriedenheit** können Sie **selbst pflegen** und dafür sorgen, wenn Sie zu Ihrem eigenen „Motivator" werden. Nehmen Sie sich regelmäßig Zeit, Ihre Erfolge in Augenschein zu nehmen und anzuerkennen. Belohnen Sie sich selbst für Teilerfolge und erledigte Aufgaben. Machen Sie regelmäßig Pausen, und nehmen Sie sich Auszeiten. So können Sie neue Kraft tanken.

In der folgenden Übersicht finden Sie Anregungen, wie Sie sich als Leitung regelmäßig motivieren können.

Übersicht: Tipps zur Selbstmotivation für Kita-Leitungen

1. Listen Sie Ihre Aufgaben auf, und haken Sie ab, was Sie erledigt haben. So machen Sie sichtbar, was Sie geschafft haben.

2. Nehmen Sie sich am Ende des Tages einige Augenblicke Zeit, um vor Ihrem inneren Auge Revue passieren zu lassen, was Ihnen heute gelungen ist.

3. Notieren Sie noch am Ende des Kita-Tages die liegen gebliebenen Aufgaben, die Sie gleich am nächsten Tag erledigen müssen. So fällt es Ihnen leichter, wirklich Feierabend zu machen und alle Aufgaben auch gedanklich in der Kita zu lassen.

4. Gestalten Sie sich vor einer besonders schwierigen Aufgabe, z. B. vor einem Problemgespräch mit einer Mitarbeiterin, eine kleine Motivationsnotiz. Schreiben Sie auf einen Zettel beispielsweise *„Ich bewahre bei Kritik Ruhe und Gelassenheit."* Diesen Zettel stecken Sie sich als Ermutigung in Ihre Hosentasche.

5. Machen Sie sich bei großen Herausforderungen Ihre Stärken bewusst, die Sie zum Bewältigen dieser Aufgabe benötigen. Notieren Sie sich dazu auf einer Liste Dinge, die Sie gut können. Einer Kritik müssen Sie sich immer wieder stellen. Für ein Lob an sich sind Sie als Leitung aber auch zuständig!

6. Motivieren Sie sich für eine arbeitsreiche Woche, indem Sie sich vorstellen, wie es sich anfühlt, die Herausforderungen der Woche erfolgreich gemeistert zu haben. Schließen Sie die Augen. Spüren Sie das Gefühl, erleichtert und stolz zu sein. Diese Emotion nehmen Sie mit in die Woche.

7. Auch wenn Sie vieles erledigen müssen: Machen Sie Pausen! Nur wer gelegentlich ausruht, kann dann mit voller Kraft weiterarbeiten. Machen Sie z. B. in der Mittagspause einen Spaziergang.

8. Nehmen Sie nach einem arbeitsreichen Tag oder einer stressigen Woche eine Auszeit. Verabreden Sie sich z. B. mit Freunden, und genießen Sie Ihre freie Zeit in vollen Zügen. Dann macht das Arbeiten in der Kita anschließend wieder richtig Freude.

3. „Wegweiser" sein: So gelingt Führen spielend leicht

Ein starkes Team braucht eine starke Führung. Durch Ihre Art, die Kita zu leiten, fördern Sie nachhaltig die Kompetenz und Zufriedenheit von Mitarbeiterinnen. So kann das Team Ihrer Kita erfolgreich arbeiten. Dabei gilt der Grundsatz, eine gute Balance zwischen Fordern und Fördern zu finden.

3.1 Locker oder rigide? Verschiedene Führungsstile für Sie als Orientierung

Wie auch im Umgang mit den Kindern gibt es in der Personalführung verschiedene Ansätze, den Mitarbeiterinnen zu begegnen. Wesentlich kann man hier zwischen 3 Führungsstilen unterscheiden.

> **Beispiel**
>
> Regina Rauch, die Leiterin der Kita „Wunderbaum", trifft alle Entscheidungen, die ihre Einrichtung betreffen, meist allein. Einige Mitarbeiterinnen sind darüber erleichtert, weil sie mit Entscheidungsprozessen nicht weiter belastet sind. Doch es gibt auch Kolleginnen, die gerne mehr eingebunden wären und – meist hinter vorgehaltener Hand – den Führungsstil ihrer Kita-Leitung kritisieren.

Sie beeinflussen durch Ihre Art zu führen unmittelbar Zufriedenheit, Motivation und Verantwortungsbewusstsein der Mitarbeiterinnen in Ihrer Kita. Welche Möglichkeiten Sie haben, Ihr Team zu führen, lesen Sie in der folgenden Übersicht. Dort können Sie sich einen Überblick darüber verschaffen, wie die einzelnen Führungsstile in der Praxis aussehen und sich darstellen.

Übersicht: Die 3 verschiedenen Führungsstile und wie sie sich darstellen

Führungs-stile	So reagieren Sie, wenn Sie diesen Stil anwenden
Autoritärer Führungsstil	• Entscheidungen treffen Sie kompromisslos allein. Bei Problemen suchen Sie meist selbst nach einer geeigneten Lösung, ohne die Kolleginnen mit einzubeziehen. • Geht es um Neuerungen und Umgestaltungen, haben Sie klare Vorstellungen davon. Sie möchten, dass alles so umgesetzt wird, wie Sie es sich wünschen. • Sie sind sehr strukturiert, geben klare und verständliche Anweisungen. Darum können die Kolleginnen alle Aufträge meist nachvollziehen und sofort ausführen. • Sie haben Schwierigkeiten, mit Kritik von Kolleginnen umzugehen. Aussagen beziehen Sie häufig auf Ihre Person und haben Schwierigkeiten, dahinterzublicken und die sachliche Aussage zu erkennen.
Partnerschaftlich-kooperativer Führungsstil	• Sie versuchen, sich ein Bild über die Stärken und Schwächen Ihrer Mitarbeiterinnen zu machen. Aufgaben weisen Sie dementsprechend geeigneten Mitarbeiterinnen nach Absprache zu. • Sie führen regelmäßig Mitarbeitergespräche, regen zu Feedbackrunden an und nehmen Rückmeldungen ernst. • Bei anstehenden Entscheidungen informieren Sie Ihr Team frühzeitig darüber und geben nötige Informationen zur Meinungsbildung weiter. Eine Entscheidung treffen Sie schließlich im Dialog oder verschaffen sich vor Ihrer Entscheidung einen Eindruck über die Position der Mitarbeiterinnen. • Sie versuchen, das Wohl Ihrer Mitarbeiterinnen im Auge zu behalten. Damit sich Kolleginnen weiterentwickeln können, geben Sie regelmäßig Rückmeldung. Die Arbeitsmotivation stärken Sie stets durch gezieltes und ernst gemeintes Lob.
Laissez-faire-Führungsstil	• Entscheidungen treffen Sie ungern selbst. Stattdessen verweisen Sie auf die Selbstbestimmung der Mitarbeiterinnen und überlassen ihnen Entscheidungen und Problemlösungen. • Läuft etwas nicht so, wie es wünschenswert wäre, nehmen Sie dies zwar wahr. Dennoch fühlen Sie sich nicht verantwortlich, eine Veränderung anzustreben. • Bei Fragen von Mitarbeiterinnen fühlen Sie sich nicht unbedingt zuständig, d. h., dass Kolleginnen mit einer Antwort von Ihnen nicht immer rechnen können. • Sie sind froh, wenn der Kita-Betrieb reibungslos und routiniert funktioniert. Neue Ideen von Kolleginnen finden Sie eher belastend.

So wirken sich die einzelnen Führungsstile auf Mitarbeiterinnen und Arbeitsmotivation aus

Der autoritäre Führungsstil
Dieser sehr direktive Stil bietet Mitarbeiterinnen **Orientierung und Sicherheit**. Allerdings ist eine **persönliche Weiterentwicklung einzelner Kolleginnen kaum möglich**, da die engen Vorgaben die Freiräume der Einzelnen stark einschränken.

Werden Teams ausschließlich autoritär geführt, ist die **Produktivität hoch**, solange die Leitung anwesend ist. Verlässt die Leitungsperson den Raum oder ist nicht im Haus, nutzen die Mitarbeiterinnen meist die so gewonnene Freiheit und arbeiten mit wenig Arbeitsmotivation und Zielgerichtetheit.

Der partnerschaftlich-kooperative Führungsstil
Dieser Stil schafft für die Kolleginnen im Team „Freiheiten in Grenzen". So werden die Mitarbeiterinnen **in Entscheidungsprozesse eingebunden**, können mit entscheiden und Ideen einbringen. Das Moderieren und Festlegen einer Richtung bei Prozessen und den nötigen Rahmen für Abstimmungen gewährleistet die Kita-Leitung.

Wenn Sie sich entscheiden, Ihr Team in diesem Stil zu führen, schaffen Sie die Basis für eine besonders **hohe Arbeitsmotivation** und Eigeninitiative. Dieser Stil stärkt die Kompetenz der Mitarbeiterinnen und ist so eine gute Basis für eine gute Qualitätsentwicklung in der Einrichtung.

Der Laissez-faire-Führungsstil
Dieser Stil ermöglicht den Mitarbeiterinnen dagegen **größtmögliche Freiheiten**, um sich selbst einzubringen und Aufgaben allein in die Hand zu nehmen. Hier **fehlt aber häufig der nötige Rückhalt** durch die Kita-Leitung – so bleiben Aktionen meist Alleingänge einzelner Mitarbeiterinnen.

Werden Teams vorwiegend nach dem Laissez-faire-Prinzip geführt, sind die **Arbeitsqualität** und -effizienz meist durchweg eher **niedrig**. Hier fehlt es häufig an Motivation durch eine klare Struktur, die von der Leitung vorgegeben werden sollte.

3.2 Ihr Führungsstil - Reflektieren Sie Ihre Art, das Kita-Team zu leiten

Grundsätzlich ist es sicherlich sinnvoll, den partnerschaftlich-kooperativen Stil als Leitung einer Kita einzuhalten. Dennoch sollte Ihr Führungsstil auch Ihnen und der jeweiligen Situation entsprechen. In unterschiedlichem Kontext werden Sie darum immer wieder auf Elemente aus allen 3 Stilen zurückgreifen. Auf eine gute Gewichtung und eine positive Haltung gegenüber den Mitarbeiterinnen kommt es an!

Gerdi Lenz, 28, ist Leitung in der „Kita am Flüsschen". Sie ist eine zurückhaltende und ruhige Persönlichkeit. Darum ist sie froh, dass einige ihrer Mitarbeiterinnen vor Ideen sprudeln und sich im Team gerne einbringen. Helene Esser, ihre 38-jährige Kollegin in der Altstadtkita, denkt hingegen, dass sie große Entscheidungen nicht gerne aus der Hand geben möchte. Durch ihre langjährige Erfahrung kann sie gut argumentieren und schafft es so, neue Projekte gegenüber dem Träger durchzusetzen.

Einzig und allein autoritär zu führen würde die Teammitglieder demotivieren und Eigeninitiative lähmen. Doch gelegentlich kann es hilfreich sein, den kooperativen Stil durch klar vorgegebene Entscheidungen zu ergänzen. Ein Verständnis für unterschiedliche Positionen kann in verschiedenen Situationen mehr oder weniger eine Rolle spielen. Geht es hingegen z. B. um die Raumgestaltung in einer Gruppe, können Sie sich als Leitung zurücknehmen, die zuständige Gruppenerzieherin entscheiden lassen und auf den Laisser-faire-Stil zurückgreifen. Im folgenden Test finden Sie heraus, in welcher Situation welcher Führungsstil Ihnen am meisten entspricht.

Selbsttest: Welchen Stil bevorzugen Sie in konkreten Alltagssituationen?

1. Sie planen in Ihrer Kita ein großes Jubiläumsfest. Wie werden die Aufgaben dazu verteilt?

A) Sie stellen im Team anfallende Aufgaben vor und teilen alle Mitarbeiterinnen für einzelne Aktionen und Vorbereitungsaufgaben ein.

B) Sie sammeln in einer Teamsitzung anfallende Aufgaben und besprechen, wer was übernehmen möchte. Anschließend halten Sie die Aufgabenverteilung schriftlich fest.

C) Sie nehmen sich zurück und überlassen den Kolleginnen, das Fest konkret zu planen.

Selbsttest: Welchen Stil bevorzugen Sie in konkreten Alltagssituationen? (Fortsetzung von S. 22)

2. Am Anfang des Kita-Jahres sitzen Sie über der Jahresplanung der Termine. Alle Elternabende sollen schon jetzt festgelegt werden.

A) Sie haben die Termine für die Elternabende schon vor der 1. Teamsitzung in den Kalender eingetragen. Von dort können sich die Mitarbeiterinnen die Abendtermine übertragen.

B) Sie haben in der 1. Teamsitzung den Kita-Planer dabei, fragen nach, welche Termine für alle oder einen Großteil der Mitarbeiterinnen machbar sind, und legen dann die Abendtermine fest.

C) Sie bitten die Mitarbeiterinnen, die Termine festzulegen, und halten sich bei der Absprache heraus.

3. Die Gruppenräume Ihrer Kita sollen renoviert werden. Wer legt die Wandfarben fest?

A) Sie vereinbaren eine einheitliche Farbe mit der zuständigen Malerfirma.

B) Sie bitten die Mitarbeiterinnen, Vorschläge für passende Wandfarben zu machen. Dazu halten Sie eine Farbkartei der Malerfirma als Auswahlhilfe bereit.

C) Sie überlassen die farbliche Gestaltung der Gruppenräume ganz den zuständigen Mitarbeiterinnen. Diese sollen ihre Entscheidung auch selbst mit dem Handwerker besprechen.

4. Es sind Plätze in den einzelnen Gruppen Ihrer Kita frei. Bei der Belegung der Plätze berücksichtigen Sie die Warteliste der angemeldeten Kinder.

A) Sie teilen die neuen Kinder dann den entsprechenden Gruppen zu.

B) Sie überlegen gemeinsam im Team, welches Kind am besten in welche Gruppe passen könnte.

C) Sie überlassen die Auswahl der neuen Kinder den Kolleginnen in den Gruppen.

5. Nach einem Umbau soll der Materialraum der Kita neu eingerichtet und strukturiert werden. Das ist eine ziemlich unbeliebte Aufgabe bei den Mitarbeiterinnen Ihrer Kita.

A) Sie teilen die Kolleginnen für einzelne anfallende Einräumarbeiten ein.

B) Sie hängen eine Liste aus, in die sich jede Mitarbeiterin für eine Einräumaufgabe eintragen kann.

C) Sie überlassen es Ihrem Kita-Team, sich darum zu kümmern, und halten sich heraus.

6. Sie möchten das Budget Ihrer Kita durch einen Spendenaufruf aufstocken. Eine Kollegin bietet Ihnen an, bei örtlichen Firmen anzufragen, zu denen sie Kontakte hat.

A) Sie lehnen das Angebot ab, weil Sie sich selbst um die Akquise der Spender kümmern wollen.

B) Sie machen das Thema „Spendenakquise" zum Thema im Team. Dabei sammeln Sie Ideen für Ihren Spendenaufruf und ermitteln, welche Mitarbeiterin welche Kontakte nutzen kann.

C) Sie lassen der Mitarbeiterin, die sich angeboten hat, die Möglichkeit, Kontakt zu örtlichen Firmen aufzunehmen, und freie Hand.

Auswertung:

Sie haben sich mit den vorangegangenen Fragen auseinandergesetzt. Überlegen Sie, wie Sie reagieren würden. So ermitteln Sie Ihren bevorzugten Führungsstil, wenn diese Umstände gegeben sind. Sie würden in der jeweiligen Situation das Vorgehen

A) wählen, dann greifen Sie hier den autoritären Führungsstil auf. Das kann gelegentlich sinnvoll sein – gerade, wenn es um betriebliche Abläufe geht, für die Sie letzten Endes als Leitung verantwortlich sind. Ist Ihr Führungsstil autoritär, sollten Sie darauf achten, **Ihre Kolleginnen verstärkter einzubinden.** So schaffen Sie Arbeitsmotivation und erhalten die Arbeitsfreude.

B) wählen, dann greifen Sie hier den partnerschaftlich-kooperativen Führungsstil auf. Ihre **Mitarbeiterinnen können sich mit ihren Ideen einbringen und mit entscheiden.** Das stellt allerdings auch hohe Anforderungen an die Verantwortlichkeit und Fachlichkeit Ihres Teams. Hier kann es gerade bei einem neu zusammengesetzten Team gelegentlich sinnvoll sein, die Mitarbeiterinnen durch klare Vorgaben Ihrerseits zu entlasten.

C) wählen, dann greifen Sie hier den Laisser-faire-Führungsstil auf. Sie überlassen Ihrem Team Entscheidungen voll und ganz. Das **kann verunsichern und die Produktivität schwächen.** Gleichzeitig bieten Sie Ihren Mitarbeiterinnen die Möglichkeit, sich frei und ohne Einschränkungen zu entfalten. Überlegen Sie, wann Sie dennoch besser Entscheidungsprozesse verantwortlich moderieren oder klare Vorgaben machen können.

Reflektieren Sie regelmäßig Ihre Führungshaltung. So finden Sie Ihren persönlichen Führungsstil – im besten Fall eine gute und ausgewogene Mischung aus unterschiedlichen und situationsangemessenen Ansätzen.

3.3 Transparenz = Wertschätzung – Schaffen Sie Einblicke in Vorgänge und Entscheidungsprozesse

Damit Entscheidungsprozesse und Alltagssituationen in Ihrer Kita größtenteils eigenverantwortlich und kooperativ ablaufen können, ist ein guter Informationsfluss im Team eine wichtige Voraussetzung.

Ines Meier, Erzieherin in der Kita „Sonnenblume", regt in einer Teamsitzung an, aufgrund der speziellen Problematik der körperbehinderten Lisa einen Termin mit der zuständigen Beratungsstelle zu vereinbaren. Überrascht meint Karin Olsen, die Leiterin der Kita: *„Aber der Termin steht doch schon seit einer Woche fest."*

Damit der Ablauf des Alltags oder besonderer Situationen gewährleistet ist und sich alle gut und gerne einbringen können, muss **Ihr Team ausreichend über Absprachen und Vereinbarungen informiert** sein. So weiß jede Mitarbeiterin über wichtige Aspekte Bescheid. Zudem vermitteln Sie Wertschätzung und beteiligen Kolleginnen selbstverständlich an Prozessen.

Diese nötige Transparenz hat folgende 2 Aspekte: Zum einen sollten Sie Ihre Kolleginnen dazu anhalten, sich selbst zu informieren = Holschuld. Zum anderen müssen Sie aber auch dafür sorgen, dass nötige Infos prompt und für alle zugänglich zur Verfügung stehen = Bringschuld.

Die Holschuld

Diese Pflicht tritt ein, wenn Informationen eigentlich allen im Team bekannt sind. Fehlt eine Kollegin bei einer Besprechung, z. B. wegen Krankheit oder Urlaubs, hat sie eine sogenannte „Holschuld". Konnte z. B. eine Mitarbeiterin nicht an der Teamsitzung teilnehmen, muss sie sich anschließend über das Besprochene informieren. Ganz gleich, ob sie wegen einer Fortbildung oder Krankheit fehlte.

Verpflichten Sie Ihr Team, sich regelmäßig und ausreichend zu informieren. Versäumte Gesprächsinhalte und nicht bekannte Ergebnisse von Absprachen können Ihre Mitarbeiterinnen z. B. in Gesprächsprotokollen nachlesen.

Die Bringschuld

Bei Informationen, die nur Einzelnen bekannt, aber für alle von Bedeutung sind, gilt die sogenannte „Bringschuld". Relevante Informationen werden an die betreffende Kollegin direkt weitergegeben. Dies gilt übergreifend und ist losgelöst von Ihrer Führungsrolle.

Damit bestimmte Alltagssituationen, z. B. die Abholzeit der Kinder, reibungslos ablaufen können, müssen nötige Infos allen bekannt sein. Legen Sie also im Team verbindlich fest, dass Absprachen, Vereinbarungen oder Meldungen notiert, evtl. zusätzlich mündlich weitergegeben und für alle zugänglich gemacht werden müssen.

Auch Sie als Leitung müssen Informationen über wichtige Veränderungen und Neuigkeiten weitergeben.

Übersicht: Mit diesen Methoden sorgen Sie für Informationstransparenz

Informationsmethoden:	Geeignet für:
Schwarzes Brett im Büro	• Kurzinfos auf einen Blick, z. B. Übersicht über die geplanten Elternabend-Termine • Allgemeine Informationen, die den Alltagsablauf betreffen, z. B. Reservierung des Bewegungsraumes
Gesprächsprotokolle	• Gesprächsinhalte und -ergebnisse der Teamsitzungen • Gesprächsnotizen zu Elterngesprächen • Allgemeine Vereinbarungen mit Trägern, Kooperationspartnern oder Elternbeirat
Kurznotizen	• Notizen zu einem Telefongespräch • Eilige Meldungen, die später konkreter dokumentiert werden, z. B. Info darüber, dass eine Kollegin sich krankgemeldet hat. • Wichtige Mitteilungen über aktuelle Vorkommnisse, z. B. dass ein Kind statt von der Mutter von den Großeltern abgeholt wird.

Achtung: Berücksichtigen Sie bei der Weitergabe von Informationen unbedingt den Datenschutz! Das bedeutet, dass Sie Infos über personenbezogene Daten der Kinder keinesfalls öffentlich zugänglich machen dürfen. Kurznotizen dürfen deshalb das Kita-Büro nicht verlassen und von Eltern eingesehen werden.

3.4 Delegieren heißt Verantwortung übertragen

Nicht alle Aufgaben, die im Kita-Alltag anfallen, müssen Sie selbst erledigen. Das Delegieren von Aufgaben ist ein wichtiges Instrument für Sie, um sich Arbeitserleichterung zu verschaffen und Verantwortung an Kolleginnen zu übertragen. Konkrete Leitungsaufgaben müssen von Ihnen erledigt werden. Alle anderen Aufgaben können im Team aufgeteilt werden.

In der Kita „Eichenwald" ist ein Internetauftritt der Einrichtung geplant. Jennifer Hecht, die Leitung der Kita, hat bereits alle wichtigen Inhalte, die auf die Seite sollen, notiert. Nun überlegt sie, welche Mitarbeiterin sie bei der Gestaltung der Homepage mit einbeziehen soll oder ob sie die Seite nicht einfach allein fertigstellt.

Aufgaben aus der Hand zu geben und weiter zu delegieren ist nicht immer leicht. Wenn Sie damit Schwierigkeiten haben, könnte das an folgenden Aspekten liegen:
• Angst davor, Einfluss, Kontrolle oder Ansehen zu verlieren
• Eigener Perfektionismus, den andere nicht erfüllen können
• Angst davor, andere zu überfordern

Überlegen Sie, ob eines der genannten Probleme auf Sie zutrifft. **Notieren Sie Ihre Bedenken.** Versuchen Sie selbst, diese Bedenken logisch zu entkräften, z. B.:
• Alle delegierten **Aufgaben laufen später wieder bei Ihnen zusammen.** So behalten Sie dennoch den Überblick. Außerdem werden Mitarbeiterinnen in ihrer Verantwortung gestärkt und trauen sich mehr zu. Das stärkt das Team, wovon die Kita profitiert.
• Wenn Sie alles selbst erledigen, können auch nicht alle Dinge perfekt abgearbeitet werden. Seien Sie mit den Ergebnissen der anderen zufrieden, auch wenn diese vielleicht nicht so erzielt wurden, wie Sie es gemacht hätten. **Wertschätzung gegenüber unterschiedlichen Vorstellungen und Vorgehensweisen stärkt** letztlich Ihr Team.
• Denken Sie daran: Auch wenn Ihre Mitarbeiterinnen viel leisten, heißt Delegieren nicht, dass Sie die Teammitglieder durch Zusatzaufgaben immer belasten.

Binden Sie andere mit ein, und übertragen Sie Verantwortung. Manche Aufgaben, die Sie selbst nicht besonders gerne machen, erledigen Kolleginnen vielleicht gerne.

Machen Sie sich bewusst, welchen **Nutzen Sie davon haben, Aufgaben abzugeben**:
• Sie haben durch gezieltes Delegieren mehr Zeit für Aufgaben, die Ihre Kita weiterentwickeln.
• Sie erhöhen die Gesamtqualität und den Gesamterfolg Ihrer Einrichtung. Denn indem Sie Kolleginnen mit einbinden, können diese ihre Kompetenzen einbringen und sich beruflich weiterentwickeln.
• Sie stärken die Motivation und das Selbstbewusstsein der Mitarbeiterinnen. Wenn diese die Gelegenheit bekommen, aktiv mitzugestalten, setzen sie sich intensiv für das Gelingen von Projekten und Aufgaben ein.

Schritt für Schritt: So delegieren Sie Aufgaben effektiv und respektvoll

1. Schritt: Eine geeignete Mitarbeiterin auswählen
Bevor Sie eine Mitarbeiterin um Mitarbeit bitten bzw. ihr eine Aufgabe zuteilen, sollten Sie sich einen Überblick über die Stärken und Qualifikationen in Ihrem Team verschaffen. Wählen Sie anhand dessen aus, welche Mitarbeiterin für welche Aufgabe am meisten geeignet erscheint.

2. Schritt: Der ausgewählten Mitarbeiterin die Aufgabe zutrauen
Trauen Sie die delegierte Aufgabe der Mitarbeiterin wirklich zu! Jede kann sich auch in neue Aufgabengebiete einarbeiten – selbst, wenn die Mitarbeiterin darin bisher wenige Erfahrungen sammeln konnte. Sprechen Sie der Mitarbeiterin beim Delegieren der Aufgabe dieses Vertrauen auch aus.

3. Schritt: Klare Absprachen treffen
Besprechen Sie anschließend Einzelheiten, die die delegierte Aufgabe betreffen. Legen Sie vorher genau fest, was das Ziel und der Inhalt der Aufgabe ist. Stimmen Sie sich ab, bis wann die Aufgabe erledigt werden muss. Legen Sie zudem fest, welche Informationen wann an Sie weitergegeben werden müssen. Diese Absprachen sollten Sie schriftlich festhalten und die Notiz abheften. So können sowohl Sie als auch die Kollegin jederzeit nachlesen, was besprochen wurde.

4. Schritt: Die Ergebnisse kontrollieren
Informieren Sie sich, wie weit die Kollegin gekommen ist. Dauert ein Projekt, für das Sie die Verantwortung übertragen haben, länger an, sollten Sie immer wieder einen Zwischenstand abfragen. Vereinbaren Sie regelmäßige Termine, um zu erfahren, wie das Ergebnis der delegierten Aufgabe aussieht.

So erfahren Sie auch, ob Ihre Mitarbeiterin noch etwas von Ihnen benötigt, um die Aufgabe zu erfüllen.

5. Schritt: Rückmeldung geben und einholen
Ist eine delegierte Aufgabe erledigt, sollten Sie auf alle Fälle Rückmeldung geben. Durch Ihr Feedback bekommt Ihre Kollegin Verstärkung und wird dabei unterstützt, sich selbst zu reflektieren. Durch Anerkennung und Lob motivieren Sie Ihre Mitarbeiterin zusätzlich.

3.5 Ihr persönliches Netzwerk stärkt Sie als Leitung

Als Leiterin einer Kita sind Sie für Ihr Team eine verlässliche „Wegweiserin". Sie sind Ansprechpartnerin bei Anliegen, unterstützen bei Problemlösungen und beraten bei Fragen. Doch auch Sie benötigen gelegentlich einen „Kompass" oder einen Ratgeber, der Sie unterstützt, wenn Herausforderungen auf Sie warten.

> Barbara Günter, Leiterin der städtischen Kita, versucht, sich ihre Arbeitszeit gut einzuteilen, um ihre Leitungsaufgaben zu schaffen. Das gelingt ihr auch größtenteils. Doch manchmal gerät sie unter Druck und weiß nicht so recht, wo ihr der Kopf steht. In diesen Situationen fragt sie sich, wie ihre Leitungskolleginnen in den anderen Einrichtungen der Stadt ihr Zeitmanagement im Griff haben.

Der Austausch mit anderen Kita-Leiterinnen, Fachkräften aus Beratungsstellen oder anderen Institutionen kann für Sie immer wieder sehr hilfreich sein.

Nutzen Sie als Leitung ein Netzwerk für sich

Stehen Sie vor einem Problem oder haben Sie Fragen, ist es gut, wenn Sie sich bereits ein fachliches Netzwerk aufgebaut haben, auf das Sie zurückgreifen können. Beachten Sie folgende Tipps, wenn Sie einen Kontakt für Ihr Netzwerk aufbauen.

- Denken Sie an **„Geben und Nehmen"**. Wenn Sie sich von anderen inspirieren lassen, sollten Sie bei Gelegenheit auch Ihre Ideen weitergeben. Achten Sie auf ein ausgewogenes Gleichgewicht der Kontakte in Ihrem Netzwerk.
- Beachten Sie den **Datenschutz bei Anfragen**. Betrifft Ihr Anliegen eine personenbezogene oder betriebsinterne Situation, dürfen Sie keine Namen nennen oder müssen Ihre Frage neutral formulieren.
- Überlegen Sie sich vorab, welche Person Sie **bei welchem Anliegen am besten ansprechen** können. Sinnvoll ist es, kompetente Ratgeber für verschiedene Bereiche zu kennen.

Knüpfen Sie nach und nach ein tragfähiges Netzwerk

Damit Sie die Vorteile einer guten Vernetzung nutzen können, sollten Sie sich aktiv um Kontakte zu geeigneten Personen bemühen. In der folgenden Checkliste finden Sie Vorgehensweisen, wie Ihnen das gelingt.

Checkliste: Das sollten Sie beim Aufbau eines guten Netzwerks als Kita-Leitung beachten

	o. k.
Legen Sie sich Visitenkarten zu, die Sie an mögliche Ansprechpartner z. B. bei einer Fortbildungsveranstaltung verteilen können.	❏
Besuchen Sie Feste, Feiern und Veranstaltungen anderer Einrichtungen. Dort lassen sich gut Kontakte zu Gleichgesinnten knüpfen.	❏
Werden Sie aktiv, und laden Sie zu Netzwerkveranstaltungen, z. B. zum Thema „Als Kita-Leitung neu im Boot", ein.	❏
Gehen Sie auf mögliche Kontaktpersonen zu, z. B. nach einem Seminar oder Vortrag.	❏
Zeigen Sie Interesse an der Situation anderer Fachkräfte. So schaffen Sie die Basis für einen vertrauensvollen Austausch.	❏
Achten Sie auf Regelmäßigkeit. Hat sich einmal eine Initiative gebildet, sollten in bestimmten Abständen immer wieder Treffen geplant werden.	❏
Halten Sie lose Kontakte, indem Sie sich von sich aus immer wieder melden.	❏

Ist erst einmal ein Netzwerk gesponnen, sollten Sie nun eine regelmäßige Bestandsaufnahme Ihrer Kontakte machen. Nehmen Sie sich die Zeit, um bereits bestehende Kontaktpersonen zu notieren. Behalten Sie auch den Überblick, in welchen Bereichen Sie ggf. noch Bedarf nach Ansprechpartnern haben. Die folgende Übersicht können Sie nutzen, um Ihre Kontakte nach dem jeweiligen Kompetenzfeld einzuteilen.

Übersicht: Notizvorlage von Netzwerkpartnern für verschiedene Bereiche

Unterschiedliche Bereiche	mögliche Ansprechpartner
Pädagogische Fragen und Ideenaustausch	1. 2. 3.
Personalfragen, z. B. Vertretungen bei krankheitsbedingten Ausfällen	1. 2. 3.
Organisatorische Fragen, z. B. Dienstplangestaltung, Urlaubsplanung	1. 2. 3.
Spezielle Herausforderungen als Leitung, z. B. Zeitmanagement, Kassenbuchführung	1. 2. 3.
Besonderer Beratungsbedarf, z. B. bei veränderter Konzeption, Aufnahme von Kindern unter 3	1. 2. 3.
Fachdienste, z. B. Jugendamt, Ärzte, Vereine, Polizei	1. 2. 3.

4. Entscheidungen treffen: Bleiben Sie standhaft

Ein Sprichwort aus Tibet sagt: *„Wenn das Herz standhaft ist, kann eine Maus einen Elefanten heben."* Indem Sie als Leitung also klar und eindeutig in Ihren Entscheidungen und Aufträgen sind, können Sie etwas bewegen!

4.1 Geben Sie als Kita-Leitung die Richtung vor

Das erwartet Ihr Team von Ihnen: Sie sollen Ihre Mitarbeiterinnen im Alltag unterstützen, Verständnis für die persönliche Situation jeder Kollegin aufbringen und als starke und verlässliche Führung die Fäden in der Hand behalten. Das ist nicht immer leicht. Denn niemand wird als Leitung geboren.

In der Kita „Sternenhimmel" sind die Belegungszahlen rückläufig. Gemeinsam überlegt Ulla Jensen, die Leiterin der Einrichtung, mit ihrem Team, mit welchen Maßnahmen sie gegensteuern können, z. B. Kita-Flyer neu zu gestalten und diese auszulegen. *„Aber das würde ziemlich viel Arbeit für uns bedeuten"*, wirft eine Kollegin bei einigen Vorschlägen ein. Ulla Jensen weiß zwar, dass die Mitarbeiterin recht hat, möchte aber das Argument nicht gelten lassen, denn sie denkt, dass eine Verbesserung der Situation trotzdem machbar ist. Auch wenn das auf den ersten Blick anstrengend erscheint.

Ihre Vorbildfunktion als Leitung

Um erfolgreich mit einem Team zu arbeiten und die Qualität in einer Kita aufrechtzuerhalten oder zu verbessern, sind Sie als Leitung gefragt. Die Mitarbeiterinnen in Ihrer Kita orientieren sich an Ihnen. Darum ist es wichtig, dass Sie folgende Aspekte beachten.

Stabilität vermitteln

Bleiben Sie bei Aussagen, die Sie gemacht haben. Verfolgen Sie Entscheidungen und Veränderungsprozesse zuverlässig. So wird den Kolleginnen schnell klar, dass Sie auch meinen, was Sie sagen. Seien Sie ebenso **verlässlich als Ansprechpartnerin**. Das können Sie im Alltag vorleben, indem Sie feste Gesprächszeiten bei Anliegen von Mitarbeiterinnen einplanen und sich – kurz, aber konzentriert – für Fragen der Kolleginnen Zeit nehmen.

Wenn Sie diese Haltung einnehmen, können Sie auch von Ihren Teammitgliedern erwarten, dass diese konsequent an Vereinbarungen festhalten und mitarbeiten.

Weiterentwicklung anstreben

Mittelmaß bedeutet Stillstand. Leben Sie Ihren Kolleginnen vor, dass es sich lohnt, am Ball zu bleiben. Das bedeutet, dass Sie selbst z. B. immer wieder Fortbildungen besuchen, um **Ihren Horizont** zu **erweitern**.

Zudem sollten Sie auf unterschiedliche Methoden bei Ideensammlungen für Projekte und Vorgehensweisen zurückgreifen. Es lohnt sich, einmal ungewöhnliche Maßnahmen zu ergreifen. Seien Sie offen für Kreativität, dann wird Ihr Team auch kreativ arbeiten können und wollen.

Grenzen achten
Damit sind sowohl Ihre eigenen als auch die Grenzen Ihrer Mitarbeiterinnen gemeint. Formulieren Sie klar, wann Sie eine Pause brauchen oder nicht gestört werden wollen.

Räumen Sie Ihren Mitarbeiterinnen ebenso ein, **Auszeiten zu nehmen oder eine Aufgabe abzulehnen**. Das fördert zum einen die Arbeitszufriedenheit und sorgt zum anderen dafür, dass arbeitsbedingten Krankheiten, z. B. Burnout, vorgebeugt wird.

Wertschätzung zeigen
Erkennen Sie eigene Leistungen und die Leistungen der Mitarbeiterinnen an! Das kann durch eine regelmäßige kurze Feedbackrunde, z. B. 1-mal im Monat am Anfang der Teamsitzung, passieren. Oder Sie vereinbaren kurze Einzelgesprächstermine 1-mal im Monat. Diese **ermutigenden kurzen Gespräche** können turnusmäßige Mitarbeitergespräche ergänzen. Scheuen Sie sich aber auch nicht, vor dem Team zu sagen, wenn Ihnen selbst etwas gelungen ist.
Echte Wertschätzung hilft dem Team dabei, respektvoll miteinander umzugehen. Haben Sie oder hat eine Mitarbeiterin einmal einen Fehler gemacht, fällt es dann leichter, diesen einzugestehen. Begegnen Sie in dem Fall Fehlern lösungsorientiert. Statt sich oder anderen Vorwürfe zu machen oder nachtragend zu sein, stellen Sie die Frage: *„Was ist nötig, damit das nächste Mal dieser Fehler nicht mehr passiert?"*

4.2 So soll es gehen: Sie stellen die Spielregeln auf

Jedes Spiel hat seine eigenen Regeln. Und nur, wenn sich alle daran halten, macht das Spiel Spaß und funktioniert. Auch für das Miteinander im Team Ihrer Kita und für die Abläufe verschiedener Prozesse sind klare Vorgaben notwendig. Diese „Kita-Spielregeln" sollten Sie als Leitung bewusst aufstellen.

In der Teambesprechung der städtischen Kita stehen diesmal besonders viele Themen auf der Tagesordnung. Doch noch bevor die Leitung der Kita die Besprechung eröffnet, kommen erste Rückmeldungen aus den Reihen der Mitarbeiterinnen: *„Ich kann heute auf keinen Fall das Protokoll schreiben. Ich habe im Augenblick einfach zu viel um die Ohren."* Die Nächste wirft ein: *„Ich möchte gleich sagen, dass ich bei Punkt 3 nicht gut finde, dass wir jetzt auch Kinder unter 2 Jahren aufnehmen sollen."* Die Kita-Leitung stöhnt. Sie würde sich wünschen, dass die Teambesprechung und das Verhalten der Mitarbeiterinnen diesbezüglich klarer geregelt wären und professioneller abliefen.

So nützlich sind Regeln für Ihr Kita-Team
Regeln sind wie eine Art Geländer, an dem man sich in bestimmten Situationen entlanghangeln kann. Außerdem helfen Regeln dabei, dass Vorgehensweisen und Erwartungen nicht jedes Mal aufs Neue diskutiert werden müssen. Denn durch klare Vorgaben weiß jeder, was in welcher Situation von ihm erwartet wird.

So erleichtern Regeln den Umgang im Team untereinander und vermitteln Struktur im Alltag und in bestimmten, immer wiederkehrenden Situationen wie z. B. Besprechungen.

Wirksame Regeln formulieren
Bevor Sie als Leitung Regeln aufstellen, sollten Sie einige Prinzipien im Blick behalten. Denn das Ziel von Regeln ist es schließlich, **dass sich alle daran halten**. Und das gelingt Ihnen, wenn Sie bei der Formulierung von Regeln an bestimmte Punkte denken. In der folgenden Übersicht finden Sie die 3 wichtigsten Aspekte, die es zu beachten gilt.

Übersicht: Die 3 Prinzipien bei der Formulierung von Regeln

Beim Aufstellen von Regeln gilt das Prinzip der	So gehen Sie vor:
1. Wertschätzung	Regeln sollten fair sein. Nur dann werden sich Ihre Kolleginnen auch daran orientieren. Dabei ist zu beachten, dass **die aufgestellten Regeln für alle gelten** – also sowohl für die Mitarbeiterinnen als auch für Sie. Gilt z. B. die Regel *„Jede kommt pünktlich zur Teamsitzung"*, bedeutet das auch, dass Sie Ihre Termine entsprechend abstimmen müssen. Außerdem sollten Sie schon bei der Formulierung von Regeln deren Durchführbarkeit berücksichtigen. Kann eine Kollegin grundsätzlich keinen Abendtermin an einem Montag einhalten, wird die Regel *„Wir treffen uns immer am Montag um 18.00 Uhr zur Teambesprechung"* nicht durchführbar sein. Nur wenn die Regeln für alle fair festgelegt werden, fühlen sich auch alle Mitarbeiterinnen respektiert.

Übersicht: Die 3 Prinzipien bei der Formulierung von Regeln (Fortsetzung von S. 34)

Beim Aufstellen von Regeln gilt das Prinzip der	So gehen Sie vor:
2. Qualität statt Quantität	Achten Sie darauf, nicht zu viele Regeln aufzustellen. Sonst verlieren die Mitarbeiterinnen und Sie selbst schnell den Überblick, was eigentlich festgelegt wurde. Das würde das Einhalten von Regeln erschweren. Die wenig konkret formulierten Regeln sollten dann am besten Gebote und keine Verbote sein. Formulieren Sie Regeln also **wenn möglich positiv**, z. B.: *„Das Protokoll über die Teamsitzung wird abwechselnd von je einer Mitarbeiterin geschrieben"*, statt: *„Niemand darf sich vor dem Schreiben eines Teamprotokolls drücken."* Durch eine positive Formulierung weiß jede Mitarbeiterin, was wirklich von ihr erwartet wird.
3. Partizipation	Sie möchten gerne ein starkes Team, das sich eine Meinung zu bestimmten Themen bildet und diese dann auch vertritt? Dann ist es sinnvoll, die **Teammitglieder bei der Regelformulierung mit einzubeziehen**. Denn wenn Sie den Kolleginnen Mitsprache einräumen, können sie auch wichtige persönliche Bedürfnisse einbringen. Außerdem erscheinen Regeln den Betroffenen dann besonders sinnvoll, wenn sie selbst beim Aufstellen der Vorgaben mitwirken konnten. Überprüfen Sie von Zeit zu Zeit, mindestens aber 1-mal jährlich, ob alle Regeln noch gültig, sinnvoll und nützlich sind. Überflüssig gewordene Regeln können entfallen.

Auch wenn Sie sich beim Aufstellen von Regeln an die erwähnten Prinzipien halten: Den Anstoß, Regeln aufzustellen, sollten Sie geben. Regeln Sie in Ihrer Kita Vorgehensweisen und Abläufe in unterschiedlichen Bereichen. Bevor Sie im Team das Formulieren von Regeln zur Sprache bringen, sollten Sie sich selbst im Klaren darüber sein, was Sie geregelt haben möchten.

Spielregeln für unterschiedliche Alltagssituationen

Ihre Vorüberlegungen zu den Kita-Regeln können Sie schließlich in einer Teamsitzung erläutern und begründen. Formulieren Sie bereits im Vorfeld Ihre wichtigsten Wunschregeln. So vermitteln Sie Ihrem Team, worauf Sie hinauswollen und worauf es Ihnen ankommt. Die folgende Übersicht unterstützt Sie dabei, zu prüfen, ob Sie ausreichende Regelungen in verschiedenen Bereichen haben.

Nehmen Sie sich einige Minuten Zeit, um zu reflektieren, was in Ihrer Kita wie geregelt ist. Lassen Sie die aktuellen Vorgehensweisen, die in den einzelnen Bereichen in Ihrer Kita bisher üblich sind, vor Ihrem inneren Auge Revue passieren.

Stellen Sie fest, dass es einen oder mehrere Bereiche gibt, wo Regeln in Ihrer Kita notwendig sind oder überdacht werden müssen, sollten Sie das in Ihrer nächsten Teamsitzung zum Thema machen.

Übersicht: Das sollte in Ihrer Kita geregelt sein

Verschiedene Bereiche des Kita-Alltags, die das Personal betreffen	Beispiele für Regeln
Zuständigkeiten	• Festlegung von Verantwortlichen und Beauftragten, z. B. für Brandschutz, Kontakt zu den Jugendämtern usw. • Regelung, wer in welchen Bereichen Entscheidungen trifft • Festlegung, was jede Erzieherin selbst entscheiden kann • Regelung, wo Rücksprachen notwendig sind
Weitergabe von Informationen	• Festlegung, wer wann verpflichtet ist, Informationen weiterzugeben • Einheitliches Vorgehen, wie Infos weitergegeben werden, z. B. im Teamtagebuch, am Schwarzen Brett usw. • Regelung, wo grundlegende Informationen gesammelt werden, z. B. Akten, Karteikästen usw. • Klare Absprache, bis wann welche Informationen weitergegeben werden müssen
Besprechungs-kultur	• Festlegung, wann welche Besprechungen und Sitzungen stattfinden • Regelung, wer die Dokumentation der Besprechungen, z. B. das Protokoll, übernimmt • Absprache, wer welche Gespräche moderiert • Festlegung, wer für welche Gespräche, z. B. Entwicklungsgespräche mit Eltern, zuständig ist • Regelung, welche Rituale es im Rahmen der Besprechungen git, wie z. B. Feedbackrunden oder gemeinsames Teamfrühstück

4.3 Bilden Sie sich eine Meinung, und trauen Sie sich, diese zu vertreten!

Kompromissbereitschaft und eine partnerschaftlich-kooperative Haltung gehören sicherlich zu den wichtigen Kompetenzen, die Sie als Leitung mitbringen sollten. Dennoch ist es gelegentlich wichtig, eine Meinung oder Entscheidung klar und konsequent gegenüber dem Team oder einzelnen Mitarbeiterinnen zu vertreten.

In der Kita „Wirbelwind" sollen die Waschräume im Sommer evtl. renoviert werden. Tina Berger, eine Erzieherin, findet das nicht gut. *„Diesen Sommer ist doch auch das große Jubiläumsfest. Und wenn genau zu dieser Zeit die Waschräume nicht zur Verfügung stehen, sorgt das nur für Chaos."* Hilde Weiß, eine andere Erzieherin, hält dagegen: *„Aber der Zustand der Waschräume muss so schnell wie möglich verbessert werden. Das muss diesen Sommer gemacht werden."* Die Leitung der Einrichtung soll dem Träger ihre Einschätzung am nächsten Tag mitteilen.

Als Kita-Leitung können Sie es nicht immer allen recht machen. In bestimmten Situationen ist es wichtig, sich eine eigene Meinung zu bilden und den eigenen Standpunkt auch klar und deutlich vor den Mitarbeiterinnen zu vertreten.

Warum manche Entscheidungen so schwierig sind
Sich für etwas zu entscheiden heißt in der Regel auch, sich gegen etwas anderes auszusprechen. Darum bedeuten Entscheidungen meist auch, loslassen zu können und evtl. das geringere „Übel" in Kauf zu nehmen.

Eine weitere Möglichkeit wäre es, sich vor einer Entscheidung zu drücken und die Situation auszusitzen oder die Entscheidung anderen zu überlassen. Doch das hätte zur Folge, dass Ihre Kompetenz als Leitung in Frage gestellt werden würde. Betrachten Sie also Entscheidungen als Chance, etwas positiv zu verändern und Ihre Kita voranzubringen.

Entscheidungen treffen durch Abwägen
Wägen Sie vor Entscheidungen in aller Ruhe ab, was dafür und was dagegen spricht. Folgendes Muster kann Ihnen dabei helfen, sich eine Meinung zu bilden. Notieren Sie alle Pro- und Kontra-Punkte. Überprüfen Sie am Ende, was überwiegt und mehr Vorteile bringt. So können Sie sich eine ausgewogene Meinung bilden und diese auch durch gute Argumente vertreten.

Muster: Pro-und-Kontra-Liste als Entscheidungshilfe

Ihre Frage, zu der Sie sich eine Meinung bilden möchten, z. B.
„Sollen in unserer Kita schon diesen Sommer die Waschräume renoviert werden?"

Auswirkungen für	Positiv	Negativ
die gesamte Kita		
einzelne Gruppen		
das gesamte Team		
einzelne Mitarbeiterinnen		
Sie selbst		
Fazit		

Jede getroffene Entscheidung zeigt schließlich, welchen Bedürfnissen Sie Priorität einräumen und welche Erwartungen Sie haben. Scheuen Sie sich nicht, Ihre Meinung auch dann zu vertreten, wenn Ihnen nicht alle Mitarbeiterinnen zustimmen. Bei berechtigten Anliegen sollten Sie auf jeden Fall standhaft Ihre Position vertreten.

Schritt für Schritt konsequent einen Standpunkt vertreten
Ist eine Entscheidung getroffen, gilt es nun, diese standhaft zu vertreten. Standhaft sein heißt: Freundlich bleiben, aber bestimmt auftreten.
Gerade wenn Sie eine Anweisung erteilen wollen oder müssen, die eine Ihrer Mitarbeiterinnen evtl. nicht gerne akzeptiert, ist ein überlegtes Vorgehen wichtig. Gehen Sie z. B. in dieser Schrittfolge vor.

1. Schritt: Freundlich, aber konsequent die Anweisung aussprechen
Formulieren Sie klar und deutlich, was Ihr Anliegen ist und was Sie von Ihrer Mitarbeiterin erwarten, z. B.: *„Ich möchte gerne, dass du heute etwas länger bleibst. Nimm bitte noch den Anruf von Pauls Mutter entgegen, den wir erwarten."*

2. Schritt: Kurz Verständnis für die Situation der anderen zeigen, aber bei der eigenen Position bleiben
Den Einwänden der Mitarbeiterin sollten Sie gelassen und ruhig zuhören. Zeigen Sie Verständnis für die Position der anderen, z. B.: *„Ich kann verstehen, dass du heute ungern länger bleibst, weil du gleich verabredet bist."* Anschließend vertreten Sie aber standhaft Ihr Anliegen erneut, z. B.: *„Evi ist heute krank, darum geht es um einen Notfall. Mir ist es wichtig, dass du den Telefondienst heute übernimmst."*

3. Schritt: Mit einer knappen, sachlichen Begründung das Gespräch abschließen
Kommen weitere Einwände der Mitarbeiterin, sollten Sie eine verständliche, aber knappe Erklärung für Ihre Entscheidung anfügen, ohne sich zu rechtfertigen, z. B.: *„Du bist die Einzige, die den Anruf entgegennehmen kann. Ich möchte, dass du das übernimmst."* Beenden Sie anschließend das Gespräch ohne weitere Diskussion.

Äußert Ihre Mitarbeiterin: *„Ich bin damit aber nicht einverstanden"*, ist es wichtig, bei einem anstehenden schwierigen Gespräch auch äußerlich standhaft aufzutreten. Ihre Körperhaltung, Ihre Mimik und Gestik verdeutlichen nämlich mehr als Worte, dass Sie etwas ernst meinen.

Wenn Ihr Körper bereits zu verstehen gibt, dass Sie etwas wirklich ernst meinen, kommt Ihre Botschaft sicherlich mit dem nötigen Nachdruck bei Ihren Mitarbeiterinnen an.

Wie und wann Ihr gesamtes Erscheinungsbild standhaft wirkt, lesen Sie in der folgenden Übersicht.

Übersicht: So treten Sie standhaft auf

Positive Körpersignale für standhaftes Auftreten	Darauf sollten Sie achten
Ihre Stimme	• Sprechen Sie klar und deutlich. • Sprechen Sie in einer angemessenen Lautstärke. • Sprechen Sie freundlich, aber mit fester Stimme.
Ihr Blick	• Halten Sie Blickkontakt. • Achten Sie auf Ihre Mimik. Sie sollte freundlich, aber ernst sein.
Ihre Haltung beim Stehen	• Stehen Sie mit beiden Beinen fest auf dem Boden. • Nehmen Sie Ihre Schultern leicht zurück, und stehen Sie aufrecht.
Ihre Haltung beim Sitzen	• Sitzen Sie Ihrem Gesprächspartner zugewandt gegenüber. • Behalten Sie Arme und Beine locker neben bzw. vor dem Körper, ohne sie zu verschränken. • Sitzen Sie gerade oder leicht nach vorn zu Ihrem Gegenüber gebeugt.

5. Gemeinsam stark – Fördern Sie Teambildung

Wenn alle an einem Strang ziehen, sind viele Situationen viel leichter zu bewältigen. Damit Ihr Team die Stärke hat, sich gemeinsam Herausforderungen zu stellen, braucht es eine gemeinsame Identität und eine Atmosphäre, in der jede Mitarbeiterin sich gut und gerne einbringen kann.

5.1 Ihre Haltung zählt: Alle unter einen Hut bringen

Aller Anfang ist schwer! Gerade wenn sich das Team Ihrer Kita neu zusammengefunden hat, braucht es etwas Zeit, bis sich alle der Kita wirklich zugehörig fühlen. Mit Ihrer Haltung können Sie diesen Prozess fördern und dazu beitragen, dass ein gutes Miteinander gelingt.

 Im Herbst hat es in der Kita „Regenbogen" einen großen Personalwechsel gegeben. In der 1. Teamsitzung versuchen nun alle, sich etwas besser kennenzulernen. Olga Fleiner, die Leiterin der Kita, möchte den Teamfindungsprozess gerne unterstützen. Sie überlegt, was sie unternehmen kann, damit aus den einzelnen Mitarbeiterinnen schnell eine starke Arbeitsgemeinschaft wird.

Das Zusammenwachsen eines Teams ist ein Prozess, der Zeit braucht und nicht von heute auf morgen funktioniert. Sie **als Leitung können den Teamfindungsprozess unterstützen und erleichtern**. Damit Sie allerdings eine hilfreiche Haltung einnehmen und konkrete Angebote machen können, sollten Sie selbst vorab diese **3 Aspekte** beachten.

1. Begegnen Sie Ihren Mitarbeiterinnen offen und vorbehaltlos
Ihre Mitarbeiterinnen werden sich an Ihnen orientieren. Gehen Sie als Leitung der Kita also mit gutem Beispiel voran. Seien Sie freundlich und zugewandt, d. h., grüßen Sie alle Mitarbeiterinnen freundlich, und schenken Sie allen immer wieder ein Lächeln. Zeigen Sie Interesse an Ihren Mitarbeiterinnen. Fragen Sie beispielsweise nach, wie es einzelnen Kolleginnen geht oder welche besonderen Interessen die Mitarbeiterinnen haben. Denken Sie auch daran, alle Mitarbeiterinnen im Blick zu haben.

2. Machen Sie sich ein Bild von den Kolleginnen

Aus Ausbildung und beruflichen Stationen bringt jede Mitarbeiterin eine Fülle an Kompetenzen und Erfahrungen, aber auch unterschiedliche Vorstellungen mit. Erkundigen Sie sich, womit jede Mitarbeiterin konkret gute Erfahrungen sammeln konnte. So bekommen Sie nach und nach einen Eindruck davon, wie die Kolleginnen gearbeitet haben und arbeiten möchten. Und darüber hinaus erfahren Sie einiges über persönliche Stärken und Talente, Abneigungen oder Belastungen der Mitarbeiterinnen.

3. Sammeln Sie Vorschläge, Vorlieben und Ideen

Fragen Sie bei Ihren Mitarbeiterinnen nach, welche Vorstellungen sie für das Arbeiten in Ihrer Kita haben. Sammeln Sie Ideen und Anregungen. Darauf können Sie bei konkreten Maßnahmen zur Teamfindung aufbauen. Denn so bekommen Sie ein Gefühl dafür, welche Kollegin für welche Aufgaben geeignet ist oder welche Veränderungen evtl. in Angriff genommen werden müssen, damit sich alle Teammitglieder wohlfühlen.

Sie haben sich nun selbst einen ersten Eindruck darüber verschafft, wie Sie auf jede Mitarbeiterin am besten zugehen und diese einbinden können. Jetzt können Sie durch Ihre Haltung auch die Teammitglieder untereinander unterstützen, in Kontakt zu kommen. In der folgenden Übersicht finden Sie konkrete Haltungen und Maßnahmen, wie Ihnen das gelingt:

Übersicht: Diese Haltung sollten Sie für eine gelungene Teamfindung einnehmen

Das hilft Ihrem Team zusammenzufinden	So setzen Sie es um
Nähe schaffen	• Organisieren Sie Kennenlern- und Kontaktmöglichkeiten, z. B. indem Sie 1-mal wöchentlich eine gemeinsame Pause machen. • Nehmen Sie sich vor jeder Teambesprechung einige Minuten Zeit, um Fragen zu stellen, z. B. wie das Elterngespräch heute verlaufen ist. • Planen Sie, gemeinsame Erfolge auch zu feiern, z. B. durch ein Teamessen nach einem abgeschlossenen Projekt.
Sowohl Bewährtem als auch Neuem Raum geben	• Erkundigen Sie sich, welche Vorgehensweisen den Mitarbeiterinnen wichtig sind und ihnen sinnvoll erscheinen. Prüfen Sie dann gemeinsam, ob diese bewährten Dinge weiter Bestand haben sollen. • Greifen Sie bei neu anstehenden Aktionen oder Projekten auf gemeinsames Brainstorming zurück. Kreative Ideen versuchen Sie, entsprechend umzusetzen. • Seien Sie selbst offen für neue Vorschläge. Reagieren Sie zuversichtlich statt ablehnend. So nehmen Sie eine Schlüsselrolle ein, d. h. auch Kolleginnen werden Neuem eher offen begegnen.
Mitarbeiterinnen für die gemeinsame Arbeit begeistern	• Zeigen Sie, wenn Sie Freude an Herausforderungen und neuen Aufgaben haben. Das steckt an. • Motivieren Sie Ihre Mitarbeiterinnen regelmäßig, z. B. indem Sie sie ermutigen. • Räumen Sie den Mitarbeiterinnen Freiräume ein. Bitten Sie zwar, dass diese über wichtige erledigte Aufgaben Rückmeldung geben. In der Ausführung lassen Sie den Kolleginnen aber möglichst freie Hand.

5.2 „Das sind wir" – Ein Leitbild ist Bestandteil Ihrer Corporate Identity

Sicherlich kennen Sie das: Im Radio hören Sie einen bestimmten Werbeslogan und wissen sofort, welches Produkt gemeint ist. Firmen setzen durch eingängige und knappe Sätze darauf, schnell und eindeutig wiedererkannt zu werden. Diese „kurzen Selbstdarstellungen" sind Teil der Corporate Identity. Für Ihre Kita bedeutet das Entwickeln einer Corporate Identity konkret, dass Sie Instrumente einsetzen, um als Kita geschlossen aufzutreten, Identifikation für die Mitarbeiter zu schaffen und als diese bestimmte Kita von außen sofort wiedererkannt zu werden. Sie präsentieren Ihre Kita z. B. durch

• ein **Leitbild**, das Ihre Werte und Arbeitsweisen auf den Punkt bringt.

• einen **Slogan**, der kurz und originell Ihre Kita charakterisiert.

- ein **Logo**, das für Ihre Kita steht.
- ein **einheitliches Erscheinungsbild** der Teammitglieder, mit dem Sie Ihre Einrichtung bei Festen oder öffentlichen Veranstaltungen verkörpern.

Schaubild: 4 Elemente für eine starke Corporate Identity

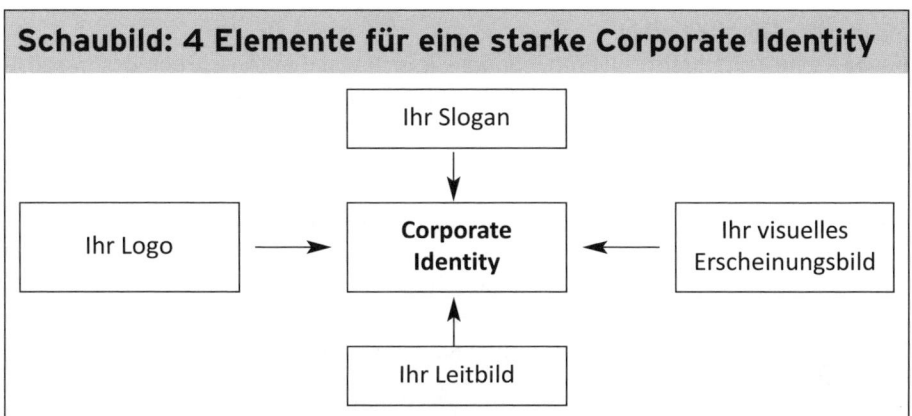

Die „Kita Ringelblume" ist eine inklusive Einrichtung. Besonders wichtig ist den Erzieherinnen der Einrichtung, dass alle Kinder, egal, welcher Herkunft und mit oder ohne Handicap, die gleichen Bildungschancen bekommen sollen. Ein respektvoller Umgang mit den Kindern, Eltern und Kolleginnen wird im Haus großgeschrieben. „All diese Haltungen gehören zu uns", überlegt sich Kita-Leitung Ulrike Rosner. Sie überlegt nun, wie sie diese gemeinsam mit ihrem Team in einem Leitbild unterbringen könnte.

In Ihrer Kita-Konzeption sind ausführlich konkrete Ziele, Arbeitsweisen und Arbeitsansätze zu lesen. Das ist wichtig und sinnvoll. Ein Leitbild dagegen fasst anschaulich zusammen, welche Visionen und Wertevorstellungen Sie mit Ihrer Kita verkörpern. So wissen alle im Team sofort, „wohin die Reise geht", an welchem Ziel Sie gemeinsam arbeiten und was Sie erreichen möchten.

Somit ist ein **Leitbild der Konzeption übergeordnet**. Das heißt, das Leitbild fasst in wenigen Worten das zusammen, was anschließend in der Konzeption genauer und mit den angewendeten Methoden ausgeführt wird. Es spricht Mitarbeiterinnen an, sich an diesen Vorstellungen zu orientieren. Zudem zeigt es der Öffentlichkeit, was sie von Ihrer Kita zu erwarten hat und wofür Ihre Einrichtung steht.

Definition: Mit einem Leitbild verdeutlichen Sie die Philosophie Ihrer Kita. Es handelt sich um eine schriftliche Erklärung über das Selbstverständnis und die Grundprinzipien Ihrer Arbeit.

Ein eigenes Leitbild finden
Bevor Sie Ihr Leitbild formulieren, können Sie sich von dem Ausspruch des französischen Schriftstellers Antoine de Saint-Exupéry inspirieren lassen:

„Wenn du ein Schiff bauen willst, so trommle nicht Männer zusammen, um Holz zu beschaffen, Werkzeuge vorzubereiten, Aufgaben zu vergeben und die Arbeit einzuteilen, sondern lehre die Männer die Sehnsucht nach dem weiten endlosen Meer."

Sammeln Sie gemeinsam im Team Aussagen und Einstellungen, die verschiedene Mitarbeiterinnen mit Ihrer Kita verbinden. Am besten halten Sie alle Vorschläge schriftlich fest. Folgende Checkliste unterstützt Sie dabei, im Team ein gemeinsames Leitbild zu finden.

Checkliste: Das sollten Sie beim Finden eines Leitbildes beachten

	o. k.
1. Überprüfen Sie, was Sie schon in Ihrer Konzeption als Kernidee Ihrer Arbeit formuliert haben, und notieren Sie diese Grundsätze.	❑
2. Sammeln Sie Leitbilder von anderen Kitas, um sich inspirieren zu lassen.	❑
3. Beginnen Sie beim Sammeln von Leitbildvorschlägen mit einem kurzen Schlagwort-Brainstorming: In 5 Sekunden nennt jede Mitarbeiterin etwa 3 Begriffe, die ihrer Meinung nach zu Ihrer Kita passen.	❑
4. Sammeln Sie Aussagen und Vorschläge für konkrete Leitbildgedanken der Teammitglieder auf einem Plakat.	❑
5. Diskutieren Sie über die einzelnen Vorschläge, und stimmen Sie anschließend demokratisch darüber ab.	❑
6. Achten Sie darauf, dass Ihr Leitbild aus wenigen Punkten besteht und nicht länger als eine halbe DIN-A4-Seite lang ist.	❑
7. Stellen Sie Ihr Leitbild dem Träger Ihrer Einrichtung vor, und lassen Sie sich die Verwendung in der Öffentlichkeit von ihm schriftlich genehmigen.	❑
8. Treten Sie mit Ihrem Leitbild als Gemeinschaft öffentlich auf, z. B. indem Sie es im nächsten Elternbrief abdrucken oder am Schwarzen Brett aushängen.	❑

Ihr **Leitbild** soll **konkret formulieren**, nach welchen Grundsätzen Sie arbeiten und was Sie damit erreichen möchten. Dabei sollten alle formulierten **Zielsetzungen realistisch und erreichbar** sein.

Zudem ist es wichtig, dass Ihr Leitbild für Sie, Ihr Team und die Öffentlichkeit attraktiv ist. Denn dadurch identifizieren sich Ihre Mitarbeiterinnen gerne mit den Leitideen, und Sie sorgen für ein positives Image der Kita. Diese Leitbilder können Sie als Inspiration für Ihr Kita-Leitbild verwenden.

Übersicht: Kita-Leitbilder zur Anregung für Ihr Leitbild

Leitbild 1

Kita „Wirbelwind" – unser Leitbild

1. Bei uns sind alle Kinder willkommen. Dabei begegnen wir Kindern, egal welcher Herkunft und mit welchen Stärken und Schwächen, offen und respektvoll.

2. Wir nehmen die Bedürfnisse eines jeden Kindes in den Fokus. Dabei handeln wir zum Wohle der Kinder.

3. Wir verstehen uns als Erziehungsbegleiter für Kinder, Eltern und Familien – und ziehen dabei an einem Strang.

Leitbild 2

Leitbild des Montessori-Kinderhauses „Kunterbunt"

● *Wir arbeiten getreu dem Grundsatz von Maria Montessori: „Hilf mir, es selbst zu tun".*

● *Bei uns bekommen alle Kinder die Chance, die Welt selbst zu entdecken.*

● *Jedes Kind entwickelt sich nach seinem individuellen Tempo. Die nötige Zeit dazu bekommt es in unserer Kita.*

● *Unsere wichtigste Haltung ist Wertschätzung gegenüber dem Kind.*

Leitbild 3

Evangelische Kita „Regenbogen": Das sind unsere Leitgedanken

● *Wir nehmen die uns anvertrauten Kinder ernst, heißen jedes Kind willkommen und bringen ihm Respekt und Wertschätzung entgegen.*

● *Grundlage unseres Arbeitens mit den Kindern ist der christliche Glaube.*

● *Wir stehen für ein positives Menschenbild und wollen die Stärken und Talente eines jeden Kindes individuell fördern.*

Ergänzen können Sie Ihr Leitbild, indem Sie es mit einem individuellen Slogan und dem Logo Ihrer Kita versehen. Diese **kleinen „Eyecatcher" haben einen großen Wieder-**

erkennungswert und tragen zur Vervollständigung Ihrer Corporate Identity bei. Wenn Sie noch keinen Slogan oder kein Logo für Ihre Kita haben, helfen Ihnen folgende Tipps beim Formulieren und Gestalten.

1. Tipp: Logo- und Slogan-Wettbewerb ausschreiben

Bitten Sie Kinder und Eltern, Sie bei der Suche nach einem geeigneten Leitspruch und einem visuellen Zeichen für Ihre Kita zu unterstützen. Dazu reichen sie Slogan und Zeichnung bei Ihnen ein. Den besten Vorschlag können Sie übernehmen und den Gewinner mit einer kleinen Auszeichnung ehren.

2. Tipp: Lassen Sie sich von der Werbung inspirieren

Schalten Sie nicht weg, wenn Werbung in Funk und Fernsehen läuft. Bleiben Sie doch einmal dran, und lassen Sie sich von den markanten Sprüchen oder Markenlogos anregen. Denn häufig haben Werbefachleute originelle Ideen umgesetzt, die auch für Sie interessant sein können. So entsteht vielleicht eine Idee für ein Kita-Logo oder einen passenden Spruch. Natürlich dürfen Sie Werbesprüche nicht wortwörtlich übernehmen – sich aber durchaus davon inspirieren lassen.

3. Tipp: Zufallsgenerator

Sammeln Sie gemeinsam im Team Schlagwörter, die besonders gut zu Ihrer Kita passen, z. B. „gut gefördert" oder „Erlebnislandschaft für U3-Kinder". Notieren Sie jeden Ausspruch auf einen Zettel. Sammeln Sie diese ein, und ziehen Sie schließlich willkürlich 3 davon. Aus diesen „basteln" Sie dann Ihren Kita-Slogan.

Für Ihr Logo können Sie Bilder der Kinder sammeln oder selbst kreativ werden. Dabei ist es wichtig, kleine und gut erkennbare Motive zu wählen. Gehen Sie dann folgendermaßen vor: Wählen Sie aus den vorausgewählten 2–3 Skizzen aus. Diese können Sie dann zu einem Logo zusammenfügen.

Logo und Slogan können Sie über und neben dem Leitbild abdrucken. Daraus entsteht sozusagen ein handliches Flugblatt, das alle wichtigen Dinge über Ihre Kita auf den Punkt bringt, ins Auge sticht und für Identifikation und Zugehörigkeit sorgt. Diese Informationen sollte Ihr **Flyer** zudem **enthalten**:

- Anschrift, Kontaktdaten, Homepage und E-Mail-Adresse der Kita
- Anzahl der Gruppen, Altersstruktur in den Gruppen und Gruppengrößen
- Kurzinformation zum Kita-Team
- Kurze Beschreibung des Standorts, z. B. Einrichtungen in der Nähe der Kita, die regelmäßig genutzt werden

5.3 Einheitliches Auftreten repräsentiert Ihre Kita nach außen – Zeigen Sie Zusammengehörigkeit

Neben Leitbild und Slogan mit Wiedererkennungswert sind auch optische Gemeinsamkeiten, wie einheitliche Kleidung oder Accessoires, eine Möglichkeit, Ihre Corporate Identity zu zeigen.

Die Kita-Leiterin Lena Wagner besucht das Sommerfest der Kita im nächstgelegenen Stadtteil. Dort tragen alle Mitarbeiterinnen ein blaues T-Shirt mit dem aufgedruckten Logo der Einrichtung. So sieht jeder sofort, wer in dieser Kita arbeitet und zum Team gehört. Lena Wagner überlegt, ob sich die Mitarbeiterinnen in ihrer Kita auch eine gemeinsame Kleidung zulegen sollten, um bei der nächsten Veranstaltung ihre Kita zu repräsentieren.

Das kennen Sie aus Ihrem privaten Alltag: Die Fußballmannschaft des FC XY läuft nicht nur auf dem Platz in einheitlichen Trikots auf. Auch zum Training tragen die Spieler alle Jacken und Hosen in den gleichen Farben und mit dem Vereinslogo versehen. Auch Sie können durch ein einheitliches Erscheinungsbild verdeutlichen, dass Sie in Ihrer Kita miteinander arbeiten und nicht gegeneinander. So zeigen Sie nicht nur Zugehörigkeit, sondern fördern auch das Zusammengehörigkeitsgefühl im Team.

Ob es ein T-Shirt mit dem Aufdruck Ihres Kita-Logos, ein Halstuch mit Wiedererkennungswert oder einfach Kleidung in einheitlicher Farbe sein soll, entscheiden Sie am besten demokratisch im Team. Hilfreich für Ihre Meinungsbildung ist folgender Fragebogen:

Fragebogen: Welches einheitliche Erscheinungsbild passt zu unserer Kita und unserem Team?

Was passt zu unserer Kita?	Persönliche Einschätzung:
Welche Farbe passt am besten? Welche Eigenschaft verbinden Sie mit dieser Farbe?	
Welches Kleidungsstück ist geeignet, z. B. T-Shirt, Halstuch, Schal, die eigene Kleidung? Welches würden Sie jederzeit tragen?	
Was soll evtl. auf dem gemeinsamen Kleidungsstück oder Accessoire stehen oder abgebildet sein, z. B. Logo, Schriftzug, Name der Mitarbeiterin?	

Verteilen Sie den Bogen vorab an alle Mitarbeiterinnen. Bitten Sie die Kolleginnen, Einschätzungen und Wünsche dort einzutragen. Werten Sie die Antworten vor der geplanten Teamsitzung aus, und verschaffen Sie sich so einen Überblick über die von Ihrem Team bevorzugte Lösung.

Sie können die Ergebnisse dann schon einmal z. B. auf einem Flipchart oder einem Plakat notieren. Nehmen Sie sich etwas Zeit, um die **Ergebnisse im Team dann zu diskutieren**. Stimmen Sie abschließend ab, für welche Möglichkeit Sie sich entscheiden. Wichtig ist dabei, dass Sie auch gleich festlegen, wer was übernimmt, um das Ergebnis zeitnah umzusetzen. Nutzen Sie die folgende Vorlage für die Verteilung der Zuständigkeiten.

Übersicht: Aufgabenverteilung für eine einheitliche Kleidung in der Kita

Das ist zu tun:	Die Aufgabe übernimmt:	Erledigt bis:	Erledigt
Gesamtorganisation und verlässliche Weitergabe von Informationen an das Team			
Abklären, wer die Finanzierung der Anschaffung übernimmt, z. B. Träger, Sponsoren			
Einholen von Angeboten und Kostenvoranschlägen			
Abwicklung der Bestellung und Verteilung der Kleidungsstücke			

Mit einem einheitlichen Auftreten als Team bestimmen Sie gemeinsam mit Ihren Kolleginnen den Gesamteindruck Ihrer Kita mit.

Tipp: Auch Eltern und Kinder sollen sich mit ihrer Kita identifizieren. Sie können darum einheitliche Kleidungsstücke, z. B. im Rahmen des Sommerfestes, auch an Eltern verkaufen. Das schafft ein „Wir-Gefühl", denn so zeigen Sie: *„Wir alle gehören zusammen und finden unsere Kita gut."*

5.4 Teambildende Maßnahmen = Aktionen, die Spaß machen und verbinden

Die Phase der Teamfindung ist abgeschlossen, und Sie haben gemeinsame Ziele und Visionen, die Sie verfolgen. Jetzt heißt es, weiter daran zu arbeiten, dass das Team langfristig an einem Strang zieht.

> *„Klar sind wir ein gutes Team. Aber der Kita-Alltag ist oft so mit Aufgaben gefüllt, dass ich an manchen Tagen kaum richtigen Kontakt zu meinen Kolleginnen habe"*, erklärt Pia Meier, Erzieherin in der Kita „Bunter Haufen", im Gespräch mit der Kita-Leitung. Die Leiterin möchte gerne gegensteuern und überlegt, wie sie ihr Team stärken und Verbundenheit durch kleine Aktionen fördern kann.

Fröhliche und motivierte Erzieherinnen, die gerne und eng zusammenarbeiten, sind ein optimaler Zustand, der im Alltag nicht immer Realität ist. Dennoch können Sie mit regelmäßigen teambildenden Maßnahmen diesem Zustand recht nahekommen.

Warum teambildende Maßnahmen wichtig sind

Gerade in Arbeitsbereichen, wo es auf Menschlichkeit und Kooperationsfähigkeit ankommt, ist ein starkes Team eine wichtige Basis für Arbeitsqualität und Arbeitsmotivation. Greifen Sie daher regelmäßig – mind. 1-mal jährlich – auf geeignete Maßnahmen zurück. Diese 3 positiven Auswirkungen können Sie damit erzielen:

1. Ein starkes Team lässt Belastungen leichter erscheinen

Die Anforderungen im Kita-Alltag sind häufig sehr hoch. Mit wenig Personal versuchen Sie, die Ihnen anvertrauten Kinder bestmöglich zu fördern und in ihrer Entwicklung zu unterstützen. Wenn die Mitarbeiterinnen das Gefühl haben, dass alle an einem Strang ziehen, lassen sich Herausforderungen leichter meistern.

2. Starke Einzelpersonen stärken das große Ganze

Eine Kette ist nur so stark wie jedes einzelne Glied. Darum lohnt es sich, jede Mitarbeiterin zu stärken und sie dabei zu unterstützen, sich weiterzuentwickeln. Durch gemeinschaftsfördernde Maßnahmen kann jede Mitarbeiterin ungezwungen zeigen, was sie kann und wo ihre Stärken liegen.

3. Lockere Atmosphäre wirkt konfliktvorbeugend

Erlebnisse als Gemeinschaft oder ein gemeinsames Lachen schweißt zusammen und lockert die Atmosphäre im Team auf. Wenn alle sich im Team wohlfühlen, gelingt es den Einzelnen leichter, Unstimmigkeiten sofort anzusprechen oder manche Situationen nicht zu verbissen zu sehen. Das wirkt sich positiv auf das Konfliktverhalten im Team aus.

Übersicht: Positive Auswirkung von teambildenden Maßnahmen

Durch gezielte Aktionen gelingt es Ihnen, aus vielen einzelnen Mitarbeiterinnen ein starkes Team zu formen.

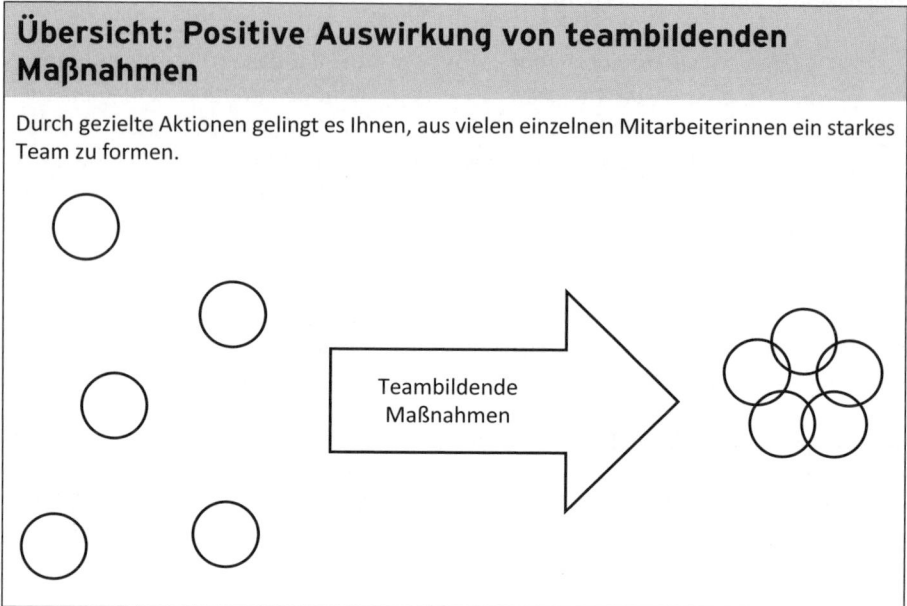

Planen Sie das Jahr über immer wieder teambildende Maßnahmen ein. So wird aus vielen einzelnen Mitarbeiterinnen schließlich ein „tragfähiges Ganzes". Dieses ist notwendig, um als Einrichtung geschlossen aufzutreten, Arbeitsabläufe zu beschleunigen und die Arbeitsmotivation zu erhalten.

In der folgenden Übersicht finden Sie einige Anregungen für teambildende Maßnahmen. Probieren Sie es noch heute aus!

Übersicht: 3 Tipps für einen teambildenden Umgang

3 Tipps für Sie	So setzen Sie es um
Humorvoller Umgang	Lachen entspannt und verbindet. Sorgen Sie darum immer wieder dafür, dass in Ihrem Team der Humor nicht zu kurz kommt. Sie können z. B. • eine Teambesprechung mit einem humorvollen Spruch oder Zitat beginnen. • einen „Cartoon der Woche" über Kinder oder Erziehung ans Schwarze Brett ins Büro Ihrer Kita hängen. • besonders originelle Zitate von Kindern sammeln und gelegentlich einstreuen.
Spiele fürs Team	Spiele sind durch ihre eigene ungezwungene Dynamik gut zu teamfördernden Zwecken einzusetzen, z. B. • Vertrauensspiele mit verbundenen Augen, bei denen sich eine Kollegin von der anderen durch den Bewegungsraum führen lässt. Spiele zum besseren Kennenlernen. Bitten Sie z. B. jede Kollegin, sich einen Zettel auf den Rücken zu kleben. Darauf notieren die anderen ihre Vermutungen bzgl. deren Hobbys. Anschließend nehmen alle Mitarbeiterinnen die Zettel von ihrem Rücken und geben Rückmeldung zu den Einschätzungen der anderen.
Gemeinsame Aktionen	Aktionen außerhalb des Kita-Alltags sorgen für Abwechslung und Zusammenhalt. Planen Sie also • 1-mal jährlich einen gemeinsamen Betriebsausflug. • gelegentliche Teamessen am Abend. • 1-mal jährlich eine gemeinsame Freizeitaktion, z. B. einen Kino- oder Theaterbesuch.

6. Mitarbeiterinnen fördern und binden

Grundlegende Absprachen, Haltungen als Leitung und Maßnahmen zur Teamfindung sind wichtige Voraussetzungen für Ihre Arbeit als Kita-Leitung. Im folgenden Kapitel erhalten Sie Unterstützung darin, wie Sie im Alltag das Personal Ihrer Kita unterstützen, fördern und binden können.

6.1 So fördern Sie einen guten Einstieg für neue Mitarbeiterinnen in der Einarbeitungsphase

Ihr Team identifiziert sich mit Ihrer Kita, hat ein Wir-Gefühl entwickelt, und alle ziehen an einem Strang. Doch wenn nun eine neue Mitarbeiterin hinzukommt, ist wieder Bewegung im Teamgefüge. Damit die „Neue" schnell Teil Ihres Teams wird, sollten Sie die Einarbeitungszeit entsprechend vorbereiten. So erleichtern Sie der neuen Kollegin den Start. Und Sie und das Team können sich schnell auf Ihre neue Mitarbeiterin verlassen.

> Tamara Weiler, Kita-Leiterin im Kinderhaus „Tautröpfchen", entscheidet sich gemeinsam mit dem Träger nach einem positiv verlaufenen Vorstellungsgespräch, die Erzieherin Helma Lahn einzustellen. Diese möchte der neuen Kollegin den Start und eine gute Einarbeitung erleichtern. Darum überlegt sie, worüber sie die neue Mitarbeiterin alles informieren sollte.

Einen ersten Einblick in Räumlichkeiten und Strukturen bekommt die zukünftige Kollegin, wenn Sie zuerst mit ihr eine **Begehung der Kita** machen. Sicherlich hat die neue Kollegin viele Fragen. Während der Begehung können Sie darauf eingehen.

Doch eine Flut von mündlichen Infos ist schwer zu behalten. Darum ist es wichtig, dass Sie der Mitarbeiterin sozusagen etwas an die Hand geben.

Diese wichtigen Unterlagen sollten Sie grundsätzlich **weitergeben**:
• die Konzeption der Einrichtung,
• einige Elternbriefe als Ansichtsexemplare,
• den aktuellen Dienstplan.

Darüber hinaus sind aber auch noch andere Infos für die zukünftige Mitarbeiterin interessant. Stellen Sie bereits vorab für alle zukünftigen Mitarbeiterinnen ein **Start-Paket** zusammen. Dazu heften Sie in einem Ordner alle wichtigen Vordrucke, Infos und Vorgaben ab. Gestalten Sie zudem einen **Kalender, in dem alle bereits bekannten Termine** des Kita-Jahres eingetragen sind.

Informationen weitergeben
Es ist sinnvoll, dieses Infopaket der Mitarbeiterin am 1. Arbeitstag auszuhändigen. In der folgenden Checkliste lesen Sie, welche Inhalte Informationsbuch und Kalender enthalten sollten.

Checkliste: Diese Informationen sind im Start-Paket für neue Mitarbeiterinnen enthalten

	o. k.
Grundsätzliche Angaben über aktuelle Strukturen in der Kita, z. B. Team, Kinderanzahl, Alter der Kinder oder personelle Zuordnung	❏
Raumübersichtsplan der Einrichtung mit allen wichtigen Eckpunkten, z. B. wo Feuerlöscher und Erste-Hilfe-Kästen angebracht sind oder wo sich (Not-)Ausgänge befinden.	❏
Adressen- und Telefonliste der Mitarbeiterinnen	❏
Mustervordrucke für Dokumentationen und Protokolle, z. B. von Elterngesprächen	❏
Mustervordrucke für Planungsarbeit, z. B. Wochenplan	❏
Liste über festgelegte Zuständigkeiten im Team, z. B. Brandschutzbeauftragter	❏
Kurzer Überblick über organisatorische Abläufe, z. B. Krankmeldung	❏
Allgemeingültige Regeln, die gruppenübergreifend gelten, z. B. Raumbelegung oder Organisation bei offener Arbeit	❏
Kalender mit allen bereits bekannten Terminen des laufenden Kita-Jahres:	
Öffnungszeiten bzw. Schließtage der Kita	❏
Alle bereits festgelegten Termine der zukünftigen Gruppe	❏
Alle übergreifenden Einrichtungstermine	❏
Bereits bekannte Teamtermine, z. B. Fortbildungstage, Betriebsausflug	❏
Geburtstage der Mitarbeiterinnen	❏

6.2 Leiten Sie Praktikantinnen gekonnt an – denn davon profitieren alle im Team

Ob Praktikantinnen sich schnell einarbeiten, sich gerne einbringen und bald ein wichtiges Teammitglied auf Zeit werden, hängt nicht zuletzt von Ihnen als Leitung und Ihrer Anleitung von Anfang an ab.

Rika Metken beginnt im September ihr Jahrespraktikum in der Kita „Sonnenschein". Am 1. Arbeitstag wird sie bereits herzlich von der Kita-Leiterin Annette Seiler begrüßt und bekommt ein kleines Infopaket. Außerdem gibt ihr die Leiterin eine Übersicht, was nach und nach in diesem Jahr auf sie zukommen wird. Dadurch fühlt sich Rika Metken gut aufgenommen und kann sich direkt in den Kita-Alltag einbringen.

Erste Informationen über Ihre Einrichtung geben Sie der Praktikantin an ihrem 1. Arbeitstag im Rahmen einer Info-Mappe. Mögliche Inhalte finden Sie auf der vorhergehenden Seite. Praktikantinnen brauchen darüber hinaus aber noch **andere „Starthilfen"**. In der folgenden Übersicht finden Sie wichtige Infos, die Sie Praktikantinnen zusätzlich weitergeben bzw. vorab klären sollten.

Übersicht: Wichtige Zusatzinformationen für Praktikanten in der Kita

Infos aus den Bereichen	Das sollten Sie weitergeben
Grundsätzliche Erwartungen	• Was erwarten Sie von der Praktikantin, z. B. Pünktlichkeit, Engagement, Übernahme von Verantwortung? • Das kann die Praktikantin von Ihnen erwarten, z. B. regelmäßige Anleitung, Einführung in Ablaufprozesse usw.
Wichtige Infos über Alltagssituationen	• Weitergabe von wichtigen Infos zu bestimmten Verhaltensweisen, z. B. bei Gefahren oder schwierigem Verhalten von Kindern • Ablauf von Teambesprechungen oder Ausflügen
Terminabsprachen	• Festlegung der wöchentlichen Gespräche zur Anleitung • Terminliche Abstimmung mit den Schulzeiten • Grober Zeitplan über die Aufgaben, die die Praktikantin nach und nach übertragen bekommt

Unterstützung der Praktikantin im Alltag
Das wichtigste Instrument in der Begleitung von Praktikantinnen ist ein regelmäßiges, am besten **wöchentliches Gespräch zur Anleitung**. Nehmen Sie sich dazu etwa ½ Stunde Zeit. Machen Sie sich Gesprächsnotizen, halten Sie Ergebnisse in Stichpunkten fest, und heften Sie diese ab. So können Sie oder die Praktikantin jederzeit nachlesen, was besprochen wurde. Inhalte der Gespräche sind:

1. Fragen der Praktikantin
Beginnen Sie jedes Gespräch zur Anleitung, indem Sie nachfragen, ob ein Klärungsbedarf von Seiten der Praktikantin besteht. So können Sie prompt und zeitnah konkret Hilfestellung geben.

2. Ist-Stand der Praktikantin klären
Erkundigen Sie sich anschließend, wie es der Praktikantin in Ihrer Kita geht. Fragen Sie nach, was sie sich bereits zutraut und was ihr noch Schwierigkeiten bereitet.

3. Gemeinsame Reflexion

Geben Sie der Praktikantin Rückmeldung über Ihre Einschätzung, wie Sie die Vorgehensweisen der jungen Mitarbeiterin beurteilen. Was Ihnen positiv aufgefallen ist. Wo Sie glauben, dass noch eine Verbesserung notwendig ist. Fragen Sie nach, was die Praktikantin benötigt, um bei Schwierigkeiten angemessen reagieren zu können, z. B. mehr Informationen zu einem Kind.

4. Festlegung von Zielen

Vereinbaren Sie mit der Praktikantin, worauf sie in der kommenden Woche besonders achten sollte. Legen Sie gemeinsam fest, welche Ziele sie in einem abgesprochenen Zeitraum verfolgen soll.

Mit einer guten Vorbereitung und umfangreichen Informationsweitergabe zu Beginn des Praktikums und einer achtsamen und unterstützenden Begleitung während des Jahres schaffen Sie die besten Voraussetzungen für eine einsatzfähige Praktikantin in Ihrer Kita.

6.3 Ob Alt oder Jung: Nutzen Sie die Stärken des jeweiligen Alters Ihrer Mitarbeiterinnen

Stellen Sie sich Ihr Team wie ein farbenfrohes Mosaik vor. Jeder Stein ist wichtig, und erst durch das Zusammenlegen der einzelnen Steine entsteht ein Bild. Darum ist es sinnvoll, jeder Mitarbeiterin einen guten und angemessenen Platz in dem „Kita-Mosaik" zu geben.

Im Flur der Kita „Wichtelhaus" steht der aufgebrachte Vater eines Kita-Kindes, der sich scheinbar über eine bestimmte Situation sehr geärgert hat. Die 56-jährige Erzieherin Karla Döring tritt offen auf ihn zu und spricht ihn auf seine Beschwerde an. Sicher und sachlich bittet sie ihn in das Kita-Büro zum persönlichen Gespräch. *„So gelassen würde ich auch gerne einmal sein",* staunt die 24-jährige Ines Stein über die Souveränität der älteren Kollegin.

Grundsätzlich sollten Sie sich verschiedene Fähigkeiten und **Vorzüge von Alt und Jung** bewusst machen. Gerade bei einem altersgemischten Team können Sie so auf die besonderen Stärken des jeweiligen Alters und die damit verbundenen Erfahrungen zurückgreifen.

Übersicht: Auf diese altersspezifischen Stärken können Sie bauen

Stärken von älteren Mitarbeiterinnen:
- Jahrelange Erfahrung in der Arbeit mit Kindern und Eltern
- Routine bei der Erledigung von Aufgaben
- Kenntnisse über Abläufe und Traditionen in der Kita
- Meist in ein gutes berufliches Netzwerk eingebunden

Stärken von jüngeren Mitarbeiterinnen:
- Motiviert, sich am Anfang des Berufslebens aktiv einzubringen
- Großer Fundus an neue Ideen
- Häufig neueste Kenntnisse zu pädagogischen Ansätzen und Forschungsergebnissen
- Meist Offenheit für Neues und bisher Unbekanntes

Damit aber die **Aufgaben nicht nach einem Altersklischee verteilt werden**, sollten Sie hin und wieder alles „auf den Kopf stellen". Das kann bedeuten, dass Sie die Organisation neuer Projekte bewusst einer älteren Mitarbeiterin übertragen. Oder Sie lassen den traditionellen Jahresausflug mit Eltern und Kindern dieses Jahr einmal von einer jungen Mitarbeiterin planen. Lassen Sie sich gemeinsam mit Ihrem Team überraschen!

6.4 Gehen Sie auf die unterschiedlichen Persönlichkeiten der Kolleginnen ein

Nicht nur das Alter der Mitarbeiterinnen können Sie bereichernd für Ihre Kita nutzen. Auch individuelle Begabungen, Stärken und Vorlieben der einzelnen Kolleginnen sollten Sie im Blick haben. Denn durch Vielfalt und Unterschiede wird das Arbeiten in Ihrer Kita bunt!

Erzieherin Karla Amberger verbringt ihre Freizeit am liebsten mit Handarbeiten. Sie kann sich gut vorstellen, diese Stärke auch in der Kita einzubringen. Darum schlägt sie der Kita-Leitung vor, eine Stoff-Werkstatt für interessierte Kinder einzuführen.

Am besten nutzen Sie zur Sichtung von individuellen Stärken Instrumente der Fremd- und Selbsteinschätzung. Ob Sie die persönlichen Stärken Ihrer Mitarbeiterinnen kennen und auf diese zurückgreifen, können Sie mit Hilfe des folgenden Tests überprüfen.

Test: Nutzen Sie die individuellen Stärken Ihrer Mitarbeiterinnen?

	ja
1. Fragen Sie etwa 1-mal jährlich Vorlieben, Hobbys oder Stärken der Mitarbeiterinnen, z. B. durch einen kurzen Austausch, ab?	❑
2. Nehmen Sie sich Zeit, um Kolleginnen zu beobachten und sich deren Stärken zu vergegenwärtigen?	❑
3. Sprechen Sie Mitarbeiterinnen auf Talente an, die Ihnen aufgefallen sind?	❑
4. Beziehen Sie Kenntnisse über Vorlieben und Begabungen einzelner Mitarbeiterinnen bei der Delegation von Aufgaben und der Planung von Projekten mit ein?	❑
5. Fragen Sie, wenn eine neue Aufgabe bewältigt werden soll, in Ihrem Team nach, welcher Kollegin die meisten diese Aufgabe zutrauen und warum?	❑

Auswertung: Je mehr Fragen Sie mit „Ja" beantwortet haben, desto besser haben Sie die Stärken Ihrer Mitarbeiterinnen im Blick und nutzen diese. Nehmen Sie die Nachfragen, die Sie nicht bejahen konnten, als Anregung, dieses Instrument der Talentnutzung im Alltag Ihrer Kita einzuführen.

Durch das Nutzen von Stärken und Begabungen können Sie individuell auf jede einzelne Kollegin eingehen. Zudem erhöhen Sie die **Arbeitsmotivation der Mitarbeiterinnen**, vermitteln Wertschätzung und steigern die Qualität Ihrer Kita.

6.5 Besprechungen in der Kita effektiv gestalten: So geht's

Etwa 1-mal wöchentlich sollten Sie eine **Teambesprechung** in Ihrer Kita durchführen. Dort werden Erfahrungen ausgetauscht, Absprachen getroffen und Neuigkeiten verkündet. Auf der einen Seite schaffen diese Treffen **Orientierung**, und auf der anderen Seite sind sie auch oft wahre „Zeiträuber".

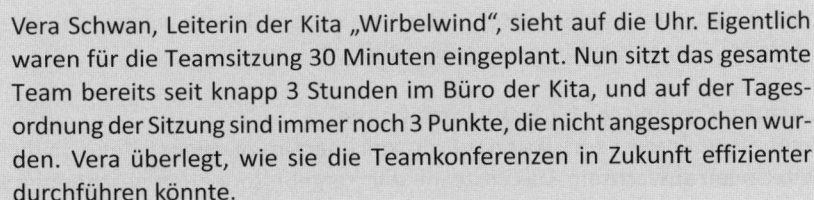

Vera Schwan, Leiterin der Kita „Wirbelwind", sieht auf die Uhr. Eigentlich waren für die Teamsitzung 30 Minuten eingeplant. Nun sitzt das gesamte Team bereits seit knapp 3 Stunden im Büro der Kita, und auf der Tagesordnung der Sitzung sind immer noch 3 Punkte, die nicht angesprochen wurden. Vera überlegt, wie sie die Teamkonferenzen in Zukunft effizienter durchführen könnte.

Teamabsprachen in der vorgegebenen Zeit und dennoch lösungsorientiert zu gestalten ist keine Hexerei. Gehen Sie nach diesen 5 Schritten vor, und schaffen Sie so eine **zielstrebige und gut strukturierte Besprechungskultur** in Ihrer Kita.

1. Schritt: Notwendigkeit prüfen

Absprachen und die Weitergabe von Informationen sind in jeder Kita notwendig. Aber nicht immer muss dazu ein Besprechungstermin stattfinden. Überprüfen Sie, ob Sie kurze Infos **auch anderweitig weitergeben können**, z. B. durch Aushänge am Schwarzen Brett oder eine Kurznotiz für Ihre Mitarbeiterinnen.

Ist einmal kein Besprechungsbedarf gegeben, können Sie die Teamsitzung auch ausfallen lassen.

2. Schritt: Besprechung vorbereiten

Sicherlich gehen Sie Teamsitzungen routiniert an. Dennoch sollten Sie sich vor jeder Besprechung kurz Zeit nehmen, um diese vorzubereiten. Sammeln Sie als Leitung bereits vorab die wichtigsten Themen, die besprochen werden müssen. Überprüfen Sie, ob alle Themen für die Teambesprechung wirklich relevant sind, und sortieren Sie ggf. überflüssige Punkte schon vorab aus. Themen, die die Mitarbeiterinnen einbringen möchten, können z. B. auf einer Liste eingetragen werden, die im Büro aushängt. Legen Sie Ort, Zeitraum und Moderation für die Besprechung vorher fest.

3. Schritt: Auf Pünktlichkeit achten

Achten Sie bei der Terminplanung darauf, dass der Zeitpunkt für alle einzuhalten ist. Besprechen Sie mit Ihrem Team, dass Sie jede Teamsitzung pünktlich beginnen. Als Leitung können Sie dabei **mit gutem Beispiel vorangehen**.

4. Schritt: Tagesordnungspunkte bündeln

Bevor Sie mit der eigentlichen Besprechung beginnen, können Sie im Team die **Reihenfolge der Tagesordnungspunkte** festlegen. Alle Dinge, die als Info weitergegeben, aber nicht diskutiert werden müssen, stellen Sie dabei an den Anfang. Punkte, die intensiv geplant werden müssen, fassen Sie je nach Thema zusammen. So erzielen Sie schnell Ergebnisse für mehrere Besprechungspunkte.

5. Schritt: Ergebnisse überprüfbar festhalten

Legen Sie außerdem fest, wer das Protokoll übernimmt. Hier sollten sich Ihre **Mitarbeiterinnen abwechseln**. Das Protokoll sollte ergebnisorientiert geschrieben werden, d. h., ein ausführliches Auflisten des Diskussionsverlaufs ist nicht immer notwendig.

Die Protokolle werden nach der Teamsitzung in einem dafür angelegten Ordner am PC oder in einer Akte abgelegt. **Jede Mitarbeiterin muss zu den Protokollen Zugang haben**, so dass sie sich jederzeit über Absprachen und Zuständigkeiten nachträglich informieren kann.

Um Ihre Besprechungsinhalte und -ergebnisse zu dokumentieren, können Sie die folgende Vorlage nutzen.

Vorlage: Protokoll für Ihre Teamsitzungen

Teamsitzung am: . . . . (Datum)

Anwesend: . . . . (Namen)

Entschuldigt: . . . . (Namen)

Protokollantin: . . . . (Namen)

Wichtige Informationen, die weitergegeben wurden:

Themen, die besprochen wurden:	Ergebnisse:	Zu erledigen von (Name) bis (Datum)
1.		
2.		
3.		
4.		

Wichtige Besprechungspunkte für die nächste Sitzung:

Sonstiges, Anmerkungen:

6.6 Mal was anderes: Mit innovativen Moderationstechniken führen Sie Ihr Team zu neuen Ideen

Im Normalfall übernehmen Sie als Leitung die Moderation von Teamkonferenzen. Sie schaffen damit Struktur, sorgen für den „roten Faden" und bringen Gesagtes auf den Punkt. Dabei können Sie nicht nur die Rolle der Impulsgeberin und „Zusammenfasserin" übernehmen.

Kita-Leiterin Karin Krause findet, dass es manchmal ziemlich lange dauert, bis ihr Team zu einem bestimmten Thema auf umsetzbare Ideen kommt. *„Ich würde gerne einmal neue Wege ausprobieren, um mein Team aus der Reserve zu locken"*, überlegt sie deshalb.

Damit Sie nicht nach mehrmaligen Besprechungen zum gleichen Thema ohne neue Ideen aufgeben, sollten Sie verschiedene Moderationstechniken immer wieder abwechseln. Auf diese bewährten Moderationsmethoden können Sie zurückgreifen:

- Als Moderatorin bringen Sie das Thema im Team vor. Anschließend teilen Sie das Thema in Teilbereiche auf und formulieren eine Fragestellung, z. B.: *„Unter welchem Motto soll das diesjährige Sommerfest stehen?"* Danach diskutieren Sie gemeinsam mit Ihren Kolleginnen darüber und **lenken den Austausch**. Durch Nachfragen und Notieren von Vorschlägen bringen Sie Beiträge der Mitarbeiterinnen auf den Punkt.
- Wenn es um die Planung und Ausführung eines größeren Projektes geht, regen Sie an, Kleingruppen zu bilden und jede Gruppe **durch Impulse und Ergebnisabfrage** zu unterstützen. Das kann z. B. bei der Überarbeitung Ihrer Konzeption sinnvoll sein. Jede Kleingruppe beschäftigt sich mit einem gewissen Teilaspekt des Themas. Alle Ergebnisse werden schließlich in der großen Runde vorgestellt und ggf. ergänzt.
- Damit alle Mitarbeiterinnen wichtige Infos oder Anregungen zu einem bestimmten Thema vor Augen haben, notieren Sie als Moderatorin **Stichpunkte für alle sichtbar** z. B. auf einem Flipchart oder einem großen Plakat. Dieses Visualisieren von Impulsen hilft dabei, weiterzudenken und den Gedanken freien Lauf zu lassen. Nach dem Brainstorming können Sie dann durch diese Ideen inspiriert weitere Planungen angehen.

Neue Methoden als Moderatorin ausprobieren

Neben diesen bekannten und bewährten Methoden können Sie aber Ihren „Moderations-Werkzeugkoffer" noch erweitern. Hier finden Sie Anregungen für innovative Techniken, die einen Nährboden für neue Ideen darstellen.

1. Methode: Inspiration von außen für Projektplanungen nutzen

Lassen Sie die Vorarbeit doch andere für sich erledigen! So nutzen Sie Anregungen von außen.

Das wird gebraucht:
- Zeitschriften und Kataloge
- Plakat DIN A3
- 1 dicker Filzstift

So wird's gemacht:
Schneiden Sie Textzeilen und Fotos ohne Vorauswahl aus Zeitschriften und Katalogen aus. Legen Sie die Bilder oder Überschriften in die Mitte Ihres Besprechungstisches. Bitten Sie jede Mitarbeiterin, sich daraus ein Bild, einen Spruch oder eine Textzeile zu nehmen.

Stellen Sie eine aktuelle Fragestellung in den Raum, z. B.: *„Wie können wir Spender und Sponsoren für unsere Kita gewinnen?"* Nun geben Sie den Mitarbeiterinnen 5 Minuten Zeit. Jede soll sich überlegen, **was das Bild oder der Text mit der Frage zu tun haben könnten.** Ideen, die entstanden sind, z. B.: *„Wir könnten eine Modenschau mit Kleidern aus Papier veranstalten und Firmen aus der Umgebung dazu einladen"*, sammeln Sie anschließend auf einem Plakat.

Anschließend darf jede Mitarbeiterin sagen, welche 3 Ideen ihrer Meinung nach die besten sind. Anhand der Rangliste wählen Sie schließlich aus, welchen Vorschlag Sie weiterverfolgen wollen.

2. Methode: 1 Mitarbeiterin – 1 Satz

In Ihrem Team melden sich immer die Gleichen zu Wort? Sorgen Sie dafür, dass gerade die ruhigen und zurückhaltenden Mitarbeiterinnen sich einbringen.

Das wird gebraucht:
- Stein oder Stab als „Redezeichen"
- 1 Plakat DIN A3
- 1 dicker Filzstift

So wird's gemacht:
Erklären Sie Ihren Mitarbeiterinnen, dass heute alle gefordert sind – dafür aber vorerst mit nur einem Satz. Stellen Sie eine aktuelle Fragestellung in den Raum. Dann

führen Sie den Redestein oder -stab ein. Dieser wird reihum gereicht. Jede, die das **Redesymbol in der Hand** hält, muss sich **mit 1 Satz zur Frage äußern**. Halten Sie alle Beiträge auf einem Plakat fest. Abschließend können Sie über die gesammelten Ideen diskutieren und die beste auswählen.

3. Methode: Alles auf den Kopf gestellt

Hier bleibt nichts, wie es war! Betrachten Sie das Problem doch einfach mal verkehrt herum.

Das wird gebraucht:
• 1 Plakat DIN A1
• dicke Filzstifte in 3 unterschiedlichen Farben

So wird's gemacht:
Erklären Sie Ihren Mitarbeiterinnen, dass Sie eine anstehende Fragestellung heute einmal auf den Kopf stellen möchten. Dazu **kehren Sie die Frage ins Gegenteil um**. Statt: *„Wie gestalten wir unsere Elternpost so ansprechend, dass sie gerne gelesen wird?",* fragen Sie Ihr Team: *„Wie gestalten wir unsere Elternpost abschreckend und unprofessionell, dass sie sofort ins Altpapier wandert?"*

Jetzt kann sich jede Kollegin zu dieser „verkehrten Frage" äußern. Notieren Sie alle Ergebnisse für alle gut sichtbar mit einer einheitlichen Farbe auf Papier. Ist diese humorvolle Auseinandersetzung mit dem Thema abgeschlossen, werden die gesammelten Äußerungen kurzerhand ins Gegenteil gekehrt.

Schreiben Sie hinter jede Idee mit einer anderen Farbe die Umkehrung. So erhalten Sie eine Sichtpunktliste mit wichtigen und notwendigen Maßnahmen für Ihr Vorhaben. Notieren Sie schließlich Ihr Endergebnis in der 3. Farbe auf dem Plakat.

Neue und **ungewöhnliche Methoden lockern Ihre Teambesprechung auf**. Außerdem regen Sie mit innovativen Techniken zu offenem und freiem Denken an. Das hilft Ihnen und Ihren Mitarbeiterinnen dabei, kreativ und flexibel zu bleiben.

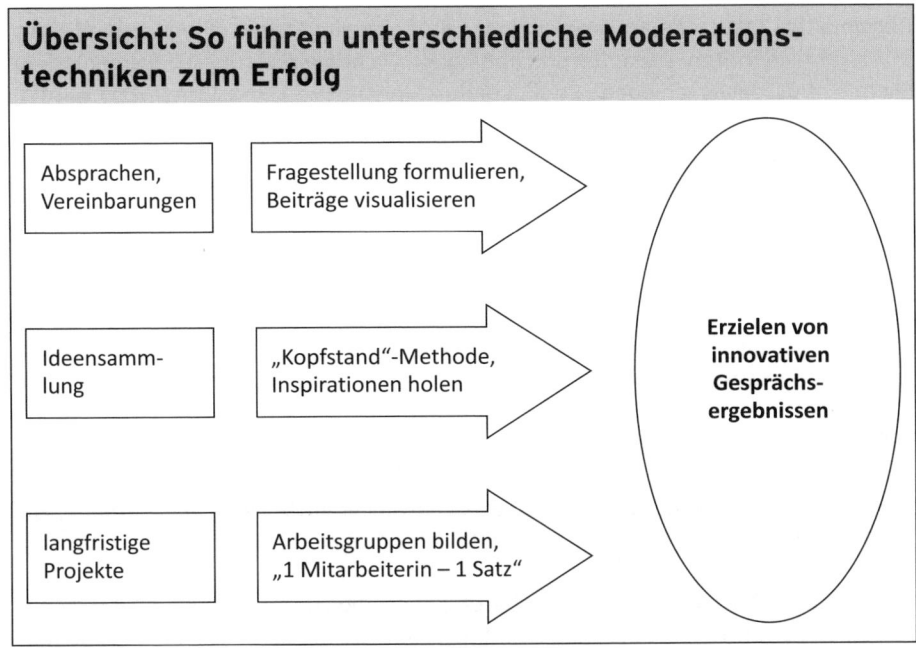

Übersicht: So führen unterschiedliche Moderations-techniken zum Erfolg

Absprachen, Vereinbarungen	Fragestellung formulieren, Beiträge visualisieren	
Ideensamm-lung	„Kopfstand"-Methode, Inspirationen holen	Erzielen von innovativen Gesprächs-ergebnissen
langfristige Projekte	Arbeitsgruppen bilden, „1 Mitarbeiterin – 1 Satz"	

6.7 Mitarbeitergespräche zielorientiert führen – damit jede Kollegin sich weiterentwickeln kann

Schon der Dichter Gotthold Ephraim Lessing wusste es: *„Der Langsamste, der sein Ziel nicht aus den Augen verliert, geht immer noch geschwinder als der, der ohne Ziel umherirrt."*

Mitarbeitergespräche zu verschiedenen Anlässen sind arbeitsrechtlich geregelt. Dazu lesen Sie Konkretes im 2. Teil dieses Handbuches. Hier erfahren Sie Näheres, was Sie bei Zielvereinbarungsgesprächen mit Ihren Mitarbeiterinnen beachten sollten, losgelöst von den rechtlichen Aspekten.

Beispiel

Sarah Waldmann, langjährige Erzieherin in einer Kita, ist frustriert. *„Im Augenblick macht mir meine Arbeit gar keinen Spaß. Von uns Erzieherinnen wird immer mehr verlangt. Und für Dinge, die ich gerne mal ausprobieren möchte, bleibt kaum Zeit."*

Regelmäßige Zielvereinbarungsgespräche mit Mitarbeiterinnen sollten Sie mindestens 1-mal jährlich führen. Diese Gespräche sind ein wichtiges Führungsinstrument, denn Sie beeinflussen verschiedene Effekte dadurch positiv:

1. Sie motivieren durch das Gespräch

Durch die Unterstützung und das Feedback, das Sie der Mitarbeiterin anbieten und geben, verdeutlichen Sie gleichzeitig: „Ich glaube, dass du das gesteckte Ziel erreichen kannst." Diese **Ermutigung motiviert**, auf dem Weg zum Ziel durchzuhalten und das Ziel nicht aus den Augen zu verlieren. Außerdem ermöglichen formulierte Ziele eindeutig, die eigenen Talente und Visionen umzusetzen. Dadurch fühlt sich die Kollegin ernst genommen und gesehen. Und dies wiederum wirkt sich positiv auf die Arbeitsfreude aus.

2. Sie geben Orientierung

Sie legen im Verlauf des Gesprächs gemeinsam klare Ziele fest, die die Mitarbeiterin in einem abgesprochenen Zeitraum zu erreichen versucht. So **weiß jede Einzelne, was von ihr erwartet wird**.

Fragen Sie im Rahmen der Zielvereinbarung nach, welche Unterstützung Ihre Mitarbeiterin für das Erreichen der Ziele benötigt, z. B. entsprechende Fortbildung. So weiß die Kollegin, was sie von Ihnen als Leitung erwarten kann. Das schafft Klarheit und Orientierung für alle Seiten.

3. Sie sorgen für Transparenz

Indem Sie zu Beginn eines zielorientierten Einzelgesprächs individuelles Feedback geben, zeigen Sie der Mitarbeiterin, **was Sie an ihrer Arbeit schätzen**. Sie verdeutlichen aber auch, wo Sie noch Entwicklungsbedarf sehen. Dadurch legen Sie Einschätzungen offen und geben Einblicke.

Zudem wird sicherlich auch der individuelle Bedarf nach Kompetenz in Ihrer Kita für die Mitarbeiterin klar und durchschaubar. So kann sie z. B. von vornherein einschätzen, welchen Nutzen es für sie hat, sich in einem bestimmten Bereich weiterzubilden.

Bevor Sie sich mit einer Mitarbeiterin zu einem **Zielvereinbarungsgespräch** treffen, sollten Sie sich als Leitung entsprechend darauf **vorbereiten**. In der folgenden Checkliste finden Sie wichtige Anregungen, die Sie dabei berücksichtigen sollten.

Checkliste: Diese Vorbereitungen sollten Sie vor Zielvereinbarungsgesprächen treffen

	o. k.
1. Nehmen Sie sich Zeit, die Arbeit Ihrer Mitarbeiterin über einen längeren Zeitraum hinweg zu beobachten.	❑
2. Notieren Sie sich positiv aufgefallene Aspekte und mögliche Verbesserungsvorschläge, die aus Ihrer Beobachtung hervorgehen.	❑
3. Formulieren Sie daraufhin Rückmeldungen, die Sie der Mitarbeiterin zu Beginn des Gesprächs geben möchten.	❑
4. Überlegen Sie, welche Veränderungen eine konkrete Verbesserung der Arbeit der Mitarbeiterin bewirken könnten, z. B. bessere Strukturierung der zeitlichen Planung bei anfallenden Aufgaben.	❑
5. Notieren Sie sich 3–5 Ziele, die Sie aufgrund Ihrer Überlegungen für Ihre Mitarbeiterin formulieren würden.	❑
6. Legen Sie den Besprechungstermin frühzeitig etwa 2 Wochen im Voraus fest. So hat auch die Mitarbeiterin ausreichend Zeit, sich Gedanken zu machen und persönliche Ziele zu formulieren.	❑
7. Treffen Sie eine gemeinsame Terminabsprache mit der Mitarbeiterin, so dass Sie beide ausreichend Zeit und Ruhe haben.	❑
8. Sorgen Sie für einen ungestörten Ort, an dem das Gespräch in einer angenehmen Atmosphäre stattfinden kann.	❑
9. Nehmen Sie alle Ihre Notizen mit in das Gespräch. Bleiben Sie dennoch offen für die Wünsche, Visionen und Vorstellungen Ihrer Mitarbeiterin.	❑

Denken Sie daran: Die Ziele sollen am Ende des Gesprächs gemeinsam formuliert werden. Ihre Vorüberlegungen dienen nur zu Ihrer eigenen Orientierung und als Anregung.

Ablauf des zielorientierten Mitarbeitergesprächs

Beginnen Sie das Mitarbeitergespräch mit einer freundlichen Begrüßung. Geben Sie anschließend Ihr vorbereitetes Feedback weiter. Dann übergeben Sie das Wort an die Mitarbeiterin. Fragen Sie nach:

• der Zufriedenheit der Mitarbeiterin in der Kita.
• dem Wohlbefinden in der Gruppe.
• den persönlichen Ideen und Zielen der Mitarbeiterin.
• konkreten Veränderungswünschen.

Besprechen Sie nun gemeinsam, welche Ziele für die Mitarbeiterin in Zukunft attraktiv, sinnvoll und erreichbar sein könnten. Treffen Sie schließlich eine **Zielvereinbarung**. Dabei sollten Sie berücksichtigen, dass Sie nicht mehr als **2-4 Ziele formulieren** und festhalten sollten.

Definition: Ziel und Zielvereinbarung

Was ist ein Ziel?
Ein Ziel ist ein in der Zukunft liegender angestrebter Zustand, der eindeutig beschrieben werden kann.

Was ist eine Zielvereinbarung?
Eine Zielvereinbarung ist eine spezielle Form der Festlegung eines oder mehrerer Ziele, die in gegenseitigem Einverständnis festgelegt wurden.

Hilfreich bei der Formulierung von Zielen ist die sogenannte **SMART-Regel**. Dieses Akronym steht für „**S**pecific **M**easurable **A**ccepted **R**ealistic **T**imely" und kommt aus dem unternehmerischen Projektmanagement. Ins Deutsche lässt sich die Regel mit
• **S**pezifisch
• **M**essbar
• **A**kzeptiert
• **R**ealistisch
• **T**erminiert

übersetzen. Gemeint sind damit Kriterien, die Sie bei der Formulierung von Zielvereinbarungen beachten sollten.

Übersicht: Das bedeutet die SMART-Regel konkret für Ihre Zielformulierungen

S	spezifisch	Formulieren Sie jedes Ziel einzeln, klar und konkret. Es sollte von allen nachvollziehbar und für alle verständlich sein.
M	messbar	Treffen Sie vorab eine klare Absprache darüber, wann ein Ziel erreicht ist. Formulieren Sie unterschiedliche Stadien, die auf dem Weg zum Ziel nach und nach erreicht werden sollen. Zur eindeutigen Messbarkeit werden Ziele schriftlich festgehalten.
A	akzeptiert	Jedes Ziel sollte sowohl im Sinne der Mitarbeiterin sein als auch ihren persönlichen Möglichkeiten entsprechen.
R	realistisch	Verzichten Sie auf überzogene Formulierungen oder Vorstellungen. Ansonsten ist ein Scheitern vorprogrammiert, und es tritt keine Verbesserung oder Veränderung ein.
T	terminiert	Legen Sie gemeinsam fest, in welchem Zeitraum die Mitarbeiterin das Ziel erreichen soll. So können Sie nach Ablauf dieser gesteckten Frist gemeinsam reflektieren, ob ein Ziel erreicht wurde.

Beenden Sie das Zielvereinbarungsgespräch, indem Sie einen Reflexionstermin suchen. Dieser sollte nach dem vereinbarten Zeitraum liegen, in dem das Ziel erreicht werden soll. Dazwischen können Sie sich immer wieder in kurzen Gesprächen oder mit Hilfe von kleinen Rückmeldungen ein Bild davon machen, welche Fortschritte eine Mitarbeiterin bereits erzielt hat.

Im Reflexionsgespräch überprüfen Sie schließlich gemeinsam:
• Sind die gesteckten Ziele erreicht?
• Was hat sich verändert?
• Sollte ein Ziel noch weiterverfolgt werden?
• Ist jedes Ziel noch so gültig?
• Was benötigt die Kollegin, um das Ziel letztlich zu erreichen?
• Ist es sinnvoll, neue Ziele zu formulieren?

Mit regelmäßigen Zielvereinbarungsgesprächen helfen Sie, die berufliche Kompetenz von Mitarbeiterinnen zu stärken und zu verbessern. Das kommt nicht nur den Teammitgliedern, sondern auch der Qualität Ihrer Kita zugute.

6.8 Kollegiale Beratung: Bieten Sie bei pädagogischen Fragen schnelle Unterstützung an

Ein bekanntes Sprichwort sagt: *„4 Augen sehen mehr als 2."* In manchen Alltagssituationen kann es darum hilfreich sein, dass Sie als Leitung eine teaminterne Beratung als Unterstützung bei Fragen oder Problemen anregen und initiieren.

> *„Bei Jakob bin ich mit meinem Latein am Ende. Ich habe schon alles versucht. Dennoch hat nichts wirklich weitergeholfen",* stöhnt die Erzieherin Gabi Spielberg. Sie bittet das Team um Rat. Die Leitung der Kita überlegt, wie sie hier eine gute Beratung ihrer Mitarbeiterin sinnvoll und effektiv organisieren kann.

Das Verhalten eines Kindes bereitet einer Mitarbeiterin Kopfzerbrechen. Sie weiß nicht mehr weiter. In diesem Fall können Sie eine kollegiale Fallberatung anregen. Wenn nicht Sie es sind, die einen Fall einbringen möchte, sollten Sie als Kita-Leitung auf alle Fälle die Moderation der Beratung übernehmen.

Ziel der **kollegialen Beratung** ist, dass Mitarbeiterinnen mit Hilfe ihrer persönlichen Erfahrungen und individuellen Sichtweisen zur Lösung von Schwierigkeiten beitragen. So verhelfen Sie der ratlosen Kollegin im Umgang mit schwierigen Fällen zu neuen Impulsen.

Wichtig ist, dass Sie die kollegiale Beratung strukturiert und Schritt für Schritt anleiten und moderieren. Die folgende Übersicht zeigt Ihnen, wie Sie diese durchführen können.

Übersicht: Kollegiale Fallbesprechungen Schritt für Schritt

1. Sammlung von Beratungs-anliegen und Fällen	• Wer hat einen Fall, der Schwierigkeiten beinhaltet? • Wer möchte gerne einen Fall einbringen?
2. Auswahl eines Falles, der Gegenstand der Beratung sein soll	• Welchen Fall möchten Sie gerne gemeinsam im Team besprechen?
3. Bericht der Ratsuchenden über die Situation und die Schwierigkeiten	• Worum geht es in diesem Fall? • Welche Situation liegt vor? • Was wurde bisher unternommen?
4. Konkretes Anliegen der Ratsuchenden	• Was soll geklärt werden?
5. Sammlung von Informa-tionen durch die Ratgeber	• Was müssen die Kolleginnen noch über den Fall wissen? • Welche zusätzlichen Informationen gibt es noch zu die-sem Fall?
6. Beratung durch die anwesenden Teammitglieder	• Wie kann die Kollegin mit dem konkreten Fall umgehen? • Welche verschiedenen Sichtweisen gibt es zu diesem Problem? • Welche Lösungsideen und Handlungsalternativen haben die Kolleginnen?
7. Schlussgedanken der Ratsuchenden	• Was kann die Kollegin, die den Fall eingebracht hat, an Impulsen und Ideen aus der Beratung mitnehmen?

Für eine kollegiale Beratung sollten Sie sich pro Fall zwischen 30 und 60 Minuten Zeit nehmen. Sie als Leitung sind bei der Beratung anwesend und übernehmen die Mode-ration, indem Sie

• die einzelnen **Beratungsphasen kurz erläutern** und von einer Phase zur anderen überleiten.

• die Mitarbeiterinnen darauf hinweisen, dass sie gehörte Situationen nicht sofort werten, sondern sich erst alles in Ruhe anhören.

• die Zeit im Auge behalten und ggf. Schilderungen abkürzen und noch einmal zusam-menzufassen.

Kollegiale Beratung kann Sichtweisen verändern und zur Problemlösung beitragen. Für die Lösung von bestehenden Teamkonflikten oder bei schwerwiegenden Proble-men, die das Hinzuziehen von Experten notwendig machen, ist die kollegiale Bera-tung nicht geeignet.

7. Wenn es mal nicht rund läuft ... Mit Konflikten umgehen

In Amerika gibt es den Spruch: *„If there is a 500-pound Gorilla put it on the table."* Gemeint ist damit, dass **Probleme, gerade wenn es bereits „große Brocken" sind, auf den Tisch gehören.** Schwierigkeiten unter den Teppich zu kehren hilft langfristig nicht weiter, lässt Probleme nur noch größer werden und wirkt sich negativ auf die Arbeitsqualität der Einrichtung aus.

7.1 Alles o. k. in der Kita? - Fragen Sie im Team nach

Wie ist die Stimmung in Ihrer Kita? Gibt es Probleme oder Unzufriedenheit? Diese Fragen können Sie als Leitung sicherlich nur subjektiv aus Ihrer ganz persönlichen Sicht beantworten. Wie es Ihren Mitarbeiterinnen geht, ob sie zufrieden sind oder ob es Grund für Unmut gibt, ist für Sie nicht immer sofort ersichtlich.

Katrin Hofherr, die Leiterin der Kita „Kinkerlitzchen", ist der Überzeugung, dass die Stimmung in ihrem Team ausgesprochen gut ist. Bei der Teamsitzung merkt sie dann allerdings, dass 2 Mitarbeiterinnen sich meiden, kaum ein Wort miteinander sprechen und 2 Sitzplätze wählen, die am weitesten voneinander entfernt sind. Katrin Hofherr beschließt, das Gespräch mit den beiden Mitarbeiterinnen zu suchen. Allerdings fragt sie sich auch, ob ihr diese Spannung nicht schon früher hätte auffallen müssen.

In Ihrer Einrichtung arbeiten qualifizierte Fachkräfte. Diese können Aspekte wie Arbeitszufriedenheit, Qualität der Arbeitsabläufe und Betriebsklima **differenziert einschätzen und beurteilen.** Warten Sie also nicht, bis es zu einem Konflikt oder einem schlechten Arbeitsergebnis kommt. Fragen Sie regelmäßig nach, wo „der Schuh drückt".

5 Schritte, die Sie bei Mitarbeiterbefragungen beachten sollten

Bevor Sie sich konkret an die Befragung Ihrer Mitarbeiterinnen machen, sollten Sie die folgenden Punkte beachten.

1. Schritt:

Führen Sie Befragungen **regelmäßig, mindestens aber 1-mal jährlich** durch. So können Sie prompt und effektiv auf Missstimmungen und Kritikpunkte eingehen. Sind Probleme noch klein, lassen sie sich auch schneller und einfacher aus der Welt schaffen.

2. Schritt:
Erstellen Sie einen **einheitlichen Fragebogen**, den Sie für Ihre regelmäßigen Befragungen nutzen. Dazu können Sie auch den folgenden Mitarbeiterfragebogen nutzen. Kennen die Mitarbeiterinnen den Fragebogen, können sie diesen spätestens beim 2. Mal routiniert und schnell ausfüllen und Fragen konkret beantworten.

3. Schritt:
Stellen Sie die Fragen möglichst **zu allen relevanten Arbeitsbereichen** in Ihrer Kita. So erhalten Sie einen guten Gesamteindruck der Situation und Einschätzungen Ihrer Mitarbeiterinnen.

4. Schritt:
Werten Sie die Fragebogen erst in aller Ruhe selbst aus. Tragen Sie **in Stichpunkten die Ergebnisse zu folgenden Aspekten** zusammen:
• Was läuft gut?
• Was sind nach Meinung der Mitarbeiterinnen die Stärken Ihrer Kita?
• Wo gibt es nach Einschätzung der Mitarbeiterinnen Verbesserungsbedarf?
• Welche Schwachstellen in Ihrer Kita müssen genauer unter die Lupe genommen werden?
• Wo sind bereits Unstimmigkeiten oder Konflikte zu erkennen?

5. Schritt:
Diskutieren Sie schließlich Ihre Auswertung gemeinsam mit den Mitarbeiterinnen, ohne dabei Namen zu nennen. **Im Gespräch** finden Sie sicherlich **geeignete Lösungen** für Probleme und Verbesserungsvorschläge für Schwachstellen.

Übersicht: Musterfragebogen zur Mitarbeiterzufriedenheit

Verschiedene Bereiche	Konkrete Fragen:	ja	nein	Warum? / Wie? / Welche?
Betriebsklima	1. Empfinden Sie das Klima in Ihrer Kita grundsätzlich als gut?	❏	❏	
	2. Empfinden Sie die Atmosphäre im Team als gut?	❏	❏	
	3. Empfinden Sie die Stimmung zwischen Kita-Leitung und Mitarbeiterinnen als gut?	❏	❏	
	4. Kann Ihrer Meinung nach das Klima in Ihrer Kita verbessert werden?	❏	❏	
	5. Kann Ihrer Meinung nach das Verhältnis unter den Mitarbeiterinnen verbessert werden?	❏	❏	
	6. Kann Ihrer Meinung nach das Verhältnis zwischen Kita-Leitung und Mitarbeiterinnen verbessert werden?	❏	❏	
Arbeitszufriedenheit	1. Kommen Sie gerne zur Arbeit?	❏	❏	
	2. Arbeiten Sie gerne mit Ihren Kolleginnen zusammen?	❏	❏	
	3. Arbeiten Sie gerne mit Ihrer Kita-Leitung zusammen?	❏	❏	
	4. Sind Sie mit den Rahmenbedingungen, wie z. B. Arbeitszeiten oder Zuständigkeiten, zufrieden?	❏	❏	
	5. Könnte man gewisse Arbeitsbedingungen oder -abläufe noch verbessern?	❏	❏	
Stärken und Schwächen der Einrichtung	1. Hat Ihre Kita ganz besondere Stärken?	❏	❏	
	2. Haben Sie Schwachstellen in Ihrer Kita festgestellt?	❏	❏	
	3. Könnte Ihrer Meinung nach durch eine Änderung von Abläufen innerhalb der Kita etwas verbessert werden?	❏	❏	

7.2 Stress, lass nach! Sorgen Sie für ausgeglichene Mitarbeiterinnen

Sicherlich gibt es in Ihrer Kita immer wieder Phasen, in denen es besonders viel zu tun gibt: Demnächst findet ein Fest statt, das sorgfältig vorbereitet werden muss. Die Eingewöhnung neuer Kinder steht an. Sie möchten gemeinsam eine neue Konzeption erarbeiten.

In solchen „Stoßzeiten" bleibt es häufig nicht aus, dass Sie und Ihre Mitarbeiterinnen sich zeitweise gestresst fühlen. Doch Achtung: Ungesunder Stress bei ständig übermäßiger Arbeitsbelastung kann von Unzufriedenheit, Überforderung und Arbeitsunlust bis zu gesundheitlichen Problemen führen.

Renate Ternes arbeitet seit 14 Jahren in der „Kita am Sonneberg". Bisher konnte sie auch mit hektischen und arbeitsintensiven Zeiten gut umgehen. Doch jetzt merkt sie, dass ihr die Belastung zunehmend zu viel wird. Sie reagiert gereizt auf den Lärmpegel in der Gruppe, ist nervös und hat abends Probleme einzuschlafen. Sie erzählt der Kita-Leitung von ihren Belastungssymptomen.

Wenn Stress zu einer Beeinträchtigung der Gesundheit, Leistungsfähigkeit und Lebensqualität führt, ist es höchste Zeit zu handeln. Sie als Leitung sollten darum die Arbeitsbelastung für Ihre Mitarbeiterinnen immer im Auge behalten.

Grundsätzlich ist nicht jeder Stress negativ. Es gibt 2 verschiedene Formen von Stress:

Definition und Einteilung von Stress

Stress
Unter Stress versteht man einen Zustand der Anspannung, der durch äußere Reize hervorgerufen wird.

Eustress
Darunter versteht man einen positiven Stress. Hier wird durch den Reiz von außen die Aufmerksamkeit erhöht, was zu einer gesteigerten Leistungsfähigkeit und Arbeitsmotivation führt.

Disstress
Darunter versteht man einen negativen Stress. Durch ständige und als unangenehm und nicht zu bewältigen empfundene Reize reagiert die Betroffene mit Überforderung. Die Konzentration nimmt ab, es zeigen sich körperliche Reaktionen auf die Belastung, die bis hin zu einem Burnout führen können.

Stress als subjektives Empfinden
Vielleicht empfindet eine Mitarbeiterin die Arbeitsbelastung zwar als hoch, doch dadurch fühlt sie sich gefordert und bringt sich gerne kreativ ein. Eine andere Mitarbeiterin hingegen leidet bereits unter den Anforderungen, fühlt sich gestresst und überfordert. Stress beginnt bei jeder Mitarbeiterin woanders, und das Stressempfinden ist darum subjektiv.

Belastungssituation der Mitarbeiterinnen im Auge behalten
Damit Ihre Mitarbeiterinnen dauerhaft den Arbeitsanforderungen standhalten und zufrieden, gesund und leistungsfähig bleiben, sollten Sie **achtsam mit dem Stresszustand jeder Einzelnen umgehen.** In der folgenden Übersicht finden Sie Kriterien, die Ihnen dabei helfen, konkret zu beurteilen, ob sich eine Mitarbeiterin gestresst fühlt.

Stellen Sie fest, dass Sie 2 oder mehr der möglichen Beobachtungen machen, kann das ein Beleg für eine stressbedingte Überforderung der Mitarbeiterin sein.

Sprechen Sie Ihre Beobachtungen an
Haben Sie aufgrund Ihrer Beobachtungen die berechtigte Vermutung, dass die Mitarbeiterin bereits Stresssymptome zeigt, müssen Sie dies unbedingt ansprechen. Suchen Sie das persönliche Gespräch mit der Mitarbeiterin unter 4 Augen.

Übersicht: Diese Indizien können Anzeichen für disstressbelastete Mitarbeiterinnen sein

Arbeitsbereiche	Ihre Beobachtungen
Allgemein	• Die Mitarbeiterin wirkt müde und erschöpft. • Die Mitarbeiterin klagt häufig über Kopfschmerzen. • Die Mitarbeiterin wirkt hektisch und gereizt.
In der Arbeit mit den Kindern	• Die Mitarbeiterin reagiert überempfindlich auf Lärm. • Die Mitarbeiterin kann nur mit Mühe Geduld für die Anliegen der Kinder aufbringen. • Die Mitarbeiterin wirkt überfordert.
In der Zusammenarbeit im Team	• Die Mitarbeiterin beteiligt sich nicht an dem Sammeln von Ideen oder bei der Verteilung von Aufgaben. • Die Mitarbeiterin kann gesetzte Termine nicht einhalten. • Die Mitarbeiterin weigert sich, bei der Planung von zukünftigen Projekten oder anstehenden Veränderungen mitzuwirken.

Äußern Sie offen und anhand Ihrer konkreten Beobachtung, dass Sie eine übergroße Stressbelastung vermuten. Erst, wenn Sie Stress und seine Auswirkungen zum Thema machen, können Sie **gemeinsam etwas dagegen unternehmen** und langfristig vorbeugen.

Stressfaktoren gemeinsam aus dem Weg räumen
Nicht erst, wenn Sie beobachten, dass Mitarbeiterinnen gestresst sind oder sogar bereits über massive Anzeichen, wie Appetitlosigkeit, Tinnitus, Schlafstörungen oder Angst klagen, sollten Sie gegen Stressfaktoren angehen. So unterstützen Sie Mitarbeiterinnen mit einer hohen Arbeitsbelastung, dennoch entspannt zu bleiben:

Checkliste: Maßnahmen gegen Stress

	o. k.
Gestehen Sie Mitarbeiterinnen zu, auch einmal Aufgaben abzulehnen und „Nein" zu sagen.	❑
Planen Sie im Dienstplan regelmäßige Pausen für Ihre Mitarbeiterinnen ein. Achten Sie darauf, dass Mitarbeiterinnen diese Auszeiten auch einhalten.	❑
Achten Sie darauf, dass Ihre Mitarbeiterinnen bei geplantem Dienstende auch wirklich Feierabend machen.	❑
Sprechen Sie Ihre Mitarbeiterinnen regelmäßig auf deren aktuelle Arbeitsbelastung an. Bei Überlastung überlegen Sie gemeinsam, ob sich Aufgaben anders aufteilen lassen.	❑
Sorgen Sie für regelmäßige Auflockerung in Ihrem Kita-Alltag, z. B. durch gemeinsame Aktionen, monatliches Teamfrühstück usw.	❑
Lachen entspannt! Bringen Sie darum Humor in Ihre Kita, z. B. durch witzige Cartoons oder Kalendersprüche, die Sie am Schwarzen Brett aufhängen.	❑

7.3 Ein Unwetter im Anmarsch? Konflikte im Team erkennen

Forscher, die sich mit Erdbeben beschäftigen, suchen seit Jahren nach einem zuverlässigen Frühwarnsystem. Optimal wäre es, wenn Beben so sicher vorausgesagt werden könnten, dass frühzeitig Maßnahmen ergriffen werden könnten, um Schäden gering zu halten.

In Ihrer Kita sind es zwar glücklicherweise keine Erdbeben, die Ihr Team erschüttern können. Aber Konflikte und Auseinandersetzungen im Alltag „rütteln" dafür an Ihren Kräften und können zu Missmut und Spannungen führen. Wäre es nicht gut, wenn Sie auf ein „Frühwarnsystem" für Konflikte zurückgreifen könnten?

Kita-Leiterin Irina hört eine Mitarbeiterin zu ihrer Kollegin Lena Brenner sagen: *„Lena, ich habe zwar schon aufgeräumt. Aber vielleicht brauchst du ja ein ganz spezielles Ordnungssystem, weil du da noch mal nachkorrigieren musst."* Irina überlegt, ob sich da was zwischen den beiden Kolleginnen zusammenbraut und ob sie das direkt ansprechen soll.

Nicht jeder Konflikt beginnt mit einem „großen Knall". Fühlt sich eine **Mitarbeiterin verletzt oder sieht sie ihre Grenzen überschritten**, kann es sein, dass sie dies erst einmal nicht offen anspricht, sondern „herunterschluckt". Dass dennoch etwas in ihr brodelt, zeigt sie dann vielleicht durch **kleine verbale Spitzen** gegen Sie oder eine Kollegin. Erkennen Sie frühzeitig, dass eine kleine Verstimmung vorliegt, können Sie darauf eingehen und verhindern, dass ein Konflikt eskaliert.

1. Anzeichen von Konflikten erkennen
Nutzen Sie die Informationen aus der folgenden Übersicht als „Frühwarnsystem" für Konflikte. Diese Äußerungen oder Verhaltensweisen zeigen Ihnen, dass im Team etwas nicht „rund läuft".

Übersicht: Das zeigt Ihnen, dass ein Konflikt innerhalb des Teams schwelt

Verhaltensweisen und Reaktionen von Mitarbeiterinnen	Beispiele für konkrete Äußerungen
ungeduldig	• *„Ich mach das schon. Wir haben ja nicht ewig Zeit. Und bis Inga mal damit anfängt ..."* • *„Jetzt gib schon her. Ich kann das gar nicht mit ansehen."*
sarkastisch	• *„Frau Allwissend weiß natürlich am besten, wie man mit diesem schwierigen Verhalten von Tim umgehen kann."* • *„Natürlich solltest du noch mal staubsaugen, obwohl ich das schon gemacht habe. Schließlich wollen wir ja alle vom Boden essen."*
emotional statt sachlich	• *„Immer willst du bestimmen, welche Lieder wir für ein Fest auswählen."* • *„Wenn du genau zugehört hättest, wüsstest du, was wir letzte Woche dazu besprochen haben."*
verdeckt statt offen	• *„Ich mach das mit Olga. Die anderen brauchen wir dazu nicht."* • *„Das hab ich schon erledigt. Wen es interessiert, der braucht ja nur mal im Ordner nachzusehen."*

Damit aus der sprichwörtlichen Mücke kein Elefant wird, sollten Sie als Kita-Leitung auf erste Anzeichen von Konflikten im Team reagieren.
• Sprechen Sie die offensichtlich verärgerte Kollegin in einem persönlichen Gespräch auf das Problem an.
• Holen Sie schließlich alle Betroffenen an einen Tisch, wenn Sie den Eindruck haben, dass ein größerer Klärungsbedarf vorliegt.
• Suchen Sie gemeinsam nach einer passenden Lösung, mit der alle Beteiligten zufrieden sein können.

Wie Sie Konfliktgespräche achtsam und lösungsorientiert führen, lesen Sie im folgenden Kapitel.

7.4 Führen Sie konstruktive Konfliktgespräche mit Mitarbeiterinnen

Konflikte können zermürben. Sie rauben Arbeitsfreude und Energien, die Sie und Ihre Kolleginnen viel besser in die Arbeit mit Kindern und Eltern einbringen können. Aber: Konflikte sind ein wichtiger Bestandteil des Alltags, wenn Menschen miteinander zu tun haben. Werden Konflikte offen angesprochen und Lösungen gefunden, können sie dabei helfen, dass sich Ihr Team weiterentwickelt. Darum ist es wichtig, Teamkonflikte schnell und nachhaltig anzugehen.

Kita-Leiterin Susanne Dressler schlägt in einer Teamsitzung vor, einen konkreten Belegungsplan für den Bewegungsraum aufzustellen, damit es zu keinen Überschneidungen kommt. Erzieherin Melanie Leicht reagiert gereizt: *„Aha, jetzt auf einmal soll ein Plan alles regeln. Aber als ich letzte Woche angeregt habe, dass wir über die Nutzung des Computertisches sprechen, hatten wir keine Zeit für so was."*

Auch wenn Konfliktgespräche vermutlich nicht zu den Lieblingsaufgaben für Sie als Kita-Leitung gehören: Durch das schnelle und lösungsorientierte Aufgreifen von Konflikten verbessern Sie nachhaltig die Arbeitsatmosphäre in Ihrem Team. So fördern Sie die Motivation und Leistungsbereitschaft Ihrer Mitarbeiter – und wachsen gemeinsam an den bewältigten Hürden!

Wenn Spannungen in der Luft liegen, ist ein offenes Gespräch wichtig, um konstruktiv mit der Situation umzugehen. Hilfreich im **Umgang mit Konflikten ist die „5-S-Regel"**:
- **S**ofort angehen
- **S**ensibel ansprechen
- **S**achlich bleiben
- **S**elbst äußern
- **S**ichtbar lösen

So setzen Sie die Vorgaben der Regel um:

Übersicht: Das bedeutet die „5-S-Regel" konkret für Ihr Konfliktgespräch

Sofort angehen	Bei Konflikten gilt immer: *„Störungen haben Vorrang"*. Liegt also ein Konflikt vor, bitten Sie die betroffene Kollegin sofort oder zeitnah zu einem Gespräch.
Sensibel ansprechen	Führen Sie das Gespräch nicht vor anderen Mitarbeiterinnen, sondern unter 4 Augen. Beginnen Sie behutsam, indem Sie zuerst Ihre Wertschätzung zeigen. Dann benennen Sie das Problem oder die konfliktgeladene Situation, die Ihnen aufgefallen ist.
Sachlich bleiben	Sprechen Sie das Problem klar und sachlich an. Mit Ihren Beobachtungen können Sie Ihre Vermutungen belegen. Kommen Sie zügig auf den Punkt, und reden Sie nicht „um den heißen Brei" herum.
Selbst äußern	Machen Sie dabei Ihrer Mitarbeiterin keine Vorwürfe, sondern bleiben Sie bei Ihren konkreten Beobachtungen. Formulieren Sie Ihre Vermutungen als „Ich"-Botschaft. Nachdem Sie sich geäußert haben, räumen Sie der Mitarbeiterin ein, dazu Stellung zu nehmen.
Sichtbar lösen	Suchen Sie nach einer geeigneten Lösung für das vorliegende Problem. Hier kann es sinnvoll sein, andere am Konflikt Beteiligte hinzuzuholen. Sammeln Sie verschiedene Möglichkeiten, ohne sie sofort zu bewerten. Schließlich suchen Sie gemeinsam die Lösung aus, die allen Beteiligten am geeignetsten erscheint. Legen Sie fest, über welchen Zeitraum Sie versuchen werden, die Lösung auszuprobieren. Treffen Sie sich nach diesem Zeitraum zu einem Reflexionsgespräch. Dann wird geklärt, ob die Lösung zielführend war oder ob nachgebessert werden muss.

7.5 Supervision - Eine Chance für Ihr Kita-Team

Sie haben als Kita-Leitung versucht, einen Konflikt innerhalb des Teams anzusprechen, aber eine passende Lösung konnte nicht gefunden werden? Jetzt sind Sie mit Ihrem Latein am Ende. Bevor ständige Konflikte das Betriebsklima in Ihrer Kita dauerhaft schädigen, sollten Sie sich nicht scheuen und Hilfe von außen annehmen. Hier kann Ihnen Supervision weiterhelfen.

„Ich habe gar keine Lust mehr, zur Arbeit zu kommen!", beendet die Erzieherin Wilma Krüger wütend die Diskussion in der Teamsitzung. Ellen Siegel, die Kita-Leiterin, hatte in den vergangenen Wochen einige Konfliktgespräche mit Mitarbeiterinnen geführt. Dennoch hat sich die Stimmung im Team seitdem eher noch verschlechtert. Sie überlegt, ob sie ihrem Team vorschlagen soll, die bestehenden Teamkonflikte einmal im Rahmen einer Supervision anzugehen.

Was Supervision eigentlich ist

Supervision als Methode der Beratung und Unterstützung durch eine ausgebildete Fachkraft ist eine Chance für Ihr Team. Denn durch den „Blick von oben" auf eine verfahrene Situation gelingt es Ihnen und Ihren Mitarbeiterinnen leichter, ein Problem aus einer neuen Perspektive zu betrachten.

In der Teamsupervision werden Konflikte offen angesprochen. Der Supervisor hilft den einzelnen Mitarbeiterinnen, ihren Standpunkt zu formulieren. Sein Ziel ist es, verhärtete Fronten zwischen Mitarbeiterinnen aufzuweichen und nach entsprechenden Lösungen zu suchen.

Wichtige Klärung vorab

Bevor Sie sich auf die Suche nach einem geeigneten Supervisor machen, überprüfen Sie zuerst, ob Supervision für Ihr Team sinnvoll und geeignet ist. Dazu sollten Sie 3 grundsätzliche Fragen klären:

Besteht im Team eine Bereitschaft zur Supervision?

Sprechen Sie mit Ihren Mitarbeiterinnen darüber: Können sich alle vorstellen, an einer Supervision teilzunehmen? Nur wenn alle bei einer Teamsupervision mitmachen, können gemeinsame Konflikte so angegangen werden.

Haben Sie die Möglichkeit, zusätzliche feste Termine einzuplanen?
Supervisionstreffen finden mehrmals, regelmäßig und für alle verbindlich statt. Nur dann ist die Methode wirkungsvoll. Sind in Ihrem Team alle bereit, sich z. B. alle 2 Monate über die Dauer von einem Jahr zur Supervision zu treffen?

Wer übernimmt die Kosten für eine Supervision?
Supervision kostet natürlich Geld. Für eine Supervisionsstunde werden zwischen 80 und 400 € berechnet. Dabei fallen die Kosten abhängig von der Anzahl der Teilnehmer an. Natürlich können Sie die Supervisionsstunden als Team selbst bezahlen. Allerdings gibt es häufig noch andere Möglichkeiten, wie sich Supervision finanzieren lässt. Folgende Checkliste hilft Ihnen dabei, die Kostenübernahme für Supervision abzuklären.

Checkliste: Dort können Sie bzgl. Finanzierung einer Supervision nachfragen

	o. k.
Sprechen Sie Ihren Träger an. Dieser profitiert indirekt auch von einer Teamsupervision. Denn wenn Konflikte nachhaltig und konstruktiv geklärt werden können, wirkt sich dies positiv auf die Arbeitsqualität in der Kita aus.	❑
Fragen Sie bei Ihrem Arbeitgeber nach, ob Supervisionskosten aus dem Fortbildungsetat bezahlt werden können.	❑
Finden Sie einen passenden Sponsor für Ihre Supervision. Da Sie mit Hilfe dieser Form der professionellen Beratung u. a. auch gesundheitlichen Beeinträchtigungen von Mitarbeiterinnen entgegenwirken können, sind z. B. Krankenkassen oder Arztpraxen ein geeigneter Kooperationspartner.	❑
Klären Sie ab, ob Sie auf nicht zweckgebundene Spendengelder zurückgreifen können. Argumentieren Sie damit, dass ein gestärktes Team ein wichtiger Beitrag zum Wohle der Kinder ist.	❑
Gibt es in Ihrer Kita einen Förderverein, können Sie dort anfragen, ob dieser evtl. einen Teil der Kosten übernimmt.	❑

Einen geeigneten Supervisor finden
Haben Sie sich als Team für eine gemeinsame Supervision entschieden und die Finanzierung abgeklärt, können Sie sich auf die Suche nach einem geeigneten Supervisor machen. In der folgenden Übersicht finden Sie wichtige Tipps, wie Ihnen das gelingt.

Übersicht: So finden Sie den passenden Supervisions-Fachmann

Anhaltspunkte für Ihre Suche:	Das können Sie nutzen:
Beim Träger nachfragen	Häufig haben Träger eine Liste mit anerkannten Supervisoren vorliegen. Fragen Sie als Leitung einfach vorab nach.
Auf Empfehlungen zurückgreifen	Supervision wird immer häufiger von Kita-Teams in Anspruch genommen. Sicherlich können Ihnen einige Kolleginnen aus anderen Einrichtungen einen Supervisor empfehlen, mit dem sie gute Erfahrungen gemacht haben.
Eintragungen im Branchenbuch oder Internet	In Branchenbüchern finden Sie sicherlich einige Einträge von Supervisoren in Ihrer Umgebung. Unter www.dgsv.de – der offiziellen Seite der Deutschen Gesellschaft für Supervision e. V. – gibt es Kontaktadressen von qualifizierten Supervisoren.

Sie müssen nicht „die Katze im Sack kaufen". Vereinbaren Sie mit dem von Ihnen gewählten Supervisor einen Probetermin. Dabei können Sie sich näher kennenlernen. Anschließend entscheiden Sie, ob die Person zu Ihnen und Ihrem Team passt.

Fazit: Wählen Sie einen offenen und lösungsorientierten Umgang mit Konflikten. Scheuen Sie sich nicht, dazu, wenn nötig, Unterstützung in Anspruch zu nehmen. Denn ist ein Konflikt erfolgreich aus dem Weg geräumt, hat eine qualitativ hochwertige Zusammenarbeit in Ihrer Kita wieder freie Bahn!

Teil II: Arbeitsrechtlich sicher handeln

1. Bewerbungsverfahren – So finden Sie die richtigen Mitarbeiterinnen für Ihr Team

Die **Einstellung** neuer Mitarbeiterinnen ist ganz klar **Sache Ihres Trägers**. Er ist der eigentliche Arbeitgeber, unterzeichnet auch den Arbeitsvertrag und kümmert sich um dessen Abwicklung.

Viele Träger **übertragen** aber die Verantwortung für die Durchführung des **Bewerbungsverfahrens** größtenteils auf Sie als **Leitung**. Das ist auch sinnvoll, denn schließlich müssen Sie mit der neuen Kollegin tagtäglich klarkommen. Außerdem können Sie wesentlich besser beurteilen, ob diese in Ihr Team passt, als Ihr Träger, der in den Alltag Ihrer Einrichtung in der Regel nicht involviert ist.

Bei der Durchführung des Bewerbungsverfahrens ist es wichtig, dass Sie die **rechtlichen Rahmenbedingungen einhalten**. Denn Fehler können für Ihren Träger mitunter richtig teuer werden.

Das wirft natürlich zum einen ein schlechtes Licht auf Sie als Leitung und kann ggf. auch für Sie arbeitsrechtlich und finanziell unangenehme Konsequenzen haben. Mehr darüber lesen Sie auf Seite 117 dieses Handbuchs.

Um solch unangenehme Konsequenzen zu vermeiden, sollten Sie sich über die rechtlichen Besonderheiten des Bewerbungsverfahrens informieren.

Außerdem können Sie, wenn Sie diese Hinweise befolgen, viel Zeit und Nerven sparen und den ein oder anderen „Missgriff" bei der Personalauswahl vermeiden.

1.1 Erstellen Sie ein Anforderungsprofil

Wenn Sie eine Stelle neu zu besetzen haben, ist es wichtig für das gesamte Bewerbungsverfahren, dass Sie sich darüber klar werden, **welche Anforderungen** Sie an die **neue Mitarbeiterin** stellen. Überlegen Sie genau, welche Qualifikationen, Kenntnisse und Eigenschaften sie mitbringen soll.

Die Leiterin der Kita „Wilde 13" ist auf der Suche nach einer neuen Mitarbeiterin für ihre Krippengruppe. In ihrer Stellenanzeige schreibt sie:

„Die Kita ,Wilde 13' sucht engagierte/n Mitarbeiter/in."

Auf diese Anzeige erhält sie zahlreiche Bewerbungen, von denen mehr als 2/3 ungeeignet sind, da es sich um Kinderpflegerinnen handelt. Schließlich sucht sie eine staatlich anerkannte Erzieherin. Sie ärgert sich, weil sie mit dem Lesen, Aussortieren und Zurücksenden der Bewerbungsunterlagen viel Zeit verliert.

Nur wenn Sie die Anforderungen an die neue Mitarbeiterin im Vorfeld geklärt haben, können Sie Stellenanzeigen sinnvoll und rechtssicher formulieren und das Bewerbungsverfahren „unfallfrei" durchführen.

Ein **Muster für ein Anforderungsprofil** einer Erzieherin finden Sie hier. Dieses können Sie an die Anforderungen in Ihrer Kita anpassen.

Muster: Anforderungsprofil „Erzieherin"

Fachliche Qualifikationen:
- staatlich anerkannte Erzieherin
- 3 Jahre Berufserfahrung, möglichst Erfahrung mit U3-Kindern
- PC-Kenntnisse

Persönliche Kompetenzen:
- sicheres, freundliches Auftreten
- selbstständiges Arbeiten
- Belastbarkeit

Soziale Kompetenzen:
- Kommunikationsfähigkeit
- Kooperationsbereitschaft
- Freude an der Arbeit, auch mit problematischen Kindern

Methodische Kompetenzen:
- Organisationsfähigkeit
- zielorientiertes Arbeiten
- Vorbildverhalten

Unternehmerische Kompetenzen:
- Kostenbewusstsein
- Kundenorientierung

Im Praxisbeispiel hätte die Leiterin ihre Anforderungen an die Qualifikation der neuen Mitarbeiterin klarer und deutlicher formulieren sollen. Damit hätte sie sich viel Zeit und Arbeit gespart.

1.2 Formulieren Sie Stellenanzeigen rechtlich einwandfrei

Wollen Sie in Ihrer Einrichtung eine Stelle neu besetzen, sollten Sie unbedingt die Vorschriften des **Allgemeinen Gleichbehandlungsgesetzes** (AGG) in all Ihre Überlegungen einbeziehen.

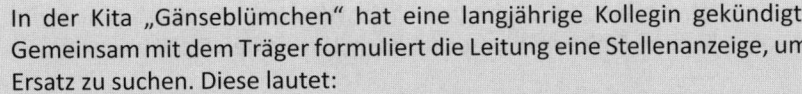

In der Kita „Gänseblümchen" hat eine langjährige Kollegin gekündigt. Gemeinsam mit dem Träger formuliert die Leitung eine Stellenanzeige, um Ersatz zu suchen. Diese lautet:

„Wir suchen eine Erzieherin mit mindestens 5 Jahren Berufserfahrung zur Verstärkung unseres jungen, dynamischen Teams, bevorzugt mit deutscher Staatsangehörigkeit. Bewerbungsunterlagen mit Lebenslauf und Lichtbild schicken Sie bitte an folgende Adresse ... ."

In §§ 1, 7 AGG ist geregelt, dass im Arbeitsleben eine Diskriminierung oder Benachteiligung aus Gründen der
- Rasse oder ethnischen Herkunft,
- Religion oder Weltanschauung,
- Behinderung,
- des Alter,
- des Geschlecht,
- der sexuellen Identität
verboten ist.

Nach **§ 11 AGG** müssen Sie bei einer Stellenausschreibung darauf achten, dass Sie nicht gegen diese Vorgaben verstoßen, sonst kann eine abgewiesene Bewerberin unter Umständen nach § 15 Abs. 2 AGG **Schadenersatzansprüche gegenüber Ihrem Träger** geltend machen.

Unterschiedliche Behandlung von Bewerbern kann gerechtfertigt sein
Auch wenn eine Diskriminierung wegen der o. g. Gründe grundsätzlich verboten ist, können Sie dennoch gewisse Unterschiede zwischen den Bewerberinnen machen, wenn es hierfür einen nachvollziehbaren Grund gibt.

Dies ergibt sich aus §§ 8 ff. AGG. So können Sie, wenn dies die Stelle erfordert, z. B. eine bestimmte Anzahl von Jahren an Berufserfahrung fordern und so jüngere Bewerber ausschließen.

Das Vorliegen dieser Gründe sollten Sie im Streitfall **auch beweisen können**. Überlegen Sie gut, ob Sie dies können, und verzichten Sie im Zweifel lieber hierauf.

Vermeiden Sie Diskriminierungen aufgrund des Geschlechts

Auch wenn sich nach wie vor auf Stellen in Kitas überwiegend Frauen bewerben, dürfen Sie die Stellen **nicht geschlechtsspezifisch** ausschreiben. Folgende Formulierungen sind daher tabu: *„Erzieherin gesucht"; „Wir bieten Stelle als Erzieherin".* Formulieren Sie lieber: *„Erzieher/in gesucht" oder „Wir suchen Erzieher (m/w)".*

Vorsicht vor Diskriminierungen wegen Alters!

Sie sollten bei Stellenanzeigen keine besonderen Anforderungen an das **Alter der Bewerberin** stellen, wenn es hierfür keine triftigen Gründe gibt. Sonst besteht die Gefahr der Altersdiskriminierung.

Folgende Formulierungen sollten Sie daher vermeiden:
„Erzieher/in, Mindestalter 25 Jahre, gesucht ..."; „Kinderpfleger/in für Kinderkrippe, Höchstalter 30 Jahre ..."; „Erzieher (m/w), Sie sind zwischen 22 und 35 Jahren alt ..."

Vorsichtig sollten Sie auch mit Formulierungen sein, die auf eine so genannte **„mittelbare" Altersdiskriminierung** hindeuten. Das heißt, Sie erwähnen zwar das gewünschte Alter der Bewerber nicht ausdrücklich, bringen aber durch Ihre Formulierung zum Ausdruck, dass nur junge oder besonders erfahrene Bewerberinnen eine Chance haben. Vermeiden Sie daher Formulierungen wie: *„Sie passen in unser junges, dynamisches Team ..." „erfahrene Erzieher/in gesucht".*

Ausnahme:

§ 10 AGG sieht vor, dass Sie in besonders begründeten Einzelfällen eine unterschiedliche Behandlung wegen Alters vornehmen und damit Stellen auch entsprechend ausschreiben dürfen. Haben Sie z. B. eine Stelle zu besetzen, die mehrere Jahre Berufserfahrung erfordert, weil die Mitarbeiterin z. B. für die Ausbildung und Betreuung von Berufspraktikantinnen zuständig sein soll, können Sie in der Stellenausschreibung die entsprechende Berufserfahrung erwähnen.

> **Tipp**
>
> Die Frage, ob ein Grund für eine differenzierte Behandlung von Bewerberinnen aufgrund ihres Alters zulässig ist oder nicht, ist sehr kompliziert und eigentlich nur im Einzelfall zu beantworten. Sinnvoller ist es daher, in die Stellenausschreibung keine Bezüge zum Alter des Bewerbers oder zur Altersstruktur des Teams aufzunehmen. Es geht nämlich nur um die Formulierung der Anzeige. Wen Sie letztlich einstellen, bleibt Ihnen bzw. Ihrem Träger überlassen.

Achten Sie auf Diskriminierungen wegen ethnischer Herkunft

Ihre Stellenanzeige sollte auch **keinen Bezug zur ethnischen Herkunft** der Bewerberinnen enthalten. Formulierungen wie: *„... deutsche Staatsangehörigkeit bevorzugt ...“*; *„deutsche Muttersprachler erwünscht ...“*; *„fließendes Deutsch“*; *„Angabe Ihres Geburtsorts“* sind schadenersatzträchtig. Hierauf sollten Sie in Ihren Stellenanzeigen verzichten.

Vermeiden Sie Diskriminierungen wegen Religionszugehörigkeit

Grundsätzlich sollten Sie Formulierungen in Stellenanzeigen, die sich auf die **Religionszugehörigkeit oder Weltanschauung** der Bewerberinnen beziehen, vermeiden. Auf Formulierungen wie: *„Erzieher/in gesucht (keine Muslime)“* sollten Sie verzichten.

Wichtiger Hinweis für Leitungen in kirchlichen Einrichtungen

Nach § 9 AGG können Religionsgemeinschaften, also z. B. die evangelische oder katholische Kirche und die ihnen angegliederten Wohlfahrtsverbände, bereits bei Stellenausschreibungen darauf hinweisen, dass sie bei ihren Mitarbeiterinnen auf die **Mitgliedschaft in ihrer Religionsgemeinschaft** Wert legen. Diese „Diskriminierung“ wird nach wie vor vom Gesetzgeber toleriert. Denn anders als bei „normalen“ Arbeitgebern ist es bei Religionsgemeinschaften als so genannten „Tendenzbetrieben“ wichtig, dass die Mitarbeiterinnen sich mit den Werten und Idealen des Arbeitgebers identifizieren. Sie können daher gezielt nach Mitarbeiterinnen suchen, die Mitglied in Ihrer Kirche sind, z. B.: *„stellvertretende Leitung für ev. Kindertagesstätte gesucht. Voraussetzung: Mitgliedschaft in der ev. Kirche“*.

Vermeiden Sie die Diskriminierung Behinderter

Das AGG sieht außerdem vor, dass Sie Bewerberinnen nicht wegen **einer Behinderung vom Bewerbungsverfahren ausschließen** dürfen. Formulierungen, die sich auf die uneingeschränkte körperliche Leistungsfähigkeit der Bewerberinnen beziehen, wie: *„Erzieher/in, belastbar, leistungsfähig, mobil und flexibel gesucht ..."*, sollten Sie hier vermeiden.

Wichtiger Hinweis für Leitung in kommunalen Einrichtungen
Wenn Sie bei einem kommunalen Träger arbeiten und Stellen zu besetzen haben, haben Sie vielleicht auch bei manchen Bewerbungsschreiben gestutzt, wenn Bewerberinnen ausdrücklich darauf hinweisen, dass sie schwerbehindert sind. Schließlich macht ein solches Handicap die Bewerberin für Sie und Ihren Träger nicht unbedingt attraktiver.

Hintergrund dieses Hinweises ist **§ 82 Satz 3 Sozialgesetzbuch (SGB) IX.** Diese Vorschrift regelt, dass schwerbehinderte Bewerber von öffentlichen Arbeitgebern zu einem Vorstellungsgespräch eingeladen werden müssen, wenn diese auf ihre Behinderung hinweisen und fachlich nicht offensichtlich ungeeignet sind.

Versäumen Sie bzw. Ihr Träger eine solche Einladung zum Vorstellungsgespräch, kann die Bewerberin von Ihnen Schadenersatzansprüche wegen Diskriminierung nach dem AGG verlangen (Bundesarbeitsgericht (BAG), Urteil vom 16.02.2012, Aktenzeichen: 8 AZR 697/10).

Achten Sie daher bei der „Vorauswahl" von Bewerberinnen auf **Hinweise auf eine Schwerbehinderung**. Solche Bewerberinnen müssen Sie in jedem Fall zum Vorstellungsgespräch einladen. Dann sind Sie rechtlich auf der sicheren Seite. Einstellen müssen Sie die behinderte Bewerberin natürlich nicht.

Diese **„Einladungspflicht" besteht nicht**, wenn die Bewerberin offensichtlich **nicht für die Stelle qualifiziert** ist. Das ist z. B. dann anzunehmen, wenn sich eine schwerbehinderte Kinderpflegerin auf eine Stelle bewirbt, die für eine Sozialpädagogin ausgeschrieben ist.

Seien Sie vorsichtig bei Forderungen nach Lebenslauf und Lichtbild
Natürlich dürfen Sie in Ihrer Stellenanzeige zur Übersendung von Bewerbungsunterlagen auffordern. Vor Inkrafttreten des AGG fand man hier häufig den folgenden Schlusssatz:

„Bitte übersenden Sie uns Ihre vollständigen Bewerbungsunterlagen mit Lebenslauf und Lichtbild."

Vor dem Hintergrund des AGG stellt sich die Frage, ob dies eine mittelbare Diskriminierung ist. Denn auf dem Bewerbungsfoto sind eindeutig das Alter, das Geschlecht und die Hautfarbe der Bewerberin zu erkennen. Gleiches lässt sich auch aus dem Lebenslauf entnehmen.

Die Gefahr, dass ältere oder Bewerber mit Migrationshintergrund sofort „aussortiert" werden, ist nicht von der Hand zu weisen. Im Einzelfall ist hier aber vieles umstritten.

Wollen Sie **auf Nummer sicher gehen**, fordern Sie einfach nur eine *„schriftliche Bewerbung"* an. In aller Regel bekommen Sie dann eine komplette Bewerbungsmappe, ohne dass Sie gegen das AGG verstoßen haben.

Bei der Formulierung einer Stellenanzeige sollten Sie sich insgesamt auf das Wesentliche, nämlich die Qualifikation und die persönlichen Eigenschaften der neuen Mitarbeiterin konzentrieren.

Muster: Stellenanzeige Erzieher/in

Die Kindertagesstätte „Gänseblümchen" sucht zum 01.08.2012 eine/n staatlich anerkannte/n Erzieher/in.

Wir bieten Kindern in 5 altersgemischten, integrativen Gruppen mit insgesamt 95 Kindern eine zeitgemäße, familienergänzende Betreuung.

Wir wünschen uns eine Mitarbeiterin/einen Mitarbeiter (Vollzeit), die/der gerne im Team arbeitet, sich engagiert, aufgeschlossen ist und Erfahrung mit Integration bzw. Inklusion hat.

Ihre schriftliche Bewerbung richten Sie bitte an die Kita „Gänseblümchen".

Die Stellenanzeige im Praxisbeispiel enthält nach den hier genannten Kriterien klare Verstöße gegen die Vorgaben des AGG. Der Träger muss hier ggf. Schadenersatzforderungen abgewiesener Bewerberinnen fürchten, die sich aufgrund dieser Anzeige diskriminiert fühlen.

1.3 Gehen Sie rechtlich einwandfrei mit Bewerbungsunterlagen um

Wenn Bewerberinnen Ihnen ihre Unterlagen übersenden, legen sie Ihnen sehr sensible Informationen, wie z. B. Ausbildung, berufliche Qualifikationen und familiäre Verhältnisse, offen. Durch das dem Arbeitsverhältnis vorgelagerte Bewerbungsverfahren entsteht ein **besonderes Vertrauensverhältnis** zwischen Ihnen und der Bewerberin. Hieraus ergibt sich, dass Sie hinsichtlich der Bewerbungsunterlagen besondere Obhuts- und Sorgfaltspflichten haben.

Die Kita „Sonnenschein" ist auf der Suche nach einer neuen Mitarbeiterin. Auf eine Stellenanzeige in der Zeitung schicken 6 Bewerber ihre Bewerbungsunterlagen. Die Leiterin legt eine Liste mit allen Bewerberinnen an. Dann sortiert sie erst einmal die Bewerberinnen aus, die über 40 Jahre alt sind oder einen Migrationshintergrund haben. Dies vermerkt sie anschließend auf ihrer Liste.

Die Bewerberinnen können erwarten, dass Sie mit diesen persönlichen Informationen entsprechend **sensibel umgehen**. Erlauben Sie sich hier nachweisliche Fehler, wirft dies nicht nur ein schlechtes Licht auf Ihre Kita, sondern stellt auch Ihre **Professionalität in Frage**.

Ein unprofessioneller Umgang mit Bewerbungsunterlagen kann auch zu Verstößen gegen die datenschutzrechtlichen Bestimmungen des Bundesdatenschutzgesetzes (BDSG) oder des Allgemeinen Gleichbehandlungsgesetzes (AGG) führen. Das kann für Ihren Träger richtig teuer werden.

1.4 Beachten Sie im Bewerbungsverfahren datenschutzrechtliche Vorgaben und das AGG

Nach § 32 BDSG dürfen Sie Informationen über Bewerberinnen nur dann erheben, verarbeiten und nutzen, wenn dies für Ihre **Personalentscheidung erforderlich** ist. Das heißt konkret, dass Sie Unterlagen und Daten von Bewerberinnen dann anfordern und speichern dürfen, wenn diese für Ihre Einstellungsentscheidung notwendig sind. Nach Abschluss des Bewerbungsverfahrens sind Sie verpflichtet, diese **Daten zu löschen**.

Vorsichtig sollten Sie bei der Erhebung von Daten sein, die nach dem AGG auf eine Diskriminierung hindeuten. Überlegen Sie daher sehr genau, ob Sie Informationen zu
• ethnischer Herkunft,
• Geschlecht,
• Religion oder Weltanschauung,
• Alter,
• Behinderung und/oder
• sexueller Identität
der Bewerberin wirklich für Ihre Personalentscheidung brauchen. Selbst wenn Sie diese zur Grundlage Ihrer Mitarbeiterauswahl machen sollten, darf es hierzu **keine schriftlichen Aufzeichnungen** geben.

Der Grund dafür: Wenn es zu einer gerichtlichen Auseinandersetzung über Ihre Personalentscheidung kommt, in der Ihnen Diskriminierung vorgeworfen wird, müssen Sie solche **Unterlagen ggf. bei Gericht vorlegen.** Finden sich in Ihren Unterlagen Hinweise auf Diskriminierungen, wird es Ihnen schwerfallen nachzuweisen, dass Ihre Entscheidung nur von der beruflichen Qualifikation der Bewerberin abhing.

Im Praxisbeispiel ist das Verhalten der Leitung sehr ungeschickt. Zwar kann sie Bewerberinnen nicht in die engere Wahl ziehen und hierbei auch „diskriminierende" Kriterien zugrunde legen. Vor dem Hintergrund, dass sie in einem ggf. anstehenden gerichtlichen Verfahren alle Unterlagen aus dem Bewerbungsverfahren, auch ihre interne Liste, vorlegen muss, ist es aber nicht sinnvoll, solche Überlegungen schriftlich festzuhalten.

1.5 Vorsicht bei der Recherche über Bewerberinnen in sozialen Netzwerken!

Sie sollten außerdem berücksichtigen, dass Sie Informationen über eine Bewerberin grundsätzlich **bei ihr selbst erfragen sollten** und nicht auf andere Quellen zurückgreifen dürfen. Etwas anderes gilt nur, wenn Sie sich auf **öffentlich zugängliche Informationsquellen**, z. B. Zeitung oder Internet, stützen.

Heute ist es üblich, sich über Bewerberinnen im Internet und in sozialen Netzwerken, z. B. Facebook oder „wer-kennt-wen" zu informieren. Dies ist oft wesentlich aufschlussreicher und aussagekräftiger als das Studium von Bewerbungsunterlagen.

Soweit Sie sich bei der Recherche auf öffentlich zugängliche Suchmaschinen – also z. B. **Google** – beschränken, ist hiergegen rechtlich nichts einzuwenden.

Die Leiterin der Kita „Sonnenschein" hat sich aus den 6 Bewerberinnen 3 herausgesucht, die sie interessant findet. Sie sucht bei Facebook, ob sie dort etwas von diesen Bewerberinnen findet. Von einer sieht sie Urlaubsfotos, auf denen die Bewerberin offensichtlich völlig betrunken ist. Diese Bewerbung sortiert die Leiterin sofort aus.

Wenn Sie bei Facebook oder anderen **sozialen Netzwerken** nachforschen, bewegen Sie sich rechtlich in einer **Grauzone**. Denn es ist nicht eindeutig geklärt, ob Informationen in diesen Netzwerken als öffentlich zugänglich gelten oder nicht.

Derzeit ist ein Gesetzentwurf in der Planung, der den Zugriff auf soziale Netzwerke im Bewerbungsverfahren grundsätzlich verbietet. Verabschiedet ist dieses Gesetz aber noch nicht.

So lange gilt für Ihre Internetrecherche Folgendes: Sie können sich im Internet, auch in sozialen Netzwerken, über Bewerberinnen informieren. Sie sollten diese Informationen aber auf keinen Fall auf Ihrem PC oder sonst wo speichern.

> Bei einer Absage sollten Sie nicht erkennen lassen, dass die Personalentscheidung auf Ihnen aus dem Internet bekannt gewordenen Informationen beruht.

Im Praxisbeispiel hat die Leitung korrekt gehandelt. Sie sollte die Gründe für ihre Absage aber weder schriftlich niederlegen noch der Bewerberin mitteilen. Damit bietet sie einfach zu viel Angriffsfläche.

1.6 Behandeln Sie Bewerbungsunterlagen wie Personalakten

Die Informationen, die Ihnen mit Bewerbungsunterlagen preisgegeben werden, sind für die Bewerberinnen sehr sensibel und unterliegen deshalb in besonderem Maße dem Datenschutz und damit Ihrer Obhutspflicht.

> Die Leiterin hat die Bewerbungsmappen der 2 in die engere Auswahl gekommenen Bewerberinnen offen auf dem Tisch im Personalraum liegen lassen. Als sie aus ihrer Mittagspause zurückkommt, trifft sie dort 2 Mitarbeiterinnen an, die sich eifrig mit den Bewerbungen beschäftigen und diese kommentieren.

Ihre Aufgabe ist es sicherzustellen, dass **keine unbefugten Personen Zugang** zu diesen Informationen haben. Sie sollten mit Bewerbungsunterlagen daher genauso umgehen **wie mit Personalakten**. Auch auf diese hat nur ein sehr enger Personenkreis Zugriff.

Beachten Sie aus diesen Gründen die folgenden **5 Tipps für die Aufbewahrung** von Bewerbungsunterlagen:

5 Praxis-Tipps für den Umgang mit Bewerbungsunterlagen

1. Klären Sie intern, wer an Personalentscheidungen beteiligt ist und damit Zugang zu den Bewerbungsunterlagen haben muss. In der Regel werden dies Kita-Leitung, Stellvertretung, die „betroffene" Gruppenleitung und Träger sein.

2. Geben Sie in der Stellenanzeige einen Ansprechpartner an, an den die Bewerbung persönlich zu richten ist.

3. Stellen Sie sicher, dass Bewerbungsunterlagen nur von diesem Ansprechpartner geöffnet und weiter bearbeitet werden.

4. Bewahren Sie Bewerbungsunterlagen – wie Personalakten – verschlossen vor dem Zugriff Unbefugter auf.

5. Erinnern Sie Ihr Team an den vertraulichen Umgang mit personenbezogenen Informationen, etwa im Rahmen einer jährlichen Belehrung zum Thema „Datenschutz" in Ihrer Einrichtung.

Im Praxisbeispiel sollte die Leitung zukünftig darauf achten, dass nicht alle Mitarbeiterinnen Zugriff auf Bewerbungsunterlagen haben.

1.7 Sorgen Sie für eine rechtssichere Rücksendung von Bewerbungsunterlagen

Haben Sie sich für eine Bewerberin entschieden, können Sie die Bewerbungsunterlagen der nicht berücksichtigten Kandidaten nicht einfach behalten. Sie sind grundsätzlich verpflichtet, diese zurückzusenden.

Die Leiterin sendet die Bewerbungsunterlagen der Bewerberinnen, die nicht in Frage kommen, zurück. Eine Bewerbung möchte sie allerdings gerne behalten, da sie auf die Bewerberin vielleicht zu einem späteren Zeitpunkt zurückkommen möchte. Sie behält die Bewerbung einfach bei ihren Unterlagen.

Außerdem sind Sie nach Abschluss des Bewerbungsverfahrens verpflichtet, alle personenbezogenen Daten, also

• Bewerbungsschreiben,
• Bewerbungsunterlagen,
• Aufzeichnungen aus Vorstellungsgesprächen,
• Personalfragebogen oder
• Bewerberlisten *mit* persönlichen Daten,

entweder an die **Bewerberinnen zurückzusenden oder zu vernichten**. Dies ergibt sich aus § 32 BDSG.

Bewerbungsunterlagen, die Ihnen **per E-Mail** zugeschickt wurden, müssen Sie dementsprechend löschen. Vergessen Sie hierbei auch den „Papierkorb" Ihres E-Mail-Programms, die Festplatte Ihres Computers und auch sonstige elektronische Speichermedien nicht.

Achtung! Wollen Sie **Bewerbungsunterlagen behalten**, um vielleicht später noch einmal Kontakt zu der abgelehnten Bewerberin aufnehmen zu können, ist dies nur zulässig, wenn die **Betroffene dem nicht widerspricht**.

Zurücksenden sollten Sie diese Unterlagen, wenn klar ist, dass die Bewerberin tatsächlich nicht mehr für Ihre Einrichtung in Frage kommt.

Muster: Aufbewahrung von Bewerbungsunterlagen

Sehr geehrte Frau Schneider,

vielen Dank für Ihre Bewerbung um eine Stelle als Erzieherin in unserer Kita „Wirbelwind". Leider können wir Ihre Bewerbung derzeit nicht berücksichtigen.

Da wir aber mittelfristig mit weiterem Personalbedarf rechnen, möchten wir Ihre Bewerbungsunterlagen gerne aufbewahren und speichern, um bei Bedarf auf Sie zurückzukommen.

Sollten Sie hiermit nicht einverstanden sein, teilen Sie uns dies bitte kurzfristig mit.

Mit freundlichen Grüßen
Susanne Hoppe
Leiterin Kita „Wirbelwind"

Das BDSG sieht vor, dass Sie **Bewerbungsunterlagen und Informationen** über Bewerberinnen nur so lange speichern und aufbewahren dürfen, wie dies für das **Bewerbungsverfahren notwendig** ist.

Neben dem BDSG dürfen Sie in diesem Zusammenhang aber auch das **AGG nicht aus dem Blick verlieren**. Denn nach § 15 AGG können Bewerberinnen, die sich von Ihnen im Bewerbungsverfahren diskriminiert fühlen, von Ihrem Träger Schadensersatz fordern. Für die Geltendmachung des **Schadenersatzanspruchs** haben Bewerber

2 Monate nach Zugang des Ablehnungsschreibens Zeit. Und dann ist es für Sie bzw. Ihren Träger ungünstig, wenn Sie dem BDSG gefolgt sind und die Bewerbungsunterlagen schon an die Bewerberin zurückgeschickt und Ihre Aufzeichnungen zum Bewerbungsverfahren schon vernichtet haben.

Denn wenn es tatsächlich zu einer gerichtlichen Auseinandersetzung über einen Schadenersatzanspruch wegen Diskriminierung kommt, kann es für Ihren Träger von entscheidender Bedeutung sein, dass Sie noch auf die Bewerbungsunterlagen und Ihre Aufzeichnungen im Hinblick auf das Bewerbungsverfahren zurückgreifen können.

Damit können Sie ggf. nachweisen, dass bei Ihrer Entscheidung allein die Qualifikation der Bewerber und nicht sachfremde – diskriminierende – Erwägungen von Bedeutung waren.

Notieren Sie sich daher unbedingt, wann Sie das **Absageschreiben versandt haben**. Schicken Sie die Bewerbungsunterlagen nicht sofort zurück, sondern heben Sie diese ab diesem Datum noch 2 Monate auf. Das Gleiche gilt für Ihre Aufzeichnungen aus dem Bewerbungsverfahren.

Nach Ablauf dieser Frist sollten Sie bei Ihrem Träger nachfragen, ob Sie die Unterlagen zurücksenden und die über die Bewerberinnen gespeicherten Daten löschen können. Gibt dieser „grünes Licht", sind Sie rechtlich auf der sicheren Seite.

Datenschutzrechtlich ist dies übrigens auch **in Ordnung**, da Sie davon ausgehen dürfen, dass das Bewerbungsverfahren erst dann richtig abgeschlossen ist, wenn die Frist für die Geltendmachung von Schadenersatzansprüchen abgelaufen ist.

Pflicht zur Rücksendung von Bewerbungsunterlagen

Wenn Sie eine Stellenanzeige geschaltet haben und Bewerbungsunterlagen bei Ihnen eingehen, sollte Ihnen bewusst sein, dass diese das **Eigentum der Bewerberinnen** sind und bleiben. Sie sind daher verpflichtet, diese pfleglich zu behandeln.

Außerdem sind Sie verpflichtet, die Unterlagen auf Ihre Kosten an die Bewerberinnen zurückzusenden, wenn Sie diese nicht berücksichtigen konnten. Dies gilt jedenfalls immer dann, wenn Sie eine Stellenanzeige geschaltet haben.

Etwas anderes gilt nur, wenn Sie in der Stellenanzeige ausdrücklich darauf hingewiesen haben, dass Sie Bewerbungsunterlagen nicht zurücksenden.

Tipp

Die Rücksendung von Unterlagen an abgelehnte Bewerberinnen ist zeitaufwendig und auch kostenintensiv. Dennoch sollten Sie sich in Zeiten des Erzieherinnenmangels gut überlegen, ob Sie dies ausschließen. Denn viele – vielleicht interessante – Bewerberinnen sehen dann ganz von der Übersendung ihrer Unterlagen ab.

Sinnvoll ist es, wenn Sie zunächst zu Kurzbewerbungen per E-Mail auffordern. Dann können Sie eine Vorauswahl treffen und nur die Bewerbungsunterlagen auf Papier anfordern, die Sie wirklich interessieren.

Keine Rücksendepflicht bei Initiativbewerbungen
Wenn Sie so genannte Blind- oder Initiativbewerbungen bekommen, also Bewerbungen, zu denen Sie nicht aufgefordert haben, müssen Sie die Bewerbungsunterlagen nicht zurücksenden. Auch müssen Sie der Bewerberin **kein Absageschreiben** schicken.

Hat die Bewerberin allerdings einen ausreichend frankierten Rückumschlag beigelegt, sind Sie verpflichtet, hiervon auch Gebrauch zu machen.

Sie haben außerdem die Pflicht, auch diese Unterlagen datenschutzrechtlich entsprechend sensibel zu behandeln. Wenn Sie **Blindbewerbungen** „entsorgen", gehören diese daher insgesamt **in den Aktenvernichter** und nicht in den „normalen" Papiermüll.

Im Praxisbeispiel hat die Leiterin juristisch nicht ganz korrekt gehandelt. Sie hätte erst einmal bei der Bewerberin anfragen müssen, ob diese mit der Aufbewahrung der Unterlagen einverstanden ist.

1.8 Machen Sie keine Notizen in Bewerbungsunterlagen

Wenn Sie Bewerbungsunterlagen durchsehen, ist es sinnvoll, dass Sie sich zu den einzelnen Bewerberinnen Notizen machen und nur diejenigen zu Vorstellungsgesprächen einladen, die tatsächlich in die engere Wahl kommen.

Sie sollten allerdings darauf achten, dass sich in den Bewerbungsunterlagen – und auch in Ihren „offiziellen" Aufzeichnungen – **keine Hinweise** darauf finden lassen, dass Sie sich bei Ihrer Personalauswahl **von etwas anderem als der Qualifikation der Bewerberin** haben leiten lassen.

Die Leiterin hat in einer der Bewerbungsmappen einen Klebezettel mit der Aufschrift *„Russin – kommt nicht in Frage"* vergessen. Als die Bewerberin, eine Spätaussiedlerin, diesen Zettel findet, fühlt sie sich diskriminiert und verklagt den Träger der Einrichtung auf Schadensersatz.

Denn wenn die Bewerberin Ihnen nachweisen kann, dass Sie sie aus diskriminierenden Gründen abgelehnt haben, kann sie nach § 15 AGG **Schadensersatz** von Ihrem Träger fordern.

Daher ist es wichtig, dass sich in den Bewerbungsunterlagen, die Sie Bewerbern zurückschicken, **keine „verräterischen" Klebezettel** oder sonstigen Hinweise finden. Denn die Bewerberin kann daraus rekonstruieren, auf welchen Kriterien Ihre Personalentscheidung sich gründet, und dies gegen Sie verwenden.

Wenn ein solcher **„Diskriminierungshinweis"** einmal in der Welt ist, kehrt sich die Beweislast um. Es wird Ihnen schwerfallen, bei Gericht nachzuweisen, dass Ihre Entscheidung nicht auf diskriminierenden Erwägungen beruhte.

Im April 2010 hatte das Arbeitsgericht Stuttgart darüber zu entscheiden, ob eine Bewerberin Anspruch auf Schadensersatz nach dem AGG hatte.
Als sie ihre Bewerbungsunterlagen zurückbekam, fand sie darauf einen Klebezettel mit der Notiz „Ossi (Nein)". Hierdurch fühlte sich die Bewerberin wegen ihrer **ethnischen Herkunft** diskriminiert. Die Richter lehnten die Klage mit dem Hinweis ab, dass die Bezeichnung „Ossi" zwar diskriminierend sei. Allerdings beziehe sich die Diskriminierung nicht auf die ethnische Herkunft der Bewerberin. Insofern sei das AGG nicht betroffen (Urteil vom 15.04.2010, Aktenzeichen: 17 CA 8907/09) und von Arbeitgeberseite **kein Schadensersatz** zu zahlen.
Die Richter machten allerdings auch deutlich, dass das Urteil anders ausgefallen wäre, hätte auf dem Klebezettel nicht „Ossi", sondern „Türke", „Frau" oder „zu alt" gestanden.

Nehmen Sie sich die Zeit, und blättern Sie die Bewerbungsmappen vor dem Versand noch einmal in aller Ruhe durch. Suchen Sie nach Bemerkungen, die dort nichts zu suchen haben. Auch wenn dies ein wenig Zeit kostet, ist diese gut investiert. Denn ein vergessener Notizzettel kann unter Umständen sehr teuer werden.

Auch wenn der Gesetzgeber sich mit dem AGG bemüht hat, allen Bewerbern die gleichen Chancen auf einen Arbeitsplatz einzuräumen, treffen letztlich Sie bzw. Ihr Träger die Entscheidung, wen Sie einstellen und wem Sie eine Absage erteilen. Solange diese Entscheidung **nicht nachweislich diskriminierend** ist, kann die Bewerberin auch **keinen Schadensersatz** wegen Nichteinstellung verlangen.

Gut zu wissen: Eine **Einstellung** kann man auch bei schlimmster Diskriminierung **nicht einklagen.**

Im Praxisbeispiel hat die abgelehnte Bewerberin gute Aussichten, ihren Schadenersatzanspruch gegen den Träger durchzusetzen. Denn der Klebezettel deutet ganz klar darauf hin, dass sie lediglich wegen ihrer Herkunft nicht berücksichtigt wurde.

1.9 Formulieren Sie Absageschreiben „AGG-sicher"

Um beim Abschluss des Bewerbungsverfahrens keine Angriffsfläche zu bieten, sollten Sie **Absagen neutral formulieren** und auf Begründungen verzichten.

Ayse Gömnez hat von der Leitung der Kita „Sonnenschein" eine Absage bekommen. Diese enthält keine Begründung. Da sie gerne wissen möchte, warum sie die Stelle nicht bekommen hat, ruft sie die Leiterin an. Diese teilt ihr schließlich mit, dass sie sich doch für eine deutsche Bewerberin entschieden hat.

Nur wenn Sie im Bewerbungsverfahren „Angriffsfläche" bieten und sich Anhaltspunkte für eine Diskriminierung finden, kehrt sich in einem Gerichtsverfahren die **Beweislast um.** Dann müssen Sie nachweisen, dass Ihre Personalentscheidung nichts mit Alter, Herkunft, Geschlecht, Religionszugehörigkeit oder Behinderung der Bewerberin zu tun hatte.

Sonst muss die nicht berücksichtigte Bewerberin beweisen, dass sie trotz hinreichender Qualifikation aufgrund einer sachfremden, diskriminierenden Erwägung Ihrerseits die Stelle nicht bekommen hat.

Wichtiger Hinweis! Auch wenn Bewerberinnen **telefonisch nachfragen,** sollten Sie nicht ins Plaudern geraten, sondern sich nur auf den **Inhalt des Absageschreibens** beschränken.

Im Praxisbeispiel hat die Leitung zwar das Absageschreiben korrekt formuliert, ist aber im Telefonat mit der abgelehnten Bewerberin voll in die „AGG-Falle" getappt. Das sollte Ihnen nicht passieren.

Muster: Absageschreiben an eine Bewerberin

Sehr geehrte Frau Gömnez,

wir danken Ihnen für die Übersendung Ihrer Bewerbungsunterlagen und das unserer Einrichtung entgegengebrachte Interesse.

Nach eingehender Prüfung der Unterlagen müssen wir Ihnen leider mitteilen, dass wir Ihre Bewerbung im Hinblick auf die zu besetzende Stelle nicht berücksichtigen können.

Für Ihre berufliche Zukunft wünschen wir Ihnen alles Gute und weiterhin viel Erfolg.

Mit freundlichen Grüßen

Helga Sanders
Leiterin

Wenn Sie diese Hinweise beachten, sind Sie beim Umgang mit Bewerbungsunterlagen rechtlich auf der sicheren Seite. Um sich einen kurzen Überblick zu verschaffen, ob Sie tatsächlich an alles gedacht haben, können Sie auf die folgende Checkliste zurückgreifen.

Checkliste: So vermeiden Sie teure Fehler beim Umgang mit Bewerbungsunterlagen

Es werden nur solche Informationen über Bewerberinnen gespeichert, die für die Personalentscheidung notwendig sind.	❏
Es werden nur solche Informationen über Bewerberinnen gespeichert, die unmittelbar bei ihnen erhoben wurden.	❏
Bewerbungsunterlagen werden nach Abschluss des Bewerbungsverfahrens nur aufbewahrt, wenn die Betroffene dem nicht widersprochen hat.	❏
Bewerbungsunterlagen werden frühestens 2 Monate nach Versand der Absage an die Bewerberin zurückgesandt, wenn diese keine Schadenersatzansprüche geltend macht.	❏
Weitere Unterlagen des Bewerbungsverfahrens, z. B. Notizen aus dem Vorstellungsgespräch, werden 2 Monate nach der Absage vernichtet.	❏
Bewerbungsunterlagen werden vor dem Versand kontrolliert, dass sie keine Hinweise auf die Personalentscheidung enthalten.	❏
Bewerbungsunterlagen sind Chefsache. Sie werden zuverlässig vor dem Zugriff Unbefugter geschützt.	❏
Absageschreiben werden neutral formuliert und enthalten keine Begründung.	❏

Auswertung: Wenn Sie alle diese Punkte abhaken konnten, kann im Umgang mit Bewerbungsunterlagen gar nichts mehr schiefgehen.

1.10 So verstehen und formulieren Sie Arbeitszeugnisse richtig

Ein Arbeitszeugnis ist für den weiteren beruflichen Erfolg von Mitarbeitern von entscheidender Bedeutung, da jeder neue Arbeitgeber – auch Sie – sich durch dieses **Zeugnis einen 1. Eindruck** von der Bewerberin, ihren Leistungen, Fähigkeiten und ihrem Verhalten macht.

> **Beispiel**
>
> Charlotte Meier leitet die Kita „Raupe Nimmersatt". Sie ist auf der Suche nach einer neuen Mitarbeiterin. Da sie bei den vergangenen Neueinstellungen bei den Vorstellungsgesprächen viel Zeit mit Bewerberinnen vertan hat, die letztlich überhaupt nicht in Frage kamen, will sie sich dieses Mal besser vorbereiten. Anhand der Arbeitszeugnisse möchte sie eine gezielte Vorauswahl treffen. Als sie sich die Zeugnisse der Bewerberinnen ansieht, ist sie etwas ratlos, da alle gut klingen.

Nach § 109 Gewerbeordnung (GewO) hat jede Arbeitnehmerin nach Beendigung ihrer Tätigkeit einen **Anspruch auf ein qualifiziertes Arbeitszeugnis**.

Vor den Arbeitsgerichten in Deutschland wird in ca. 15.000 Fällen jährlich zwischen Ex-Mitarbeiterinnen und Ex-Chef erbittert um den Inhalt und die Formulierung von Zeugnissen gestritten.

Die Gerichte hatten daher reichlich Gelegenheit, sich mit der Frage zu beschäftigen, welche **Grundsätze bei der Erstellung von Arbeitszeugnissen** zu beachten sind. Denn gesetzlich ist das nicht geregelt. Es gelten folgende 2 Grundsätze:

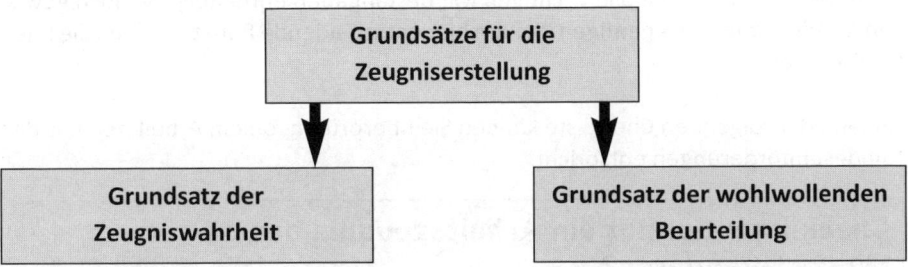

Der **Grundsatz der Zeugniswahrheit** besagt, dass der Zeugnisinhalt auch der Wahrheit entsprechen muss (BAG, Urteil vom 23.06.1960, Aktenzeichen: 5 AZR 560/58). Sie können also grundsätzlich darauf vertrauen, dass die Beurteilung im Wesentlichen zutreffend ist.

Der **Grundsatz der wohlwollenden Beurteilung** bedeutet, dass der Arbeitgeber seiner ehemaligen Mitarbeiterin mit dem Zeugnis keine Steine für deren weiteres berufliches Fortkommen in den Weg legen darf (BAG, Urteil vom 26.11.1963, Aktenzeichen: VI ZR 221/62).

Im Klartext heißt das: Jedes Arbeitszeugnis muss wohlwollend formuliert sein.

Das hat für Sie die Konsequenz: Alle Zeugnisse, ob gut oder schlecht, sind inzwischen **positiv und freundlich formuliert**.

Um Ärger und ständigen gerichtlichen Auseinandersetzungen über den Inhalt von Zeugnissen aus dem Weg zu gehen, hat sich über Jahre ein **„Zeugniscode"** entwickelt, den die meisten Personalverantwortlichen benutzen.

Wenn Sie diesen „Geheimcode" zu deuten wissen, können Sie wichtige Schlüsse über die Bewerberin ziehen. So können Sie schon vor der Einladung zu einem Vorstellungsgespräch die „Spreu vom Weizen" trennen. Das spart Ihnen viel kostbare Zeit, Nerven und letztlich böse Überraschungen.

Anhand der folgenden **5 Schritte** können Sie ein Arbeitszeugnis schnell und sicher „decodieren".

1. Schritt: Prüfen Sie Formalien und Mindestinhalte

Ein Arbeitszeugnis sollte alle wichtigen Mindestangaben enthalten und auch **gewissen Mindeststandards genügen**. Fehlen hier entscheidende Punkte, sollten Sie misstrauisch werden.

Anhand der folgenden Checkliste können Sie überprüfen, ob ein Arbeitszeugnis den Mindestanforderungen entspricht.

Checkliste: Genügt ein Arbeitszeugnis den Mindeststandards?

Das Zeugnis ist auf dem Briefpapier des ehemaligen Trägers geschrieben.	❑
Das Zeugnis ist mit „Zeugnis" oder „Arbeitszeugnis" überschrieben.	❑
Das Zeugnis enthält weder Tippfehler noch Flecken und ist auch nicht geknickt.	❑
Das Zeugnis beginnt mit den persönlichen Daten der Mitarbeiterin, also mit – Namen – Geburtsdatum und -ort – genauer Beschäftigungsdauer – ausgeübtem Beruf.	❑ ❑ ❑ ❑
Das Zeugnis gibt Auskunft über die genaue Tätigkeit und Position der Mitarbeiterin, ihre Kompetenzen und die Verantwortungsbereiche in der Kita.	❑
Das Zeugnis beschreibt die berufliche Entwicklung in der Kita, z. B. schnelle Einarbeitung.	❑
Das Zeugnis enthält eine ausführliche Leistungsbeurteilung.	❑

Checkliste: Genügt ein Arbeitszeugnis den Mindeststandards? (Fortsetzung von S. 102)

Diese sollte Antwort auf die folgenden Fragen geben:
- Wie war die Arbeitsbereitschaft der Mitarbeiterin? ☐
- Wie war die Arbeitsbefähigung? Wie sah es also mit Belastbarkeit, Fachkenntnissen und Weiterbildungen aus? ☐
- Wie war die Arbeitsweise? ☐
- Wie waren der Arbeitserfolg und die -qualität? ☐
- Wie waren die Motivation und Bereitschaft zur Weiterbildung? ☐

Das Zeugnis enthält eine Gesamtbeurteilung der Leistung. ☐

Im Zeugnis sollten sich auch Aussagen zum Verhalten gegenüber Vorgesetzten, Kollegen, Kindern und Eltern finden. ☐

Das Zeugnis gibt Auskunft über den Grund der Beendigung des Arbeitsverhältnisses. ☐

Am Ende bringt der Zeugnisschreiber seinen Dank für die geleistete Arbeit und sein Bedauern über den Weggang der Mitarbeiterin zum Ausdruck. ☐

Das Zeugnis enthält Wünsche für die Zukunft der Mitarbeiterin. ☐

Das Zeugnis ist von einem leitenden Mitarbeiter, z. B. der Kita-Leitung, unterschrieben. ☐

Das Ausstellungsdatum entspricht dem Ende des Arbeitsvertrags. ☐

Auswertung: Wenn Sie diese Punkte im Zeugnis gefunden haben, entspricht es zumindest den Mindestanforderungen. Stellen Sie hingegen fest, dass zu einzelnen Punkten **keine Aussage** getroffen wurde, sollten bei Ihnen **alle Alarmglocken läuten**. Denn das Weglassen wichtiger Informationen ist für Sie ein wichtiger Hinweis darauf, dass etwas nicht stimmt.

Fehlen zu wichtigen Punkten, z. B. zur Arbeitsmotivation, zum Umgang mit Vorgesetzten, Kindern oder Eltern, Informationen, sollten Sie misstrauisch werden.

Überlegen Sie daher, wenn Sie ein Zeugnis lesen, ob Ihnen eine **Information** oder Bewertung **fehlt, die Sie eigentlich erwartet** hätten. Dann nehmen Sie dies als Zeichen dafür, dass es in diesem Punkt Konflikte oder Schwierigkeiten gegeben hat.

Die oben stehende Checkliste können Sie natürlich nicht nur benutzen, wenn Sie ein Zeugnis beurteilen wollen. Mit deren Hilfe können Sie auch perfekt überprüfen, ob Sie an alles gedacht haben, wenn Sie selbst ein Zeugnis schreiben wollen.

2. Schritt: Achten Sie auf Daten und „Zeichen"

Manche Ex-Arbeitgeber setzen viel Energie daran, eine negative Beurteilung positiv zu „verpacken" und Sie vor der Bewerberin zu warnen.

Als Leiterin sollten Sie auf solche **versteckten Hinweise achten** und sie als das werten, was sie sind: eine Warnung, die Ihnen sagt: Finger weg!

Achten Sie auf das Ausstellungsdatum

Ein Arbeitszeugnis sollte unmittelbar nach Beendigung des Arbeitsverhältnisses ausgestellt werden. Sehen Sie z. B., dass das Arbeitsverhältnis am 31.12.2011 endet, das Zeugnis aber erst am 15.05.2012 ausgestellt wurde, ist dies ein Hinweis darauf, dass es Streit um den Inhalt des Zeugnisses und ggf. sogar eine gerichtliche Auseinandersetzung darüber gab.

Vorsicht bei Flecken, Rechtschreibfehlern und unprofessionellen Korrekturen!

Finden Sie in einem Zeugnis Flecken, auffällige Rechtschreibfehler, unprofessionelle Korrekturen, Knicke oder sonstige Hervorhebungen, z. B. ein Ausrufezeichen hinter einem Satz, sind dies deutliche Hinweise darauf, dass der vorherige Arbeitgeber nicht viel von seiner bisherigen Mitarbeiterin gehalten hat. Durch eine **„lieblose" Zeugnisausstellung** bringt er seine **Missachtung** für die ausgeschiedene Mitarbeiterin zum Ausdruck.

Immer wenn Sie den Eindruck haben, dass sich die ehemalige Vorgesetzte bei der Ausstellung des Zeugnisses keine Mühe gegeben hat, sollten Sie dieses Zeugnis als das nehmen, was es ist: eine Warnung!

Wenn Sie ein Arbeitszeugnis betrachten, sollten Sie auch darauf achten, ob Sie irgendwelche „Ausrutscher" neben der Unterschrift oder am Rand des Zeugnisses sehen. Solche Zeichen können folgende Bedeutung haben:

Übersicht: Bedeutung von Zeichen im Arbeitszeugnis

Zeichen	Bedeutung
Senkrechter Strich links neben der Unterschrift	Gewerkschaftsmitglied bzw. Mitglied des Betriebsrats oder Mitarbeitervertretung (MAV)
Schwarzer Punkt am Seitenrand	Gewerkschaftsmitglied bzw. Mitglied des Betriebsrats oder MAV
„Ausrutscher" neben der Unterschrift nach rechts	Mitglied einer rechtsgerichteten Organisation
„Ausrutscher" neben der Unterschrift nach links	Mitglied einer linksgerichteten Organisation
Unterstreichung der Telefonnummer des ehemaligen Arbeitgebers	Anruf erwünscht! Hier gibt es Dinge zu berichten, die so nicht im Zeugnis stehen.
Ausrufezeichen hinter einer Aussage	Aussteller meint in der Regel das genaue Gegenteil.

3. Schritt: Werten Sie die Aussagen im Zeugnis richtig

Wollen Sie ein Arbeitszeugnis richtig „decodieren" bzw. formulieren, ist es wichtig, dass Sie die **Zeugnissprache richtig deuten** und verwenden können. Hier gibt es einige Formulierungen, die Sie unbedingt richtig einordnen können sollten.

Auch bei Arbeitszeugnissen gibt es Noten wie in der Schule. Die Bewertung erfolgt auf einer Skala von 1 = sehr gut bis 6 = ungenügend.

Bei der „Notenvergabe" haben gerade Wörter wie „stets", „immer", „vollsten", „jederzeit" und „in jeder Hinsicht" deren besondere Bedeutung. Denn eine Verwendung und Häufigkeit unterscheiden eine mäßige Beurteilung von einer sehr guten oder guten. Um die Bewertungen richtig einzuschätzen, können Sie sich an der folgenden Übersicht orientieren.

Übersicht: „Noten" im Arbeitszeugnis

Bewertung der Arbeitsleistung	Bewertung Arbeitsleistung	Bewertung „Verhalten"	Dankes- und Bedauernsformel	Note
Frau Schneider erledigte ihre Arbeit stets zu unserer vollsten Zufriedenheit.	Frau Schneider erledigte ihre Aufgaben stets mit äußerster Sorgfalt und größter Genauigkeit.	Ihr Verhalten gegenüber Vorgesetzten, Kollegen, Kindern und Eltern war stets vorbildlich.	Wir bedauern das Ausscheiden von Frau Schneider außerordentlich und danken ihr für die stets guten Leistungen. Für ihren weiteren Berufs- und Lebensweg wünschen wir ihr alles Gute und weiterhin viel Erfolg.	sehr gut
Frau Meier arbeitete stets zu unserer vollen Zufriedenheit.	Frau Meier erledigte ihre Aufgaben stets mit größter Sorgfalt und Genauigkeit.	Ihr Verhalten gegenüber Vorgesetzten, Kollegen, Kindern und Eltern war vorbildlich.	Wir bedauern das Ausscheiden von Frau Meier sehr und verbinden mit dem Dank für die bei uns geleistete Arbeit die besten Wünsche für ihre berufliche und private Zukunft.	gut
Frau Hausen arbeitete zu unserer vollen Zufriedenheit.	Frau Hausen erledigte ihre Aufgaben stets mit Sorgfalt und Genauigkeit.	Ihr Verhalten gegenüber Vorgesetzten, Kollegen, Kindern und deren Eltern war gut.	Wir bedauern das Ausscheiden von Frau Hausen und wünschen ihr für die Zukunft alles Gute.	befriedigend
Frau Sommer erledigte die Arbeiten zu unserer Zufriedenheit.	Frau Sommer erledigte ihre Aufgaben mit Sorgfalt und Genauigkeit.	Ihr Verhalten gegenüber Vorgesetzten, Kollegen, Kindern und deren Eltern gab zu keinen Beanstandungen Anlass.	Wir danken Frau Sommer für ihre Mitarbeit.	ausreichend

Übersicht: „Noten" im Arbeitszeugnis (Fortsetzung von S. 106)

Bewertung der Arbeitsleistung	Bewertung Arbeitsleistung	Bewertung „Verhalten"	Dankes- und Bedauernsformel	Note
Frau Müller erledigte die Aufgaben überwiegend zu unserer Zufriedenheit.	Frau Müller erledigte ihre Aufgaben im Allgemeinen mit Sorgfalt und Genauigkeit.	Ihr Verhalten war insgesamt angemessen.	Wir danken Frau Müller für ihr Streben nach einer guten Leistung.	**mangelhaft**
Frau Fröhlich hat sich bemüht, die Arbeiten zu unserer Zufriedenheit zu erledigen.	Frau Fröhlich hat sich bemüht, ihre Aufgaben sorgfältig zu erfüllen.	Sie bemühte sich um ein gutes Verhältnis zu Vorgesetzten, Kollegen, Kindern und deren Eltern.	Wir danken Frau Fröhlich bei dieser Gelegenheit.	**ungenügend**

Diese Übersicht gibt natürlich nur einen ersten Anhaltspunkt dafür, wie Bewertungen in einem Arbeitszeugnis zu verstehen sind. Auch bei hiervon abweichenden Formulierungen gilt: Je mehr Wörter wie „stets", „immer", „genauestens", „vollsten" verwendet werden, desto besser das Zeugnis. Je schlichter die Formulierung, desto schlechter die Bewertung.

Nett ist nicht unbedingt nett gemeint!
Es gibt in Arbeitszeugnissen außerdem Formulierungen, die auf den ersten Blick **sehr freundlich klingen**, bei Eingeweihten aber alle **Alarmglocken läuten lassen**.

Verschaffen Sie sich hier einen Überblick über diese immer wiederkehrenden Floskeln und deren wahre Bedeutung. Stoßen Sie in einem Zeugnis auf eine solche, können Sie diese Bewerbung ggf. direkt aussortieren.

Übersicht: Bedeutung von Standardformulierungen in Arbeitszeugnissen

Formulierung	Bedeutung
Frau Müller erledigte alle Arbeiten mit großem Fleiß und Interesse.	bemüht, aber unfähig
Frau Sommer hat alle ihr übertragenen Aufgaben ordnungsgemäß erledigt.	Leistung o. k., aber keinerlei Eigeninitiative
Frau Stein war tüchtig und wusste sich gut zu verkaufen.	unangenehme Person, unbeliebt bei Team und Vorgesetzten
Frau Heinrich war wegen ihrer Pünktlichkeit ein gutes Vorbild.	leistungsmäßig ein Totalausfall
Frau Schneider lernten wir als umgängliche Kollegin kennen.	war bei Personal und Vorgesetzten unbeliebt
Frau Freilich trug durch ihre Geselligkeit zur Verbesserung des Betriebsklimas bei.	Vorsicht, Alkoholikerin!
Frau Müller bewies stets Einfühlungsvermögen für die Belange der Belegschaft.	sucht „sexuellen Anschluss" im Team
Frau Krämer galt im Kollegenkreis als tolerante Mitarbeiterin.	Vorsicht: Es gab Ärger mit dem Vorgesetzten!
Frau Sonntag erledigte die ihr übertragenen Aufgaben mit der ihr eigenen Sorgfalt.	totale Chaotin am Arbeitsplatz
Im Umgang mit Kollegen und Vorgesetzten zeigte sie durchweg eine erfrischende Offenheit.	frech, unverschämt, nimmt keinen Rat an und lässt sich nichts sagen
Bei Kindern, Eltern und Kollegen war Frau Schönberg gleichermaßen beliebt.	aber nicht bei ihren Vorgesetzten = schwierige Mitarbeiterin
Frau Hammes zeigte für die Arbeit Verständnis.	faul und langsam
Frau Langes Arbeit zeichnete sich durch besondere Genauigkeit aus.	extrem langsam, wenig belastbar
Frau Klaasen delegierte Arbeiten mit Erfolg.	Drückebergerin
Frau Friedrich zeichnete sich insbesondere durch zahlreiche Verbesserungsvorschläge zur Arbeitserleichterung aus.	unverbesserliche Besserwisserin, nervt ohne Ende, faul
Frau Simons engagierte sich für Mitarbeiterinteressen.	Achtung: Gewerkschafts- oder Betriebsratsmitglied!

4. Schritt: Entschlüsseln Sie die Gründe für die Beendigung des Arbeitsverhältnisses

Wenn Sie eine neue Mitarbeiterin suchen, ist es für die Personalauswahl schon interessant, warum die Bewerberin den Arbeitsplatz **wechseln will** oder arbeitslos geworden ist. Die gängigsten Formulierungen und deren Bedeutungen sollten Sie aus diesen Gründen kennen.

Übersicht: Formulierung von Beendigungsgründen in Zeugnissen

Formulierung	Bedeutung
Frau Sommer verlässt unsere Kita, um sich beruflich zu verändern.	Kündigung durch Mitarbeiterin unter Einhaltung der Kündigungsfrist
Frau Schneider verlässt unsere Kita auf eigenen Wunsch zum 03.01.2012.	Kündigung durch Mitarbeiterin ohne Einhaltung der Kündigungsfrist
Das Arbeitsverhältnis endet zum 31.01.2012 im gegenseitigen Einvernehmen.	Aufhebungsvertrag
Zu unserem Bedauern mussten wir Frau Heinrich fristgerecht aus betriebsbedingten Gründen kündigen.	betriebsbedingte Kündigung
Das Arbeitsverhältnis endet zum 31.01.2012.	Kündigung durch Arbeitgeber
Bedauerlicherweise sahen wir uns gezwungen, den Arbeitsvertrag mit Frau Fröhlich am 23.01.2012 zu beenden.	fristlose Kündigung
Zu unserem Bedauern können wir Frau Klaasen zurzeit keine Dauerbeschäftigung bieten, so dass das Arbeitsverhältnis mit Ablauf der vereinbarten Befristung zum 31.01.2012 endet.	befristeter Arbeitsvertrag

5. Schritt: Lassen Sie den Gesamteindruck auf sich wirken

Wenn Sie ein Arbeitszeugnis lesen, ist es immer wichtig, dass Sie auf all diese Kriterien achten, dabei aber nicht den **Gesamteindruck aus dem Blick verlieren**.

Werden Selbstverständlichkeiten, wie z. B. Pünktlichkeit, Ehrlichkeit und Fleiß, besonders gelobt, sollten Sie hellhörig werden. Kommen dann noch wichtige Punkte, wie Engagement, Einsatzbereitschaft, Motivation und Fachkompetenz zu kurz oder werden gar nicht erwähnt, ist dies ein deutliches Warnsignal.

Gleichzeitig sollten Sie einzelne Kriterien auch **nicht überbewerten**. Ist ein Zeugnis insgesamt gut, und haben Sie nur bei einem Punkt Zweifel, wie eine Bewertung zu verstehen ist, sollten Sie auf Ihr „Bauchgefühl" und auf den Gesamteindruck vertrauen.

Haben Sie insgesamt den Eindruck, dass die Mitarbeiterin in ihrem alten Job gute Arbeit geleistet hat, hat der Schreiber des Zeugnisses hier vielleicht nur unglücklich formuliert.

Zeugnisse schreiben

Wollen Sie selbst ein Zeugnis formulieren, sollten Sie darauf achten, dass das Zeugnis den Mindeststandards entspricht. Hierbei können Sie sich an der Checkliste auf Seite 103 und an den Bewertungen auf Seite 106–107 orientieren.

Überlegen Sie außerdem gut, ob dies der richtige Zeitpunkt für eine „Generalabrechnung" mit einer ausscheidenden Mitarbeiterin ist. In der Regel lohnt es sich nicht, hier Dinge „aufzuarbeiten", die Sie seit langem gestört und geärgert haben. Mit einem durchgängig „befriedigenden" Zeugnis sind Sie meist auf der sicheren Seite.

Im Praxisbeispiel zeigt sich, wie schwierig es ist, Arbeitszeugnisse richtig zu bewerten. Wichtig ist, dass Sie sich an den hier dargestellten Kriterien orientieren, um solche Zeugnisse richtig zu verstehen. Gleichzeitig sollten Sie sich auch ein wenig auf Ihr „Bauchgefühl" verlassen, wenn Ihnen die Bewerbung insgesamt interessant erscheint, das Zeugnis aber nicht 100 % in Ordnung ist.

1.11 Führen Sie Vorstellungsgespräche rechtssicher

Wenn Sie anhand der Bewerbungsunterlagen eine erste Vorauswahl getroffen haben, laden Sie die potenziellen neuen Mitarbeiterinnen zu einem Vorstellungsgespräch ein.

In einem solchen Gespräch können Sie versuchen herauszufinden, wer am besten in Ihr Team passt und **ob die „Chemie" stimmt**.

Bei solchen Gesprächen sollten Sie darauf achten, dass Sie mit **unzulässigen Fragen** nicht gegen rechtliche Bestimmungen, z. B. die Vorschriften des AGG, verstoßen. Denn ein solcher Verstoß kann zu erheblichen Schadenersatzforderungen gegenüber Ihrem Träger führen.

In der Kita „Schwanennest" wird eine Erzieherin zur Schwangerschafts- und Elternzeitvertretung gesucht. Die Leiterin möchte sicherstellen, dass die Vertretungskraft nicht auch noch wegen Schwangerschaft ausfällt. Daher fragt sie in den Vorstellungsgesprächen ganz konkret nach, ob die Bewerberinnen schwanger sind.

Wichtig ist daher, dass Sie sich auf **Vorstellungsgespräche gründlich vorbereiten** und diese im Vorfeld strukturieren. So unterläuft Ihnen im Eifer des Gefechts kein Fauxpas. Und Sie ersparen sich und Ihrem Träger jede Menge Ärger und Kosten.

Gleichzeitig schaffen Sie durch einen **strukturierten Fragenkatalog** eine solide und belastbare Basis, auf der Sie eine von Fakten getragene Personalentscheidung treffen können.

Diese Fragen sollten Sie auf keinen Fall stellen:
- Sind Sie schwanger?
- Wie sieht es bei Ihnen mit der Familienplanung aus?
- Nehmen Sie die Pille?
- Haben Sie einen Freund?
- Wie viele Tage war Ihr Kind im letzten Jahr krank?
- Wollen Sie bald heiraten?
- Sind Sie verheiratet?
- Wie hoch war Ihr bisheriges Gehalt?
- Haben Sie Schulden?
- Sind Sie oft krank?
- Sind Sie schwerbehindert?
- Sind Sie HIV-positiv?
- Welcher Religion gehören Sie an (bei kirchlichen Arbeitgebern darf gefragt werden, ob Sie der vom Arbeitgeber repräsentierten Religionsgemeinschaft angehören)?
- Ist Ayse ein türkischer Name?
- Gehören Sie einer Partei oder Gewerkschaft an?
- Stammen Sie aus Deutschland?

Grundsätzlich sollten Sie auf alle Fragen verzichten, die die Bewerberinnen diskriminieren, in ihr **Persönlichkeitsrecht eingreifen oder ihre Intimsphäre verletzen**. Solche Fragen muss die Bewerberin nicht beantworten bzw. darf lügen, ohne dass dies negative Folgen hat.

Erlaubt sind grundsätzlich **alle Fragen, die sich auf die Qualifikation**, die fachliche Eignung und Fortbildungs- und Einsatzbereitschaft der Bewerberin beziehen.

Als Faustregel gilt: Fragen, die mit dem Job zu tun haben, sind in Ordnung. Fragen, die das Privatleben der Mitarbeiterin betreffen, sind tabu.

Folgende Fragen sind daher z. B. in Ordnung:
• Welche Gehaltsvorstellungen haben Sie?
• Für unsere Kita gilt das Infektionsschutzgesetz. Leiden Sie an einer Krankheit, die Sie vor dem Hintergrund dieses Gesetzes bei Ihrer Arbeit in unserer Einrichtung einschränkt?
• Ich möchte Sie bitten, ein erweitertes Führungszeugnis vorzulegen. Haben Sie hiergegen Einwände?

Stellt sich im Nachhinein heraus, dass eine Bewerberin im Vorstellungsgespräch **gelogen** hat, ergibt sich natürlich die Frage, welche **Konsequenzen** dies für das Arbeitsverhältnis hat. Hierbei müssen Sie zwischen zulässigen und unzulässigen Fragen unterscheiden.

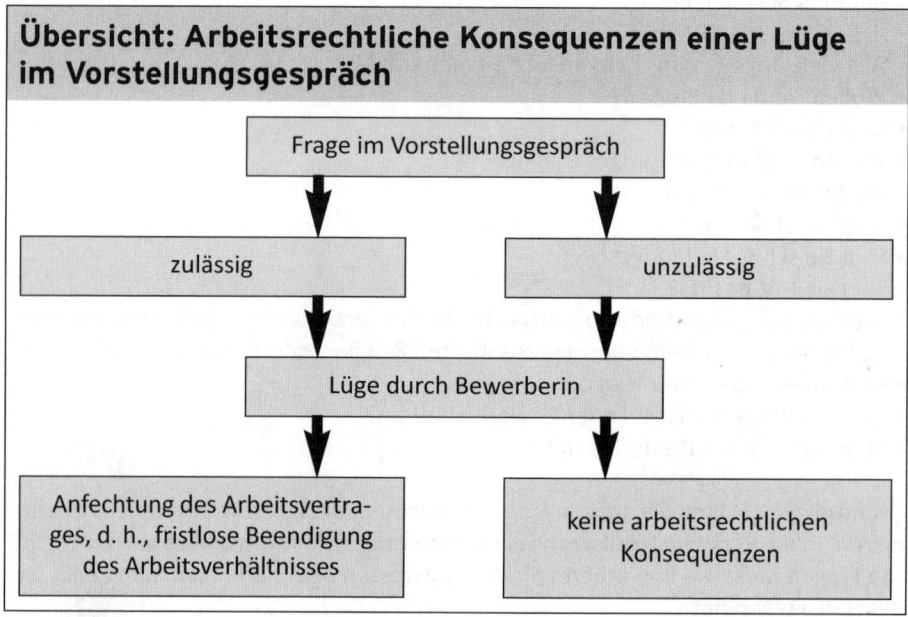

Übersicht: Arbeitsrechtliche Konsequenzen einer Lüge im Vorstellungsgespräch

Frage im Vorstellungsgespräch

zulässig — unzulässig

Lüge durch Bewerberin

Anfechtung des Arbeitsvertrages, d. h., fristlose Beendigung des Arbeitsverhältnisses — keine arbeitsrechtlichen Konsequenzen

Wichtiger Hinweis! Legt eine Bewerberin falsche Zeugnisse oder Zertifikate vor oder täuscht sie Sie sonst über die beruflichen Qualifikationen, die für die von Ihnen zu besetzende Stelle entscheidend sind, ist das **nicht hinnehmbar**. Sie bzw. Ihr Träger können in solchen Fällen auch noch nach Jahren das Arbeitsverhältnis wegen **arglistiger Täuschung anfechten**. Eine solche Anfechtung wirkt wie eine fristlose Kündigung.

Sorgen Sie für Zeugen
Außerdem sollten Sie Vorstellungsgespräche auf Arbeitgeberseite **immer mindestens zu zweit** führen. Dann haben Sie im Streitfall einen Zeugen, mit dessen Aussage Sie nachweisen können, was im Vorstellungsgespräch tatsächlich besprochen wurde.

Nutzen Sie einen Fragenkatalog zur Dokumentation
Ihre Eindrücke aus dem Vorstellungsgespräch sollten Sie, ebenso wie den Ablehnungsgrund, auf Ihrem **Fragenkatalog notieren**. Achten Sie hierbei unbedingt darauf, dass sich in dieser Dokumentation **keine Anhaltspunkte für direkte und indirekte Diskriminierung nach dem AGG** finden. Solche Notizen können nämlich im gerichtlichen Verfahren als Beweismittel für – aber auch gegen Sie – verwandt werden.

Muster: Fragenkatalog Vorstellungsgespräch

Anforderungsprofil: Erzieherin
Fachliche Kompetenz: staatlich anerkannte Erzieherin, Berufserfahrung in Kita, möglichst mit Integrationskindern
Persönliche Kompetenz: sicheres Auftreten, selbstständiges Arbeiten, positive Grundhaltung, belastbar
Soziale Kompetenz: hohe Kommunikationsfähigkeit, Teamfähigkeit, Freude an der Arbeit auch mit problematischen Kindern
Methodische Kompetenz: hohes Maß an Selbstorganisation und Zielorientierung

Frage	Antwort	Eindruck
Haben Sie gut hierhergefunden?	Ja	freundlich, schüchtern
Welchen ersten Eindruck macht unsere Kita auf Sie?	Positiv, freundlich, schöne Farben, viele Kunstwerke von Kindern	aufgeschlossen
Können wir Ihnen etwas zu trinken anbieten?	Nein.	schüchtern, etwas unhöflich (kein Danke)
Welche Aufgaben haben Sie in der Kita, in der Sie bisher gearbeitet haben, konkret übernommen?	• Zweitkraft • Betreuung der Vorschulkinder • Vorbereitung Elternabende • Planung Spendenlauf	Erscheint sehr engagiert, Organisationstalent, Engagement für Eltern-Kind-Aktionen, auch am Wochenende
Schildern Sie an Beispielen, wie Sie sich im Berufsalltag gegen die Meinung von Vorgesetzten und Kolleginnen durchgesetzt haben.	/	Konnte Frage nicht beantworten, keine Eigeninitiative, wenig Durchsetzungsfähigkeit
Was interessiert Sie an der Stelle bei uns am meisten?	Arbeit in einer integrativen Einrichtung	Klingt ehrlich interessiert, hat aber keine Erfahrung mit I-Kindern
Wie wichtig ist Ihnen Teamarbeit?	Sehr wichtig	Stimmt mit Zeugnissen überein

Ergebnis: Leider keine Erfahrung mit I-Kindern, unklar, wie lange sie tatsächlich vor Ort bleibt (Wechsel der Bezugsperson gerade bei I-Kindern nicht sinnvoll), wenig durchsetzungsfähig und selbstbewusst, sehr zurückhaltend = entspricht nicht dem Anforderungsprofil. Absage versandt am 17.06.2012.

Auch wenn es der Leiterin im Praxisbeispiel verständlicherweise wichtig ist, dass die neue Mitarbeiterin nicht auch noch wegen Schwangerschaft ausfällt, ist die Frage danach absolut tabu.

Exkurs: Erweitertes Führungszeugnis

Der Einrichtungsträger ist nach **§ 72a Sozialgesetzbuch (SGB) VII** verpflichtet sicherzustellen, dass seine Mitarbeiterinnen persönlich geeignet sind, mit Kindern zu arbeiten. Von einer solchen Eignung kann man nicht ausgehen, wenn eine Mitarbeiterin schon einmal wegen kinder- oder jugendgefährdender Straftaten aufgefallen ist.

In der Kita „Tulpenbaum" ist eine Erzieherstelle neu zu besetzen. Neben einigen Erzieherinnen hat sich auch ein Mann beworben. Nach dem Vorstellungsgespräch haben Träger und Leitung sich für den Erzieher entschieden. In einem weiteren Gespräch wird konkret über Vertrag und Arbeitszeiten gesprochen. Die Leiterin bittet den neuen Mitarbeiter außerdem, beim Einwohnermeldeamt ein so genanntes „erweitertes Führungszeugnis" zu beantragen und es ihr vor der Einstellung vorzulegen. Der Erzieher ist empört und weigert sich.

Bisher genügte es, die Eignung durch die Einholung eines **polizeilichen Führungszeugnisses** zu belegen. Dies hat sich durch das am 01.01.2012 in Kraft getretene Bundeskinderschutzgesetz geändert. Hiernach müssen Sie von Personen, die hauptamtlich mit Kindern arbeiten, ein so genanntes **erweitertes Führungszeugnis** nach § 30a Bundeszentralregistergesetz (BZRG) anfordern.

In diesem erweiterten Führungszeugnis finden sich, neben den Angaben aus dem „normalen Führungszeugnis" auch Angaben zu unter Auflagen eingestellten Strafverfahren und auch geringe Strafen, wie sie häufig z. B. beim Besitz von Kinderpornografie verhängt werden.

Bei Neueinstellungen und auch bei bereits angestellten Mitarbeiterinnen müssen Sie bzw. Ihr Träger – **unabhängig vom Geschlecht** – ein solches erweitertes Führungszeugnis anfordern. Dies sollte spätestens **alle 5 Jahre erneuert** werden. Die Kosten für ein solches Zeugnis betragen 13 €. Bei einer Neueinstellung trägt die Kosten in der Regel die Bewerberin, manchmal aber – aus Kulanz – der neue Arbeitgeber. Für das bestehende Team muss der Arbeitgeber die Kosten in jedem Fall tragen.

Beschäftigen Sie auch **ehrenamtliche Kräfte**, müssen Sie mit dem für Sie zuständigen Jugendamt eine Vereinbarung treffen, inwieweit auch diese Helfer einen entsprechenden Nachweis vorlegen müssen. Hierbei muss das Interesse der Betroffenen am Datenschutz vor dem Interesse der **Kinder auf bestmöglichen Schutz** zurücktreten.

Um ein solches Zeugnis beantragen zu können, muss die Mitarbeiterin einen **Antrag beim Einwohnermeldeamt** stellen. Hierfür ist eine **schriftliche Aufforderung** von Seiten des Trägers notwendig.

Muster: Bescheinigung für die Beantragung eines erweiterten Führungszeugnisses

Herr *Karl Schneider*, geboren am *14.09.1978*, soll in der Kita „Tulpenbaum" ab dem 01.07.2012 als Erzieher hauptamtlich / ~~ehrenamtlich~~ beschäftigt werden.

Hiermit bestätige ich, dass die Voraussetzungen des § 30a BZRG vorliegen. Der Vorgenannte wurde von mir aufgefordert, ein erweitertes Führungszeugnis zum Zwecke der Beschäftigung hier vorzulegen. Ich bitte um umgehende Übermittlung des Zeugnisses, da eine Beschäftigung erst nach erfolgter Überprüfung möglich ist.

Mit freundlichen Grüßen
Sandra Schenker
Kita-Leitung

Im Praxisbeispiel wird der Bewerber sich entscheiden müssen, ob er den Job haben möchte oder nicht. Denn nach der gesetzlichen Neuregelung ist der Träger verpflichtet, bei allen Neueinstellungen auf einem erweiterten Führungszeugnis zu bestehen. Wer dies nicht vorlegen möchte, kann nicht in einer Kita arbeiten.

1.12 Beachten Sie Rechtsaspekte bei Hospitationen

Konnte eine Bewerberin Sie im Vorstellungsgespräch überzeugen, ist es sinnvoll, sie zu einer **Hospitation in Ihrer Einrichtung** einzuladen.

So können Sie und Ihr Team sich eine realistische Vorstellung von der Arbeitsweise und Teamfähigkeit der Bewerberin verschaffen, die über den – guten – ersten Eindruck im Vorstellungsgespräch hinausgeht.

Auch die Bewerberin kann sich überlegen, ob sie sich die Arbeit in Ihrer Einrichtung vorstellen kann. Oft lässt sich nach einem Tag schon feststellen, ob die „Chemie" tatsächlich stimmt oder ob Sie besser noch weitersuchen.

Die Leiterin der Kita „Kleiner grüner Drache" hat nach den Vorstellungsgesprächen 2 Bewerberinnen in der engeren Auswahl. Sie bittet beide, an 1 Tag zum Hospitieren in die Kita zu kommen. Die erste Bewerberin stürzt auf dem Außengelände und zieht sich einen Bänderriss zu.

Wichtig zu wissen ist, dass die Bewerberin während einer solchen Hospitation **nicht** über die für Ihre Einrichtung **zuständige Berufsgenossenschaft versichert** ist.

Dies würde voraussetzen, dass ein Arbeitsverhältnis besteht bzw. die Bewerberin in den Betrieb Ihrer Einrichtung eingegliedert wäre. Dies ist aber beim Probearbeiten und bei Hospitationen gerade nicht der Fall (Sozialgericht (SG) Aachen, Urteil vom 16.09.2009, Aktenzeichen: S 8 U 26/09).

Im Praxisbeispiel besteht also kein Versicherungsschutz über die Berufsgenossenschaft. Die Behandlungskosten für den Bänderriss übernimmt aber die **Krankenkasse der Bewerberin**.

1.13 Konsequenzen, wenn Sie im Bewerbungsverfahren etwas falsch machen

Wenn Ihr Träger Sie mit der Durchführung des Bewerbungsverfahrens beauftragt, können Fehler auch arbeitsrechtliche Konsequenzen für Sie haben.

Zum einen verstoßen Sie, wenn Sie im Bewerbungsverfahren etwas falsch machen, gegen Ihre **arbeitsvertraglichen Pflichten**. Hierauf kann Ihr Träger mit einer Ermahnung oder Abmahnung, im Wiederholungsfall auch mit einer verhaltensbedingten Kündigung reagieren.

Die Leiterin der Kita „Sommerland" war für die Auswahl einer neuen Mitarbeiterin verantwortlich. Nach Abschluss des Bewerbungsverfahrens macht eine abgelehnte Bewerberin Schadenersatzforderungen gegenüber dem Träger geltend. Sie behauptet, die Leiterin habe sie im Bewerbungsverfahren wegen ihrer Herkunft (Ghana) diskriminiert. Im Absageschreiben stand: *„Leider konnten wir Ihre Bewerbung nicht berücksichtigen, da wir eine deutsche Mitarbeiterin suchen."* Der Träger überlegt, ob er die hierdurch entstehenden Kosten von der Leiterin zurückfordern kann und ob dieser Fauxpas auch arbeitsrechtliche Konsequenzen hat.

Zum anderen stellt sich die Frage, ob Ihr Träger Sie auch **finanziell** für die durch Ihren Fehler entstandenen Schäden **in Anspruch nehmen kann.**

Zur Beantwortung dieser Frage werden die **Grundsätze der gefahrgeneigten Arbeit herangezogen.** Dieser juristische Fachbegriff bedeutet konkret: Bei der Frage, ob Ihr Träger den wegen eines Fehlers im Bewerbungsverfahren gezahlten Schadensersatz von Ihnen fordern kann, bestimmt sich nach der **Schwere Ihres Fehlers.** Es wird unterschieden nach
• leichter Fahrlässigkeit,
• mittlerer Fahrlässigkeit,
• grober Fahrlässigkeit.

Leichte Fahrlässigkeit ist anzunehmen, wenn Sie zwar einen Fehler gemacht haben, dieser jedoch als äußerst gering zu bewerten ist. Bei leichter Fahrlässigkeit haften Sie überhaupt nicht.

Mittlere Fahrlässigkeit liegt immer vor, wenn Sie sich fehlerhaft verhalten haben, aber kein grober Verstoß gegen Ihre Pflichten anzunehmen ist. Bei mittlerer Fahrlässigkeit müssen Sie den Schaden nur zu einem Teil tragen; den anderen Teil übernimmt Ihr Träger.

Wie hoch der von Ihrem Träger zu übernehmende Teil des Schadens ist, wird unter Berücksichtigung aller Umstände des Einzelfalls bestimmt. So spielt es etwa eine Rolle, ob der Arbeitgeber gegen den Schaden versichert ist oder sich hätte versichern können. Auch die Höhe Ihres Gehalts ist entscheidend und die Frage, ob darin ein Risikozuschlag enthalten ist. Weitere Faktoren sind die Höhe des Schadens, Ihre Stellung in der Kita, Ihr Vorverhalten und das generelle Risiko eines Schadens bei Ihrer Tätigkeit.

Grobe Fahrlässigkeit ist gegeben, wenn Sie die für Ihre Berufstätigkeit notwendige Sorgfalt in erheblichem Umfang außer Acht gelassen haben. In einem solchen Fall haben Sie das nicht beachtet, was jedem hätte sofort einleuchten müssen. Bei grober Fahrlässigkeit haften Sie allein für den Schaden. Unter Umständen liegt auch ein Mitverschulden Ihres Trägers vor, etwa wenn er Sie nicht entsprechend auf die „Gefahren" des AGG hingewiesen hat.

Ob Sie tatsächlich wegen eines Verstoßes gegen das AGG im Bewerbungsverfahren von Ihrem Träger in Anspruch genommen werden, ist letztlich eine **Frage des jeweiligen Einzelfalls.**

Wenn Sie allerdings die vorstehenden Hinweise zum AGG beachten, müssen Sie sich über solche Forderungen keine Gedanken machen.

Im Praxisbeispiel hat die Leiterin schon einen gravierenden und offensichtlichen Fehler im Sinne des AGG gemacht. Ob hier eine mittlere oder grobe Fahrlässigkeit vorliegt, hängt auch wesentlich davon ab, ob der Träger die Leiterin in Sachen AGG geschult hat oder nicht.

1.14 So erleichtern Sie neuen Mitarbeiterinnen den Einstieg

Die Arbeit in einer Kindertagesstätte ist eine verantwortungsvolle Tätigkeit. Daher ist es eine wichtige Aufgabe der Leitung, neue Mitarbeiterinnen sorgfältig in ihre **Aufgaben einzuweisen** und einzuarbeiten. Denn während der Einarbeitungsphase kann von der „Neuen" nicht erwartet werden, dass sie die volle Verantwortung für die ihr anvertrauten Kinder übernimmt.

Jenny Müller hat ihren ersten Arbeitstag in der Kita „Sieben Zwerge". Die Leiterin, die sie eigentlich herumführen wollte, ist auf einer Leiterinnenbesprechung. Die stellvertretende Leitung und die Kollegin, mit der sie hier zusammenarbeiten soll, sind krank. Eine Kollegin führt sie in ihre Gruppe. Sie macht sich, so gut es geht, mit den Kindern bekannt. Eine Gruppe Vorschulkinder will auch gleich wissen, ob sie allein in den Garten dürfen. Da die Kleinen ihr versichern, dass sie das immer dürfen, lässt sie sie unbeaufsichtigt auf das Außengelände. Hannah fällt prompt vom Klettergerüst, das eigentlich für die Kinder gesperrt ist, weil einige Holzteile erneuert werden müssen.

Vor allem ist es Ihre Aufgabe als Leitung – zur Sicherheit der Kinder –, der neuen Mitarbeiterin deutlich zu machen, was in puncto **Aufsichtspflicht** von ihr erwartet wird und welche Besonderheiten in Ihrer Kita zu beachten sind.

Achtung! Kommen Sie diesen Verpflichtungen nicht nach, wird man Ihnen im Fall eines Unfalls mangelnde Organisation und damit ein eigenes Verschulden vorwerfen.

Planen Sie die Einarbeitung der „Neuen"

Als Leiterin sollten Sie die Einarbeitung von neuen Mitarbeiterinnen zur **„Chefsache"** machen und den Einarbeitungsprozess, der spätestens mit Ende der 6-monatigen Probezeit abgeschlossen sein sollte, sorgfältig planen. Nachstehend finden Sie einen Ablaufplan für die Einarbeitung.

Übersicht: Einarbeitungsplan der Kita-Leitung für neue Mitarbeiterinnen in den ersten 6 Monaten

> Unterschrift unter Arbeitsvertrag; Einladung zu Kita-Veranstaltungen

> Persönliche Begrüßung am 1. Arbeitstag, Rundgang durch die Kita, Vorstellung im Team, Bekanntmachung mit der Ansprechpartnerin im Team, Feedbackgespräch am Ende des Tages

> Nach 4 Wochen: Einarbeitungs-Feedbackgespräch mit neuer Mitarbeiterin und Ansprechpartnerin im Team

> Monatliche Feedbackgespräche mit neuer Mitarbeiterin und Ansprechpartnerin

> Nach 5 Monaten: Abschluss-Feedbackgespräch mit Entscheidung über eine weitere Zusammenarbeit

Die neue Mitarbeiterin im Praxisbeispiel hat hier sicher nicht sinnvoll gehandelt, als sie auf die Behauptungen der Kinder vertraute. Sie hätte sich erst einmal bei einer Kollegin rückversichern müssen, bevor sie die Kinder unbeaufsichtigt spielen ließ. Insofern ist ihr hier eine Aufsichtspflichtverletzung vorzuwerfen.

Eine Mitschuld trifft aber auch die Leitung, denn diese hat die Organisationsverantwortung im Hinblick auf die Aufsichtsführung, und hier hätte sie sich klarer um die Einarbeitung der neuen Kollegin kümmern müssen.

1.15 Nutzen Sie die Probezeit effektiv, und ziehen Sie rechtzeitig Konsequenzen

In der Regel wird Ihr Träger mit neuen Mitarbeiterinnen eine Probezeit von maximal 6 Monaten vereinbaren.

Innerhalb dieser ersten **6 Monate gilt das Kündigungsschutzgesetz nicht**, und der Arbeitsvertrag kann innerhalb einer kurzen Kündigungsfrist von 2 Wochen ohne Angabe von Gründen gekündigt werden.

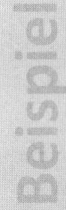

Die Leitung der Kita „Wilde Kerle" ist mit der neuen Mitarbeiterin, die seit 6 Monaten in ihrer Einrichtung arbeitet, eigentlich nicht zufrieden. Sie ist häufig krank, ist schon mehrfach zu spät gekommen, wenig motiviert und findet keinen richtigen „Draht" zu den Kindern, Eltern und auch nicht zu den anderen Mitarbeiterinnen. Als sie sich nach einigem Zögern an den Träger wendet und darum bittet, die Mitarbeiterin zu entlassen, meint dieser, das sei jetzt, nach Ablauf der Probezeit, nicht mehr so ohne weiteres möglich.

Ihre Aufgabe als Leiterin während dieser Probezeit ist es, die neue Mitarbeiterin **genau zu beobachten** und sorgfältig zu prüfen, ob sie tatsächlich in Ihr Team passt.

Ist das nicht der Fall, ist es wichtig, dass Sie Ihrem Träger dies rechtzeitig mitteilen. Möchten Sie das Arbeitsverhältnis nicht fortsetzen, sollten Sie das Gespräch mit Ihrem Träger spätestens zu Beginn des **5. Monats der Probezeit suchen** und Ihre Bedenken gegen die Weiterbeschäftigung der Mitarbeiterin darlegen.

Da Ihr Träger keinen Einblick in den Alltag in Ihrer Kita hat, kann er auch nicht beurteilen, ob die neue Mitarbeiterin die von ihr erwartete Leistung erbringt. Daher ist er hier letztlich **auf Ihr Urteil** als unmittelbare Vorgesetzte **angewiesen**.

Insofern sollten Sie das **Ende der Probezeit nicht aus dem Blick verlieren** und Ihre Einschätzung über die neue Mitarbeiterin rechtzeitig an Ihren Träger weitergeben. Nur dann kann dieser die kurze Kündigungsfrist nutzen und den Arbeitsvertrag unproblematisch beenden.

Übersicht: Aufgabenverteilung von Leitung und Träger während der Probezeit einer Mitarbeiterin

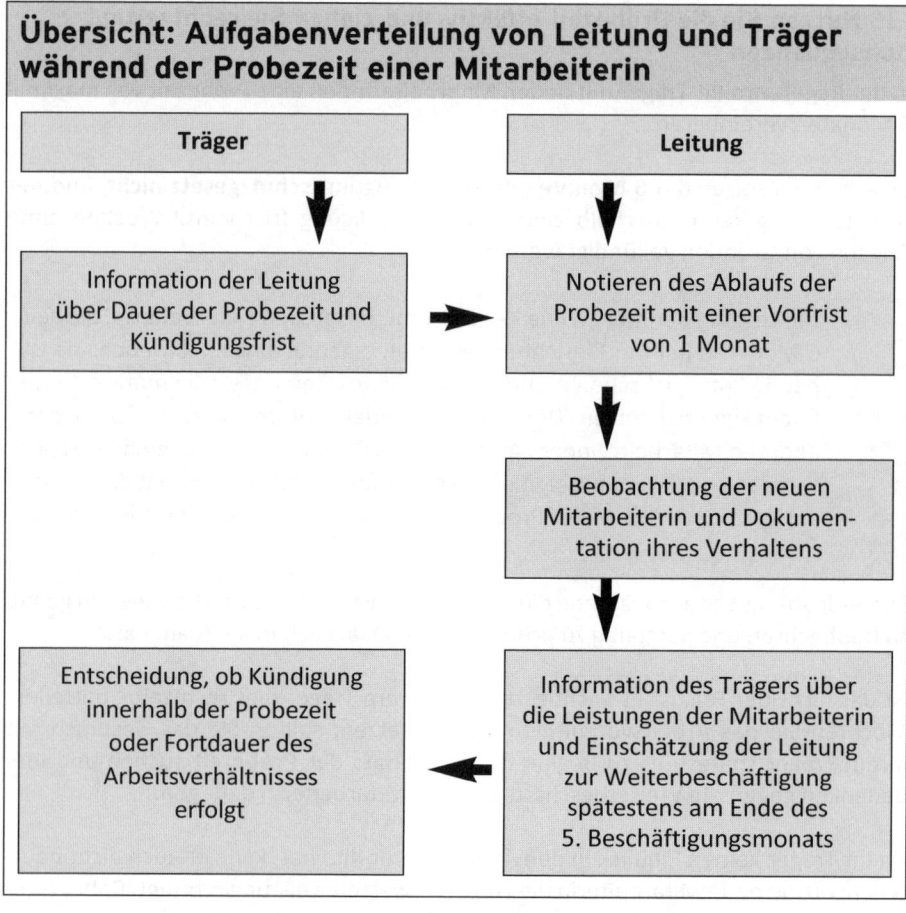

Fazit: Im Praxisbeispiel hätte die Leiterin gut daran getan, ihren Träger rechtzeitig vor Ende der Probezeit über ihre Bedenken zu informieren.

2. Wissenswertes rund um Arbeitsverträge

Als Leitung sind Sie für die Ausgestaltung von Arbeitsverträgen nicht zuständig. Dennoch ist es wichtig, dass Sie wissen, was in diesen geregelt ist, denn sie bilden die Grundlage dessen, was Sie als Vorgesetzte von Ihren Mitarbeiterinnen im Alltag in Ihrer Kita verlangen können.

Daher sollten Sie sich einen Überblick darüber verschaffen, was in den Arbeitsverträgen Ihrer Mitarbeiterinnen genau geregelt ist.

2.1 Diese Punkte sollte ein Arbeitsvertrag regeln

Arbeitsverträge sind an keine besondere Form gebunden. Sie können sowohl schriftlich als auch mündlich abgeschlossen werden oder auch durch die einvernehmliche Aufnahme der Tätigkeit in Ihrer Einrichtung zustande kommen.

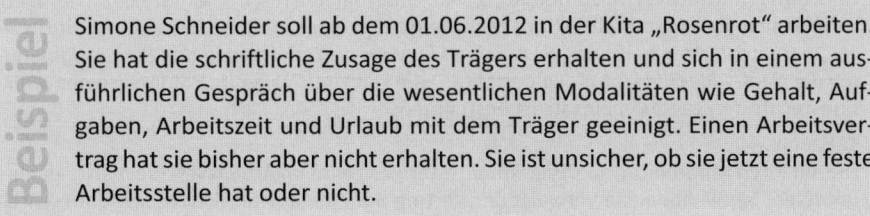

Simone Schneider soll ab dem 01.06.2012 in der Kita „Rosenrot" arbeiten. Sie hat die schriftliche Zusage des Trägers erhalten und sich in einem ausführlichen Gespräch über die wesentlichen Modalitäten wie Gehalt, Aufgaben, Arbeitszeit und Urlaub mit dem Träger geeinigt. Einen Arbeitsvertrag hat sie bisher aber nicht erhalten. Sie ist unsicher, ob sie jetzt eine feste Arbeitsstelle hat oder nicht.

Aus Beweisgründen ist es sinnvoll, die wesentlichen Punkte des Arbeitsverhältnisses **schriftlich niederzulegen**.

Achtung! Bei **befristeten Arbeitsverträgen** muss zumindest die Befristung schriftlich vereinbart werden. Sonst ist diese unwirksam, und es besteht von Anfang an ein unbefristetes Arbeitsverhältnis. Weitere Informationen zu dieser Problematik finden Sie auf Seite 182 dieses Handbuchs.
Wird kein schriftlicher Arbeitsvertrag geschlossen, können Ihre Mitarbeiterinnen von Ihrem Träger verlangen, dass dieser die tatsächlich vereinbarten Konditionen des Arbeitsverhältnisses schriftlich niederlegt. Dies ergibt sich aus § 2 Nachweisgesetz (NachwG).
Kommt Ihr Träger dieser Pflicht trotz Aufforderung durch die Mitarbeiterin nicht nach, so hat das die Konsequenz, dass er im Streitfall die getroffenen mündlichen Vereinbarungen beweisen muss.

Aus dem NachwG ergeben sich folgende Mindestinhalte für Arbeitsverträge.

Übersicht: Mindestinhalt für Arbeitsverträge

- **Name und Anschrift der Vertragsparteien**
  Änderungen der Anschrift Ihrer Mitarbeiterinnen sollten Sie Ihrem Träger umgehend weiterleiten.

- **Beginn des Arbeitsverhältnisses**
  Der Beginn des Arbeitsverhältnisses ist in der Regel auch der 1. Arbeitstag. Das ist allerdings nicht zwingend.

- **Ende des Arbeitsverhältnisses bei befristeten Arbeitsverträgen**
  Fehlt diese Regelung, gilt der Vertrag von Anfang an als unbefristet.

- **Probezeit**
  Die Probezeit beträgt max. 6 Monate. Innerhalb der Probezeit kann innerhalb einer Frist von 2 Wochen gekündigt werden, ohne Begründung.

- **Arbeitsort**
  Dies wird grundsätzlich Ihre Einrichtung sein. Unterhält Ihr Träger mehrere Einrichtungen, kann er sich aber vorbehalten, Ihre Mitarbeiterin in einer anderen Einrichtung einzusetzen, oder im Vertrag heißt es: *„Frau Schneider wird als Erzieherin in den Kindertagesstätten der Gemeinde Glücksstadt eingestellt."* Dann kann der Träger im Rahmen seines Direktionsrechts den genauen Einsatzort bestimmen.

- **Tätigkeit**
  Die mit Ihren Mitarbeiterinnen vereinbarte Tätigkeit wird im Arbeitsvertrag meist nur kurz umrissen. Sinnvollerweise verweist der Vertrag auf eine ausführlichere Stellenbeschreibung, die mit Unterschrift zum Bestandteil des Vertrags wird und den Umfang Ihres Direktionsrechts entsprechend konkretisiert.

- **Arbeitsentgelt**
  Wird im Rahmen eines Arbeitsvertrags auf den TVöD verwiesen, obwohl der TVöD eigentlich nicht für Ihren Träger gilt, sollte klar sein, ob sich der Verweis nur auf die Eingruppierung und Bezahlung bezieht oder auch auf andere Vertragsbestandteile, z. B. Kündigungsfristen.

- **wöchentliche Arbeitszeit / Überstunden**
  Sinnvoll ist es, wenn die Mitarbeiterin sich im Arbeitsvertrag zur Leistung von Überstunden verpflichtet und direkt klargestellt wird, wie diese vergütet werden.

- **Erholungsurlaub**
  Sollten Ihre Mitarbeiterinnen mehr Urlaub erhalten, als im Bundesurlaubsgesetz vorgeschrieben ist, muss dies ausdrücklich vertraglich geregelt werden.

- **Kündigungsfristen**
  Fehlt eine ausdrückliche Regelung, gelten die gesetzlichen bzw. die im für Ihre Einrichtung geltenden Tarifvertrag vereinbarten Kündigungsfristen (s. Seite 175 und 176 dieses Handbuchs).

Übersicht: Mindestinhalt für Arbeitsverträge
(Fortsetzung von S. 124)

Auch wenn dies nicht zwingend vorgeschrieben ist, sollte der Arbeitsvertrag weiter Auskunft geben über:

- **Verhalten im Krankheitsfall**
  Hier kann z. B. festgelegt werden, dass ein ärztliches Attest nicht erst am 4. Tag nach der Erkrankung, sondern schon zu einem früheren Zeitpunkt vorzulegen ist.

- **Nebentätigkeit**
  Hier sollte Ihr Träger regeln, ob und in welchem Umfang Nebentätigkeiten genehmigungsfähig sind.

- **Schweigepflicht**
  Im Arbeitsvertrag sollte außerdem geregelt sein, dass Ihre Mitarbeiterinnen verpflichtet sind, über Kita-Interna und Informationen über Kinder und ihre Eltern während der Dauer des Arbeitsverhältnisses und auch nach dessen Beendigung Stillschweigen zu bewahren.

Im Praxisbeispiel kann Frau Schneider zum 01.06.2012 ihre neue Stelle antreten. Ein schriftlicher Arbeitsvertrag ist sinnvoll, aber nicht zwingend erforderlich.

2.2 TVöD – Auf diese Verträge findet er Anwendung, und diese Konsequenzen hat das für Sie

Arbeiten Sie bei einem kommunalen Träger, gilt für Sie und Ihre Mitarbeiterinnen ohne Wenn und Aber der Tarifvertrag für den öffentlichen Dienst (TVöD).

Leah Sonntag leitet die Kita „Heinzelmännchen". Der Träger ist eine Elterninitiative. Im Arbeitsvertrag steht: *„Wenn nichts anderes geregelt ist, finden auf diesen Vertrag die Vorschriften des TVöD in der jeweils gültigen Fassung Anwendung."* Die Leitung meint, sie und ihr Team müssten eine entsprechende Gehaltserhöhung nach den Tariflohnerhöhungen im öffentlichen Dienst bekommen. Der Träger meint, das sei Unsinn. Schließlich finde der TVöD für die Bezahlung seiner Mitarbeiterinnen keine Anwendung. Ein bestimmtes Gehalt ist in den Verträgen allerdings nicht vereinbart worden.

Im TVöD und den zugehörigen **Entgelttabellen** finden sich viele Sonderregelungen, die Ihr Arbeitsverhältnis regeln. Sonderregelungen gelten hier vor allem in den Bereichen:
• Bezahlung,
• Kündigungsfristen,
• befristete Arbeitsverhältnisse,
• Urlaub,
• Überstunden / Mehrarbeit,
• Arbeitszeiten,
• Jahressonderzahlung.

Wenn in Ihrer Einrichtung der TVöD gilt, sollten Sie zunächst einmal hier nachschlagen und prüfen, ob es eine besondere Regelung gibt.

Auch Ihr Team hat einen Anspruch darauf, sich über seine Rechte, die sich aus dem TVöD ergeben, zu informieren. Ihr Träger ist daher verpflichtet, ein Exemplar des Tarifvertrags in Ihrer Kita auszulegen. Weisen Sie Ihren Träger auf diese oft übersehene Pflicht hin. Dann haben auch Sie als Leitung immer Zugriff auf diese Informationsquelle, ohne dass Sie mit Ihrem Träger über die Notwendigkeit der Anschaffung diskutieren müssen.

Der TVöD findet aber nicht nur in Kitas in kommunaler Trägerschaft Anwendung. Viele **private und freie Träger verweisen in ihren Arbeitsverträgen auf den TVöD.**

Bei solchen „Verweisungsklauseln" kommt es immer darauf an, wie diese zu verstehen sind. Es kann sein, dass diese sich lediglich auf die Bezahlung und Eingruppierung der Mitarbeiterinnen beziehen.

Es kann aber auch sein, dass der Vertrag insgesamt auf den TVöD verweist. Dann kommt der TVöD insgesamt zur Anwendung, soweit der Vertrag keine ausdrücklich andere Regelung trifft.

Ob und in welchem Umfang der TVöD auf Arbeitsverträge freier und privater Träger Anwendung findet, ist letztlich eine **Frage des Einzelfalls und muss individuell geprüft** werden.

Achtung! Kirchliche Träger

Arbeiten Sie bei einem kirchlichen Träger, so sollten Sie wissen, dass diese eigene Regelungen für ihre Mitarbeiterinnen getroffen haben.

Genau wie bei öffentlichen Trägern müssen Sie bei kirchlichen Trägern einen Blick in diese Regelungen (AVR) werfen, wenn Sie Näheres über die Rechte und Pflichten Ihrer Mitarbeiterinnen wissen möchten.

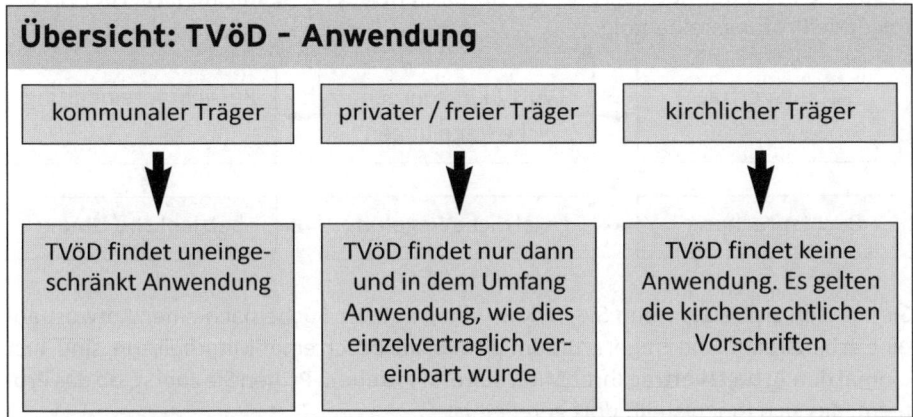

Übersicht: TVöD - Anwendung

kommunaler Träger	privater / freier Träger	kirchlicher Träger
↓	↓	↓
TVöD findet uneingeschränkt Anwendung	TVöD findet nur dann und in dem Umfang Anwendung, wie dies einzelvertraglich vereinbart wurde	TVöD findet keine Anwendung. Es gelten die kirchenrechtlichen Vorschriften

Im Praxisbeispiel ist die Leiterin daher im Recht. Da der Arbeitsvertrag auf den TVöD verweist und keine andere Regelung für das Gehalt getroffen wurde, hat sie Anspruch auf die Gehaltserhöhung nach dem TVöD.

3. Arbeitsrechtliche Fragen im Kita-Alltag

Viele Träger gehen mehr und mehr dazu über, der Kita-Leitung immer mehr Verantwortung zu übertragen, auch im Hinblick auf die Personalarbeit. Daher gewinnen arbeitsrechtliche Fragen in Ihrem Arbeitsalltag immer mehr an Bedeutung.

Antworten auf arbeitsrechtliche Fragen findet man sehr verstreut in vielen **unterschiedlichen Gesetzen**, wie z. B. dem Bürgerlichen Gesetzbuch (BGB), dem Arbeitszeitgesetz (ArbZG) oder dem Kündigungsschutzgesetz (KSchG). Außerdem sind viele Dinge gar nicht gesetzlich geregelt, so dass hier auf gerichtliche Entscheidungen, so genanntes **„Richterrecht"**, zurückgegriffen werden muss.

Bei arbeitsrechtlichen Fragestellungen können Sie daher nicht einfach das Arbeitsgesetzbuch aufschlagen und nachlesen. Ein solches Gesetzbuch gibt es nicht. Das **Arbeitsrecht** wird prinzipiell dem Zivilrecht zugeordnet, wegen der vielen Sonderbestimmungen aber als **„Sonderrecht der Arbeitnehmer"** bezeichnet und hat eine eigene Gerichtsbarkeit.

Stellen sich Ihnen arbeitsrechtliche Probleme, müssen Sie sich zunächst einmal auf die Suche nach der Rechtsgrundlage für Ihre Entscheidung machen. Hierbei gilt die folgende Prüfungsreihenfolge:

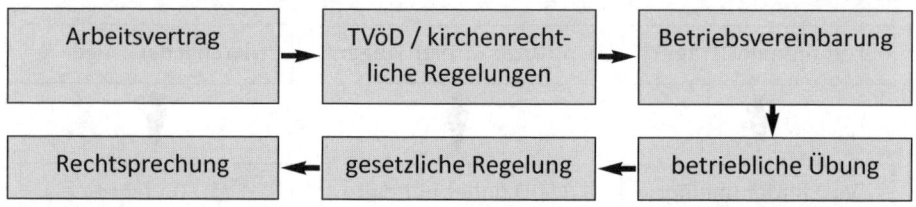

Sie müssen sich also, wenn Sie im Kita-Alltag auf der Suche nach einer Antwort auf eine arbeitsrechtliche Frage, z. B. zum Urlaubsanspruch einer Mitarbeiterin, sind, erst einmal den **Arbeitsvertrag** Ihrer Mitarbeiterin ansehen. Prüfen Sie zuerst, ob das Problem, das sich Ihnen stellt, dort geregelt ist.

Ist dies nicht der Fall, müssen Sie sich die Frage stellen, ob in Ihrer Einrichtung z. B. der **Tarifvertrag für den öffentlichen Dienst (TVöD) gilt oder Sie bei einem kirchlichen Träger** mit eigenen arbeitsvertraglichen Richtlinien **(AVR)** arbeiten. Wenn ja, müssen Sie prüfen, ob es hier Sonderregelungen für Ihre Frage gibt. Diese können sich auch aus Betriebsvereinbarungen oder der so genannten betrieblichen Übung ergeben.

Betriebliche Übung liegt z. B. dann vor, wenn Ihr Träger über mehrere Jahre hinweg Weihnachtsgeld zahlt, obwohl dies im Arbeitsvertrag nicht geregelt ist. Solange dieses nicht ausdrücklich freiwillig gezahlt wird, haben alle Mitarbeiterinnen nach der 3. Auszahlung einen Anspruch hierauf, ohne dass es einer schriftlichen Vereinbarung bedarf.

Kommen Sie hier nicht weiter, gelten die allgemeinen **gesetzlichen Bestimmungen**, z. B. das Bundesurlaubsgesetz (BUrlG). Außerdem müssen Sie auch im Einzelfall die Entscheidungen des Bundesarbeitsgerichts beachten.

3.1 Leitungsaufgaben: Klären Sie Ihre Kompetenzen gegenüber Ihrem Träger und Team

Der Träger Ihrer Einrichtung hat Ihnen und Ihrem Team gegenüber das so genannte **Direktionsrecht**. Hierunter versteht man das Recht des Arbeitgebers, die konkrete Leistungspflicht, also die Einzelheiten der von Ihnen laut Arbeitsvertrag zu erbringenden Leistungen, näher zu bestimmen (= Leistungsbestimmungsrecht, § 305 ff. BGB).

 Susanne Heinrichs arbeitet seit vielen Jahren in der Kita „Kleine Strolche". Seit 15 Jahren leitet sie die „Bärengruppe". Zu Beginn des neuen Kita-Jahres hat die neue Leiterin ihr mitgeteilt, dass sie ab sofort die „Pinguin-Gruppe" übernimmt. Hiermit ist sie nicht einverstanden und wendet sich an den Träger. Der für die Kita zuständige Bürgermeister teilt ihr mit, dass es keinen Grund für diese Änderung gebe und sie weiter in der „Bärengruppe" arbeiten könne.

Aus dem Direktionsrecht ergibt sich die Weisungsbefugnis Ihres Trägers gegenüber Ihnen und Ihrem Team. Er kann also grundsätzlich bestimmen:
• wo (Arbeitsort, Einrichtung)
• wann (Arbeitszeit)
• wie (pädagogisches Konzept, Arbeitsweise)

Sie und Ihre Mitarbeiterinnen konkret arbeiten. Durch die Ausübung dieses Rechts werden Ihre und die **arbeitsvertraglichen Verpflichtungen Ihres Teams konkretisiert**. Schließlich kann im Arbeitsvertrag ja nicht jeder Vorgang im Kita-Alltag geregelt sein.

Im Grundsatz sind Sie und Ihre Mitarbeiterinnen verpflichtet, sich an die Anweisungen Ihres Trägers zu halten. Grenzen des Direktionsrechts Ihres Trägers ergeben sich aber aus
• konkreten Regelungen Ihres Arbeitsvertrags,
• unabdingbaren gesetzlichen Vorschriften, z. B. Mutterschutzbestimmungen,
• sonstigen gesetzlichen Vorschriften.

Da Ihr Träger aber in der Regel nicht im Alltag in Ihrer Kita präsent ist, ist es für eine sinnvolle Arbeit unerlässlich, dass er Ihnen als Leiterin – ganz oder teilweise – das **Direktionsrecht** für Ihre Mitarbeiterinnen in der Einrichtung überträgt.

Ist eine solche Übertragung erfolgt, haben Sie als Leitung in dem vom Träger zugestandenen Umfang das Recht, Ihrem Team Weisungen zu erteilen.

Als Kita-Leitung sollten Sie überlegen, wenn sich Ihnen im Kita-Alltag arbeitsrechtliche Fragen stellen: **Wurde mir für dieses Problem und dessen Lösung die Verantwortung übertragen?**

Können Sie diese Frage mit „Ja" beantworten, können Sie die entsprechende Entscheidung treffen und die notwendigen arbeitsrechtlichen Schritte in die Wege leiten.

Müssen Sie mit „Nein" antworten, sollten Sie diese Frage Ihrem Träger umgehend vortragen, Ihre Einschätzung der Situation abgeben und auf einer zeitnahen verbindlichen Entscheidung bestehen.

Für eine **vertrauensvolle Zusammenarbeit** zwischen Ihnen und Ihrem Träger ist es unerlässlich, dass in diesem Zusammenhang die **Kompetenzen abschließend geklärt** und diese Absprachen auch eingehalten werden.

Greift der Träger immer wieder regelnd in Fragen ein, die er eigentlich auf Sie übertragen hat, **untergräbt er damit Ihre Autorität** gegenüber dem Team und trägt damit Unruhe und Unfrieden in die Einrichtung.

Überprüfen Sie, ob in Ihrer Stellenbeschreibung geklärt ist, in welchem Umfang Sie das Direktionsrecht für Ihren Träger ausüben können.

Ist dies nicht eindeutig geklärt, sollten Sie das Gespräch mit Ihrem Träger suchen und klären,
- wer bestimmt, welche Mitarbeiterin die jeweilige Gruppe leitet und dort eingesetzt ist.
- wer Ermahnungen und Abmahnungen aussprechen darf.
- wer die Dienstpläne regelt.
- wer für Sicherheitsfragen, z. B. Schmuckverbot, in der Kita zuständig ist.
- wer Dienstanweisungen gegenüber dem Team ausspricht.
- wer gegenüber Hausmeister und Putzfrau weisungsbefugt ist.
- wer Urlaubsanträge genehmigt.
- wer Überstunden anordnet.

Ihrem Träger ist oft gar nicht bewusst, dass er Ihnen in den Rücken fällt, wenn er sich in Entscheidungen einmischt, die er eigentlich auf Sie als Leitung übertragen hat. Daher sollten Sie diese Problematik offensiv und sachlich gegenüber Ihrem Träger thematisieren und mit ihm eine klare Regelung treffen, wer wofür zuständig ist.

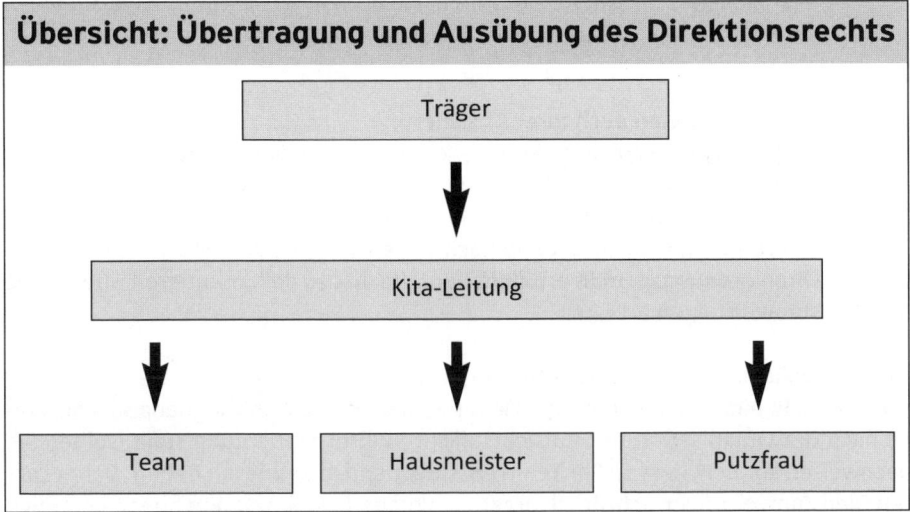

Übersicht: Übertragung und Ausübung des Direktionsrechts

Träger

Kita-Leitung

Team   Hausmeister   Putzfrau

Im Praxisbeispiel ist es sinnvoll, dass die Leitung mit dem Träger klärt, wer für die Personalverteilung zuständig ist.

3.2 Dienstanweisung: Leiten Sie mit klaren Ansagen

Sicher möchten Sie in Ihrer Kita möglichst kollegial mit Ihrem Team zusammenarbeiten und nicht immer die „Chefin" raushängen lassen. Oft ist es aber notwendig, **klare Ansagen** – in Form von Dienstanweisungen – zu machen, schon damit Sie selbst rechtlich abgesichert sind.

In aller Regel wird Ihr Träger Ihnen als Leiterin und damit als direkte Vorgesetzte des Kita-Teams das **Direktionsrecht in bestimmten Alltagsfragen übertragen**. Das heißt auch, dass Sie diese Bereiche in Ihrer Einrichtung mit eigenen Dienstanweisungen regeln können.

Beispiel

In der Kita „Eulenspiegel" hat es heute richtig Ärger gegeben. Die U3-Kinder spielten im Sand unter dem Klettergerüst, während die „Großen" über ihnen tobten. Der 5-jährige Lars sprang schließlich von der Sprossenleiter und fiel dabei auf die darunter spielende Lara, die sich hierbei erheblich verletzte. Die aufsichtführenden Erzieherinnen waren so ins Gespräch vertieft, dass sie diese Gefahr überhaupt nicht bemerkt hatten. Die Eltern machen jetzt nicht nur die Mitarbeiterinnen, sondern auch die Leiterin hierfür verantwortlich. Die Aufsicht sei in der Kita einfach schlampig organisiert.

Klare Regelungen dienen auch Ihrer Absicherung

Als Leiterin haben Sie insbesondere die Aufgabe, die Arbeitsabläufe und die Ausübung Ihrer Aufsichtspflicht zu organisieren. D. h., Sie müssen Ihr Team so anweisen, dass die gesetzlichen Vorgaben erfüllt und die Ihnen anvertrauten Kinder sinnvoll betreut werden. Wenn etwas passiert, müssen Sie im Zweifel nachweisen können, dass Sie diese **Organisationspflichten ordnungsgemäß erfüllt haben**. Um dies zu dokumentieren, können Sie mit Dienstanweisungen arbeiten.

Dienstanweisungen sollten schriftlich ergehen

Wenn es z. B. einmal zu einem Unfall kommt, in dessen Zusammenhang sich die Frage nach der Organisation der Aufsichtspflicht in Ihrer Einrichtung stellt, sollten Sie nachweisen können, dass Sie Ihr **Team entsprechend angewiesen haben**. Daher sollten Dienstanweisungen **schriftlich** ergehen. Vorgeschrieben ist dies aber nicht. Auch mündliche Dienstanweisungen entfalten entsprechende Wirkung, lassen sich aber im Streitfall schwer nachweisen und lassen Raum für Diskussionen.

Tipp

Am besten ist es natürlich, wenn die Mitarbeiterin den Erhalt dieser Anweisung durch ihre Unterschrift bestätigt. Weigert sie sich, können Sie sie nicht zur Unterschrift zwingen. In einem solchen Fall können Sie aber z. B. die Dienstanweisung in einer Teamsitzung vorlesen und an alle Mitarbeiterinnen austeilen. Aus dem Protokoll ergibt sich dann, wer an der Sitzung teilgenommen hat. Alle diese Mitarbeiterinnen können dann nicht behaupten, sie hätten keine Kenntnis gehabt.

Nichtbefolgung ist Arbeitsverweigerung

Wird eine Dienstanweisung nicht befolgt, ist dies eine **Arbeitsverweigerung, die arbeitsrechtliche Konsequenzen** haben kann – von der Abmahnung bis hin zur fristlosen Kündigung.

Selbstverständlich hat Ihr Direktionsrecht und damit auch die Möglichkeit, Ihren Arbeitsalltag mit Dienstanweisungen zu regeln, Grenzen.

Grenzen bestehen da, wo die von Ihnen getroffenen Anweisungen **nicht mehr vom Arbeitsvertrag umfasst** sind oder gegen gesetzliche Vorgaben verstoßen. So können Sie Ihren Mitarbeiterinnen nicht durch Dienstanweisung unzumutbare Arbeiten aufbürden, z. B. die Grundreinigung der Kita-Toiletten, wenn dies nicht arbeitsvertraglich geregelt ist.

Achtung! Zum Nachweis, dass Sie Ihre Organisationspflichten als Leiterin ordnungsgemäß erfüllt haben, genügt es nicht, dass Sie gegenüber Ihrem Team eine entsprechende Dienstanweisung ausgesprochen haben. Sie müssen auch regelmäßig kontrollieren, dass diese auch eingehalten werden.

Selbsttest: Dienstanweisung

	Ja	Nein
Ich habe für den Bereich der Dienstanweisung das Direktionsrecht.	❏	❏
Dienstanweisung erfolgt schriftlich.	❏	❏
Dienstanweisung wurde in Teamsitzung besprochen und von allen Mitarbeiterinnen unterschrieben bzw. protokolliert und mit Anwesenheitsliste versehen.	❏	❏
Dienstanweisung enthält keine Schikane.	❏	❏
Einhaltung der Dienstanweisung wird von mir regelmäßig kontrolliert und die Kontrolle dokumentiert.	❏	❏
Neue Mitarbeiterinnen werden von mir bei Arbeitsbeginn auf den Inhalt der Dienstanweisung ausdrücklich hingewiesen und bekommen diese schriftlich ausgehändigt.	❏	❏

Auswertung: Wenn Sie bei allen Punkten „Ja" ankreuzen konnten, sind Sie in Sachen „Dienstanweisungen" auf der sicheren Seite. Wenn Sie einige Male „Nein" ankreuzen mussten, sollten Sie in diesen Punkten anhand der oben stehenden Empfehlungen nachbessern.

Im Praxisbeispiel sollte die Leiterin überprüfen, ob ihre Anweisungen in Sachen Aufsichtsführung klar genug formuliert sind. Außerdem sollte sie darauf achten, dass sie regelmäßig kontrolliert, dass ihre Vorgaben auch tatsächlich umgesetzt werden.

3.3 Arbeitszeiten: Erstellung von Dienstplänen – Ihre Aufgabe

Als Leiterin haben Sie die Aufgabe, die Dienstpläne für Ihr Team zu erstellen.

In der Kita „Pusteblume" wurde eine neue Mitarbeiterin mit 20 Wochenstunden eingestellt. Die Leiterin hat sie überwiegend für den Nachmittagsdienst eingeteilt. Die „Neue" meint, das ginge nicht. Ihre Tochter gehe nur von 8.00 bis 13.00 Uhr in den Kindergarten, und deshalb könne sie auch nur in diesem Zeitraum arbeiten. Hiervon war im Vorstellungsgespräch nicht die Rede. Da hatte die neue Mitarbeiterin von großer zeitlicher Flexibilität gesprochen.

Die Wochenarbeitszeit Ihrer Mitarbeiterinnen ergibt sich aus dem jeweiligen Arbeitsvertrag. Zur Arbeitszeit gehören grundsätzlich auch

• Vorbereitungszeiten,
• Teilnahme an Dienstbesprechungen,
• Teilnahme an Teamsitzungen,
• Teilnahme an Supervision und Mediation.

Dies müssen Sie als Leitung bei der Erstellung der Dienstpläne und Ihr Träger bei der Planung des Personalbedarfs für Ihre Einrichtung berücksichtigen. Es genügt daher **nicht**, nur die **reinen Betreuungszeiten personell abzudecken.**

Arbeitszeit wird von der Leitung festgelegt
Sofern im Arbeitsvertrag der Mitarbeiterinnen nicht ausdrücklich etwas anderes vereinbart wurde, legen **Sie als Leitung im Rahmen des Dienstplans fest**, welche Mitarbeiterin wann arbeitet.

Hierbei orientieren Sie sich in erster Linie an den **Bedürfnissen Ihrer Einrichtung**. Denn Ihre Aufgabe ist es sicherzustellen, dass jederzeit genügend Personal anwesend ist, um die Aufsichtspflicht für die Ihnen anvertrauten Kinder zu gewährleisten.

Äußert eine Mitarbeiterin – z. B. im Hinblick auf die Betreuungssituation der eigenen Kinder oder aus sonst nachvollziehbaren Gründen – **Wünsche** bzgl. der Lage ihrer Arbeitszeit, müssen Sie diese bei der Erstellung Ihrer Dienstpläne **berücksichtigen**. Allerdings nur, soweit dies mit **den Interessen Ihrer Einrichtung** und den schützenswerten Interessen anderer Mitarbeiterinnen **vereinbar** ist.

Wurden einer Mitarbeiterin vertraglich bestimmte Arbeitszeiten zugesichert, können Sie hiervon nicht ohne Zustimmung der Betroffenen abweichen. Daher rate ich dringend davon ab, Zusagen hinsichtlich bestimmter Arbeitszeiten zu machen, da sich die Bedürfnisse in Ihrer Einrichtung schnell ändern können und Sie sich mit solchen vertraglichen Vereinbarungen unnötig binden.

Viele Kitas gehen derzeit dazu über, ihre Betreuungszeiten auszuweiten und damit mehr und mehr den Bedürfnissen der Eltern anzupassen. Die veränderten Öffnungszeiten bringen es mit sich, dass sich auch die Arbeitszeiten Ihrer Mitarbeiterinnen verändern. Das bringt naturgemäß Unruhe und auch Unmut ins Team. Vielfach wird von Mitarbeiterinnen geäußert, dass sie aufgrund eines „Gewohnheitsrechts" oder einer „betrieblichen Übung" einen Anspruch auf bestimmte Arbeitszeiten hätten.

Lassen Sie sich hiervon nicht verunsichern. Sie legen fest, wer wann zur Arbeit kommt. Gewohnheitsrecht oder betriebliche Übung gibt es im Zusammenhang mit der Lage der Arbeitszeiten nicht.

3.4 Beachten Sie Besonderheiten bei der Rückkehr aus der Elternzeit

Rückkehrerinnen aus der Elternzeit haben einen Anspruch darauf, wieder auf **ihrer alten Stelle eingesetzt zu werden**. Das heißt konkret, dass die Mitarbeiterin den Anspruch hat, mit der **Stundenzahl** beschäftigt zu werden, die vor ihrer Babypause arbeitsvertraglich vereinbart war.

Karin Sonntag war 3 Jahre in Elternzeit und kommt jetzt zurück in die Kita „Regenbogenland". Vor der Geburt ihres Kindes hat sie immer von 8.30–15.00 Uhr gearbeitet. In den vergangenen 3 Jahren wurden allerdings die Öffnungszeiten der Kita ausgeweitet, so dass das Team jetzt in 3 Diensten – Früh-, Mittel- und Spätdienst – arbeitet. Die Arbeitszeiten, die die Mitarbeiterin vorher hatte, gibt es in der Kita so nicht mehr. Sie besteht aber darauf und behauptet, dass sie einen Rechtsanspruch auf ihren alten Arbeitsplatz habe.

Die **Verteilung der Arbeitszeit ist Sache der Leitung**. Etwas anderes gilt nur dann, wenn der Arbeitsvertrag oder eine sonstige verbindliche Vereinbarung die Arbeitszeiten ausdrücklich regelt.

Vorsicht! Manchmal wird von Mitarbeiterinnen, die demnächst in Elternzeit gehen, der Wunsch an Sie herangetragen, eine besondere Vereinbarung im Hinblick auf ihre Arbeitszeiten oder sonstige Arbeitsbedingungen zu treffen. Ich kann Ihnen nur dringend raten, solche Vereinbarungen nicht zu treffen. Bedenken Sie: 3 Jahre sind eine lange Zeit, und die Situation in Ihrer Einrichtung kann sich erheblich ändern. Daher sollten Sie sich **keinen unnötigen Zwängen unterwerfen.**

Im Praxisbeispiel irrt sich die Mitarbeiterin. Sie hat keinen Anspruch darauf, zu den ursprünglichen Arbeitszeiten beschäftigt zu werden.

3.5 Sorgen Sie für die Einhaltung der Pausen

Nach § 4 Arbeitszeitgesetz (ArbZG) steht Ihnen und Ihrem Team eine Pause von mindestens 30 Minuten am Tag zu, wenn Sie zwischen 6 und 9 Stunden am Tag arbeiten. Geht die Arbeitszeit über 9 Stunden hinaus, beträgt die Pausenzeit 45 Minuten. Die **Pause zählt nicht als Arbeitszeit.**

In der Kita „Ratz und Rübe" herrscht zurzeit dicke Luft. Eine neue Erzieherin hat sich über die Handhabung der Mittagspause beschwert und damit für viel Unruhe im Team gesorgt. Bisher war es so, dass die Mitarbeiterin, die gerade Pause hatte, das Babyfon in die Hand gedrückt bekam und so immer mit einem Ohr bei den Kindern ist, die Mittagsschlaf halten. Wenn diese wach werden, bringt sie die Kleinen zu den Erzieherinnen in den Gruppen. Die neue Kollegin meint, sie habe ein Anrecht auf eine richtige Mittagspause. Diese wolle sie mit einem Spaziergang an der frischen Luft verbringen. Hierauf habe sie einen gesetzlichen Anspruch.

Nach spätestens 6 Stunden Arbeit am Stück müssen Ihre Kolleginnen eine Pause machen. Sinn und Zweck der Pausen ist es, den Mitarbeiterinnen Gelegenheit zu geben, sich zu erholen und von der **Arbeit auszuruhen.** Daher muss die Pause die Arbeitszeit unterbrechen. Das heißt, dass die Pause nicht am Anfang oder am Ende der Arbeitszeit liegen darf.

Die Pausen können auch in **Zeitabschnitte von 15 Minuten aufgeteilt** werden. Sie als Leitung müssen die Pausenzeiten der Mitarbeiterinnen bei der Erstellung der Dienstpläne unbedingt einplanen und auf einer Einhaltung der Pausen bestehen. Der Träger muss die Pausenzeiten bei der Personalplanung berücksichtigen. Werden die Pausenzeiten nicht eingehalten, kann gegen Sie ein Bußgeld verhängt werden.

Während der Pause besteht keine Arbeitsverpflichtung
Das ArbZG definiert den Begriff der Pause nicht. Dies hat das Bundesarbeitsgericht aber in einem Urteil vom 05.05.1998 (Aktenzeichen: 6 AZR 658/85) nachgeholt und klargestellt, dass Arbeitnehmer während ihrer Pause weder arbeiten noch sich zur Aufnahme der Arbeit zur Verfügung halten müssen.

Daher sind Ihre Mitarbeiterinnen nicht verpflichtet, während der Pausen in der Kita zu bleiben. Die Mitarbeiterinnen können selbst entscheiden, wie sie ihre Pausen verbringen.

Ausnahmen: Bei **kurzfristigen Personalengpässen**, z. B. wenn mehrere Mitarbeiterinnen plötzlich erkranken, können Sie als Leitung verlangen, dass die verbliebenen Kolleginnen auf ihre Pause verzichten, um die Betreuung und Beaufsichtigung der Kinder sicherzustellen. Dies ergibt sich aus § 14 ArbZG. Das ist aber keine Dauerlösung für längerfristige Personalengpässe.

Durchgearbeitete Pausen gelten als Überstunden und müssen entsprechend den in Ihrer Kita geltenden Vereinbarungen entweder in Freizeit ausgeglichen oder ausgezahlt werden.

Die Mitarbeiterin im Praxisbeispiel hat völlig recht. Sie hat einen **Anspruch auf** eine „kinderfreie" Mittagspause. Die Leitung muss aus diesem Grund die Beaufsichtigung der „Schlafkinder" anders sicherstellen und die Pausen ihres Teams als arbeitsfreie Zeit einplanen.

3.6 Klären Sie Rechtsfragen rund um den Urlaub Ihres Teams

Jede Mitarbeiterin in Ihrer Einrichtung, auch Praktikantinnen, Teilzeit- und 400-€-Kräfte, haben einen Anspruch auf Erholungsurlaub. Dies ergibt sich aus dem Bundesurlaubsgesetz (BUrlG).

Frau Honnef arbeitet erst seit dem 01.03.2012 in der Kita „Pusteblume". Sie hat für die Zeit nach Ostern 2 Wochen Urlaub beantragt, da sie zum Skilaufen fahren möchte. Die Leiterin überlegt, ob sie diesen Antrag genehmigen muss.

Die Anzahl der Urlaubstage kann z. B. im TVöD oder in den Richtlinien für Arbeitsverträge der katholischen oder evangelischen Kirchen (AVR) oder auch im individuellen Arbeitsvertrag der Mitarbeitern abweichend geregelt sein. Diese Regelungen sind dann vorrangig vor dem BUrlG.

Sind weder der TVöD noch die AVR in Ihrer Einrichtung anwendbar und findet sich auch im Arbeitsvertrag der Mitarbeiterinnen keine Regelung zur Anzahl der Urlaubstage, steht Ihren Mitarbeiterinnen der gesetzliche Mindestanspruch aus dem BUrlG zu. Dieser beträgt bei einer Vollzeitkraft bei einer 5-Tage-Woche 20 Arbeitstage im Kalenderjahr.

Auch in Teilzeit beschäftigte Mitarbeiterinnen und 400-€-Kräfte haben einen Anspruch auf Urlaub. Dieser berechnet sich wie folgt:

$$\frac{\text{Urlaubsanspruch bei Vollzeit x Arbeitstage des Teilzeitmitarbeiters}}{\text{Arbeitstage pro Woche in der Kita}} = \text{Urlaubstage}$$

Beispiel: Arbeitet eine Teilzeitkraft an 4 Tagen in der Woche und haben Vollzeitmitarbeiterinnen einen Anspruch von 20 Urlaubstagen jährlich, berechnet sich der Urlaubsanspruch der Teilzeitkraft nach der oben stehenden Formel folgendermaßen:

$$\frac{20 \times 4}{5} = 16 \text{ Urlaubstage}$$

> **Tipp**
>
> Am besten tragen Sie die individuellen Urlaubsansprüche Ihrer Mitarbeiterinnen in eine Tabelle ein, in der Sie auch jeweils vermerken, wann sie Urlaub genommen haben. So verlieren Sie im Laufe des Jahres nicht den Überblick über den noch ausstehenden Urlaub und können auch Ihrem Team entsprechend Auskunft geben.

Nach § 4 BUrlG entsteht der Urlaubsanspruch erst dann, wenn die Mitarbeiterin **mindestens 6 Monate bei Ihnen gearbeitet** hat. Sie sollten mit der Genehmigung von Urlaubsanträgen **während der Probezeit vorsichtig** sein, denn wenn Sie oder die Mitarbeiterin innerhalb dieser kündigen und Sie bereits den gesamten Jahresurlaub gewährt haben, haben Sie Ihrem Arbeitgeber einen finanziellen Schaden zugefügt. Denn während der Probezeit entstehen **nur anteilige Urlaubsansprüche pro tatsächlich gearbeiteten Monat**.

Urlaubsplan und Betriebsferien
Grundsätzlich sieht das BUrlG vor, dass Sie sich bei der Gewährung von Urlaub an den Wünschen Ihres Teams orientieren müssen, soweit nicht dringende betriebliche Gründe dem entgegenstehen.

Bei der Genehmigung von Urlaubsanträgen müssen Sie darauf achten, dass es durch die Urlaubsgewährung **keine personellen Engpässe gibt**. Legen Sie daher grundsätzlich fest, wie viele Mitarbeiterinnen gleichzeitig in Urlaub gehen dürfen, und kommunizieren Sie dies im Team.

Kollidieren die Urlaubswünsche der Mitarbeiterinnen untereinander, müssen **Sie als Leiterin letztendlich entscheiden**, wer wann in Urlaub geht. Hierbei müssen Sie sich vor allem von sozialen Kriterien leiten lassen. So haben z. B. Mitarbeiterinnen mit schulpflichtigen Kindern den „ersten Zugriff" auf Urlaub in den Schulferien.

Schließt Ihre Einrichtung z. B. in den Sommerferien oder zwischen Weihnachten und Neujahr, können Sie so genannte „Betriebsferien" anordnen. Dann können Sie von Ihrem Team verlangen, dass in dieser Zeit Urlaub genommen wird. Sie sollten allerdings darauf achten, dass Ihren Mitarbeiterinnen möglichst noch einige Urlaubstage im Jahr zur freien Verfügung bleiben.

In der Praxis hat es sich bewährt, die Urlaubsplanung möglichst frühzeitig, am besten Anfang des Jahres, zu beginnen und die Mitarbeiterinnen hierin einzubeziehen. Wenn jedes Teammitglied zunächst einmal seine Wünsche artikuliert und den Wunsch-Urlaubstermin begründet, findet sich meist eine gute Gesamtlösung, die Sie als Leiterin nur noch „absegnen" müssen. Wenn dies nicht funktioniert, müssen Sie letztlich eine Entscheidung treffen.

Krankheit während des Urlaubs
Wird eine Mitarbeiterin während des Urlaubs krank, so wird ihr dieser Urlaub, soweit sie ihre Erkrankung mit einem ärztlichen Attest belegt, gutgeschrieben. Urlaub aus dem Vorjahr verfällt, soweit nicht im Vertrag oder Tarifvertrag etwas anderes geregelt ist, am **31.03. des Folgejahres**. Dies gilt auch, wenn der Jahresurlaub aus betrieblichen Gründen nicht vollständig genommen werden konnte.

Urlaub darf nicht ausgezahlt werden

Vielleicht haben auch Sie Mitarbeiterinnen, die keinen großen Wert auf Urlaub legen. Sie würden es vorziehen, wenn ihnen die Urlaubstage in Geld ausgezahlt würden. Das ist aber nicht möglich!

Der Jahresurlaub dient der Erholung der Mitarbeiterin. Daher darf er auch nicht ausgezahlt werden. Dies ergibt sich aus § 7 BUrlG.

Ausnahme: Etwas anderes gilt nur, wenn die Mitarbeiterin die Einrichtung verlässt und vorher ihren Urlaub nicht mehr nehmen kann.

Als Leitung sollten Sie darauf achten, dass Ihr Team **keine großen „Urlaubsberge" vor sich herschiebt**. Wirken Sie darauf hin, dass der Urlaub in einem Jahr möglichst vollständig genommen wird. Denn eine Kollegin, die noch zahlreiche Urlaubstage aus dem Vorjahr mitbringt, kann – wenn sie die Kita verlässt – für Ihren Träger richtig teuer werden.

Arbeitsrechtliche Konsequenzen einer Selbstbeurlaubung

Manchmal kommt es vor, dass der Streit um einen Urlaubsantrag eskaliert. Die Entscheidung, ob eine Mitarbeiterin in Urlaub gehen kann oder nicht, liegt aber letztlich bei Ihnen als Leiterin.

Bleibt eine Mitarbeiterin, obwohl Sie den Urlaubsantrag abgelehnt haben, einfach der Arbeit fern, sollten Sie umgehend Ihren Träger von diesem Verhalten informieren und das weitere arbeitsrechtliche Vorgehen besprechen. Ein **eigenmächtiger Urlaubsantritt** rechtfertigt je nach den Umständen des Einzelfalls eine **fristlose Kündigung**, jedenfalls aber eine Abmahnung.

Im Praxisbeispiel sollte die Leitung den Urlaubsantrag nicht genehmigen, denn die Mitarbeiterin hat erst nach 6 Monaten Anspruch auf den vollen Jahresurlaub. Bis zum Ablauf dieser Wartezeit sollte sie nur die Urlaubstage genehmigen, die die Mitarbeiterin tatsächlich schon „erarbeitet" hat.

3.7 Das sollten Sie über Überstunden und Mehrarbeit wissen

Als Leitung sind Sie dafür verantwortlich, dass die Kinder in Ihrer Einrichtung jederzeit ordnungsgemäß beaufsichtigt werden. Dies setzt u. a. voraus, dass genügend Personal anwesend ist. Sind z. B. Mitarbeiterinnen erkrankt, liegt der Gedanke nahe, dass Sie für die verbliebenen Teammitglieder **Überstunden anordnen**, um die ordnungsgemäße Beaufsichtigung der Kinder zu gewährleisten.

In der Kita „Sonnenschein" sind 2 Mitarbeiterinnen kurzfristig krank geworden. Die Leiterin bittet 2 Teilzeitkräfte, noch über ihre eigentliche Arbeitszeit hinaus in der Kita zu bleiben und die „verwaiste" Gruppe zu betreuen. Eine Kollegin meint, das dies nicht ginge. Sie habe sich zum Shopping verabredet.

Hierzu sind Sie als Leitung auch berechtigt, wenn in Ihrer Kita der **TVöD gilt oder in den Arbeitsverträgen Ihres Teams ausdrücklich die Leistung von Überstunden vorgesehen** ist. Auch in den AVR der kirchlichen Arbeitgeber gibt es entsprechende Regelungen. Arbeiten Sie bei einem freien Träger, müssen Sie im Arbeitsvertrag der jeweiligen Mitarbeitern nachsehen und prüfen, ob diese grundsätzlich zur Leistung von Überstunden verpflichtet ist.

Hat sich die Mitarbeiterin zur Leistung von Überstunden vertraglich nicht verpflichtet, können Sie dies von ihr auch nicht verlangen, es sei denn, es liegt ein **echter Notfall** vor. Ein Notfall ist anzunehmen, wenn ohne die Überstunden der Mitarbeiterin die Betreuung der Kinder nicht gewährleistet ist.

Arbeiten Sie in einer Kita in freier Trägerschaft, sollten Sie einen Blick in die Arbeitsverträge Ihres Teams werfen. Fehlt eine vertragliche Vereinbarung bzgl. Überstunden, sollten Sie Ihrem Träger vorschlagen, eine entsprechende Überstundenregelung in neue Arbeitsverträge aufzunehmen und für „Altfälle" entsprechende Zusatzvereinbarungen zu treffen.

Besteht in Ihrer Einrichtung eine Verpflichtung zur Leistung von Überstunden, können Sie solche anordnen. Ihr Team muss dieser Anordnung Folge leisten, wenn ihm dies nicht unzumutbar ist.

Private Termine müssen dann schon einmal verschoben werden. Zeitliche Grenzen für die Anordnung von Überstunden zeigt das Arbeitszeitgesetz auf. Sie dürfen die Kolleginnen nicht länger als 10 bzw. 11 Stunden (bei Anwendung des TVöD bzw. AVR) täglich beschäftigen.

Ist absehbar, dass Überstunden notwendig werden, sollten Sie diese möglichst 4 Tage im Voraus ankündigen. Diese Ankündigungsfrist ergibt sich aus dem Rechtsgedanken des § 12 Abs. 2 Teilzeit- und Befristungsgesetz (TzBfG). Diese Vorschrift regelt, dass Sie als Vorgesetzte Arbeit auf Abruf 4 Tage im Voraus ankündigen müssen. Besteht allerdings ein **akuter Personalengpass**, z. B. weil eine Kollegin kurzfristig krank geworden ist, können Sie Überstunden auch am selben Tag anordnen und müssen diese 4-Tage-Frist nicht beachten.

Weigert sich eine Mitarbeiterin, Überstunden zu leisten, stellt dies eine **Arbeitsverweigerung** dar, die eine Abmahnung und im Wiederholungsfall eine verhaltensbedingte Kündigung rechtfertigen kann.

Bevor Sie allerdings zu solchen Maßnahmen greifen, sollten Sie genau prüfen, ob Ihre Anordnung tatsächlich rechtmäßig war. Überlegen Sie, ob
• die Höchstarbeitszeit überschritten wurde.
• sonstige gesetzliche Vorschriften verletzt wurden.
• Sie berechtigte private Interessen der Mitarbeiterin, z. B. einen dringenden Arzttermin, bei Ihrer Überstundenanordnung außer Betracht gelassen haben.

Dann wäre die Anordnung von Überstunden unbillig und die Abmahnung bzw. Kündigung unwirksam.

Abgeltung und Auszahlung von Überstunden
Wer mehr arbeitet, als er vertraglich verpflichtet ist, möchte diese Mehrarbeit natürlich entweder vergütet oder in Freizeit abgegolten haben.

Gilt in Ihrer Einrichtung der TVöD oder sind Sie bei einem kirchlichen Träger angestellt, werden Überstunden grundsätzlich **in Freizeit abgegolten**, vgl. § 43 TVöD.

Wollen Ihre Mitarbeiterinnen Überstunden „abfeiern", müssen sie einen Antrag stellen, aus dem sich ergibt, wann sie freihaben möchten. Sie als Leitung müssen diesem Antrag stattgeben, wenn nicht dringende Belange Ihrer Einrichtung, wie z. B. ein Betreuungsengpass, dem entgegenstehen.

Ihre Mitarbeiterinnen dürfen nicht einfach ohne Ihre Zustimmung freinehmen. Sie bzw. Ihr Träger können auch festlegen, dass Überstunden zu einem **bestimmten Zeitpunkt** im Jahr, z. B. zwischen Weihnachten und Neujahr, **abgefeiert werden**.

Eine Auszahlung erfolgt in diesen Fällen nur, wenn die Abgeltung der Überstunden aus betrieblichen Gründen oder wegen Beendigung des Arbeitsvertrages nicht in Freizeit erfolgen kann. Im Interesse Ihrer Einrichtung – und Ihres Trägers – sollten Sie darauf achten, dass Ihr **Team nicht zu viele Überstunden** ansammelt, sondern diese möglichst zeitnah abbaut.

Gelten in Ihrer Einrichtung weder der TVöD noch die AVR, gilt das, was im Arbeitsvertrag vereinbart wurde. Fehlt eine vertragliche Vereinbarung, ist davon auszugehen, dass Überstunden bezahlt und nicht in Freizeit abgegolten werden.

Überstundenzuschläge gibt es allerdings nur, wenn dies ausdrücklich vereinbart wurde. Sonst gibt es den normalen Stundenlohn.

Wichtiger Hinweis! Die Begriffe „Mehrarbeit" und „Überstunden" werden in Gesetzen und Tarifverträgen nicht einheitlich benutzt. Um es klarzustellen: Mehrarbeit sind Überstunden. Mit Mehrarbeit sind im Kita-Bereich in der Regel die Arbeitsstunden gemeint, die Teilzeitbeschäftigte über ihre vereinbarte Arbeitszeit hinaus bis zur Wochenarbeitszeit von Vollzeitkräften leisten.

Unter Überstunden versteht man in der Regel die Überschreitung der vereinbarten Wochenarbeitszeit bei Vollzeitkräften, soweit diese nicht in der kommenden Woche unmittelbar mit Freizeit ausgeglichen werden können.

Die Leitung im Praxisbeispiel kann darauf bestehen, dass die Kollegin in der Einrichtung bleibt. Geht diese trotzdem zum Einkaufen, ist dies eine Arbeitsverweigerung, die arbeitsrechtliche Konsequenzen nach sich ziehen sollte.

3.8 Diese Vorschriften gelten bei Erkrankungen von Mitarbeiterinnen

Wenn Mitarbeiterinnen krank werden, muss Ihr Träger ihnen – unter bestimmten Voraussetzungen – 6 Wochen lang ihr Gehalt weiterzahlen. Das ergibt sich aus dem **Entgeltfortzahlungsgesetz** (EFZG). Ist die Mitarbeiterin länger als 6 Wochen aufgrund der gleichen Erkrankung krankgeschrieben, bekommt sie Krankengeld von der Krankenkasse ausgezahlt.

Frau Sommer, die Leiterin der „Pinguin-Gruppe" in der Kita „Sonnenschein", ist schon wieder erkrankt. Im vergangenen Jahr fehlte sie insgesamt mehr als 8 Wochen – immer wegen unterschiedlicher Krankheiten. Und meistens nur an einzelnen Tagen. Die Kita-Leiterin wird wütend, als eine Mutter ihr erzählt, dass sie Frau Sommer morgens im Baumarkt getroffen habe, wo sie Tapeten und Farbe kaufte. Schon länger hat die Leiterin Zweifel an der Richtigkeit der ständigen Krankheiten der Mitarbeiterin.

Ist die Mitarbeiterin im Jahr zwar länger als 6 Wochen krank, leidet sie aber an unterschiedlichen Krankheiten, bleibt es bei der Entgeltfortzahlungspflicht Ihres Trägers für jede einzelne Krankheit.

Nach § 5 Abs. 1 EFZG sind Ihre Mitarbeiterinnen verpflichtet, Sie umgehend von ihrer Erkrankung und deren voraussichtlicher Dauer zu informieren.

Diese Mitteilung muss **am 1. Tag der Krankheit**, spätestens zu Beginn der Öffnungszeiten Ihrer Einrichtung erfolgen. Sie bedarf keiner besonderen Form. Ein Anruf, Fax, eine E-Mail oder eine SMS genügen, soweit nicht im Arbeitsvertrag eine besondere Form der Krankmeldung vorgesehen ist.

Kann die Mitarbeiterin sich nicht selbst bei Ihnen melden, genügt es auch, wenn die Krankmeldung durch einen Angehörigen erfolgt.

Wenn im Arbeitsvertrag nichts anderes vereinbart ist, muss die Mitarbeiterin spätestens am 4. Tag ihrer Erkrankung ein ärztliches Attest vorlegen. Aus diesem müssen sich die **Feststellung der Arbeitsunfähigkeit und die voraussichtliche Dauer** der Erkrankung ergeben.

Dies ergibt sich aus § 5 Abs. 1 S. 2 EFZG. Sie können aber hiervon abweichend verlangen, dass Ihre Mitarbeiterinnen bereits am 1. oder 2. Krankheitstag ein Attest vorlegen müssen.

Eine Begründung brauchen Sie hierfür nicht anzugeben (Landesarbeitsgericht Köln, Urteil vom 14.09.2011, Aktenzeichen: 3 Sa 597/11).

Wichtiger Hinweis! Grundsätzlich haben Sie keinen Anspruch darauf, zu wissen, an welcher Krankheit Ihre Kollegin leidet. Etwas anderes gilt aber, wenn sie an einer der in § 34 Infektionsschutzgesetz (IfSG) genannten Krankheiten leidet oder einer solchen verdächtig ist. Eine solche Erkrankung muss Ihnen nach § 34 Abs. 5 IfSG umgehend mitgeteilt werden, damit Sie entsprechende Maßnahmen ergreifen können, um eine Ausbreitung der Infektion zu vermeiden. Weisen Sie auf diese Verpflichtung bei der jährlichen Unterweisung zum IfSG ausdrücklich hin.

3.9 So reagieren Sie auf verspätete Krankmeldungen

Erfolgt die Krankmeldung nicht rechtzeitig, muss Ihr Träger grundsätzlich für den Zeitraum des unentschuldigten Fehlens keinen Lohn zahlen. Etwas anderes gilt allerdings, wenn die Mitarbeiterin nachträglich ein ärztliches Attest für diesen Zeitraum beibringt. Dann muss das Gehalt weitergezahlt werden.

Außerdem ist eine verspätete Krankmeldung ein **Grund für eine Abmahnung**, im Wiederholungsfall auch ein Grund für eine ordentliche Kündigung.

Eine verspätete oder fehlende Krankmeldung sollten Sie daher zeitnah Ihrem **Träger melden und besprechen**, ob und welche arbeitsrechtlichen Konsequenzen er hieraus ziehen möchte.

3.10 Machen Sie „Blaumachern" das Leben schwer

Haben Sie als Leitung berechtigte Zweifel daran, dass eine Mitarbeiterin tatsächlich krank ist, haben Sie folgende **rechtliche Möglichkeiten**, um mit diesem Problem umzugehen:

- Dokumentieren Sie die Fehltage und Krankmeldungen der Mitarbeiterin sorgfältig.
- Teilen Sie der Mitarbeiterin mit, dass Sie Zweifel an der Richtigkeit ihrer Krankmeldung haben, und begründen Sie dies anhand Ihrer Dokumentation.
- Fordern Sie die Mitarbeiterin schriftlich auf, ab sofort an jedem Krankheitstag eine ärztliche Bescheinigung über ihre Erkrankung vorzulegen.
- Stellen Sie der Mitarbeiterin in Aussicht, bei einer weiteren Häufung der Krankheitstage oder bei Zweifeln an der Richtigkeit der Krankmeldung eine Vorstellung beim Medizinischen Dienst der Krankenversicherung (MDK) anzuregen.
- Mahnen Sie verspätete Krankmeldungen oder fehlende Atteste konsequent ab.
- Bitten Sie Ihren Träger, eine Begutachtung durch den MDK zu beantragen.
- Prüfen Sie – gemeinsam mit Ihrem Träger – die Möglichkeit einer krankheitsbedingten oder fristlosen Kündigung, wenn Sie die Mitarbeiterin nachweislich beim Blaumachen erwischen.

Im Praxisbeispiel sollte die Leiterin das „Blaumachen" der Mitarbeiterin nicht einfach hinnehmen, sondern die hier beschriebenen Gegenmaßnahmen ergreifen.

3.11 In Ausnahmefällen: Unter diesen Voraussetzungen ist eine krankheitsbedingte Kündigung möglich

Wenn für Ihre Einrichtung und für das Arbeitsverhältnis der jeweiligen Mitarbeiterin das Kündigungsschutzgesetz gilt, kann der Arbeitsvertrag nicht ohne weiteres gekündigt werden.

Susanne Haller arbeitet seit 2 Jahren in der Kita „Peter Pan". Seit sie in der Kita angefangen hat, meldet sie sich dauernd krank. Immer nur für 2 bis 3 Tage, dennoch war sie in den vergangenen 2 Jahren über 15 Wochen krankgeschrieben. Inzwischen sind das Team und die Leiterin sauer auf die Kollegin. Schließlich müssen sie den ständigen Ausfall von Frau Haller immer wieder mit überraschend anfallenden Überstunden auffangen. Die Leiterin sucht das Gespräch mit dem Träger und bittet darum, Frau Haller wegen der dauernden Erkrankungen zu kündigen.

Es muss vielmehr ein **Grund für die Kündigung** vorliegen. Eine solche Kündigung kann grundsätzlich auch mit häufigen Erkrankungen begründet werden. Dann handelt es sich um eine so genannte **krankheitsbedingte Kündigung**.

Eine Kündigung wegen häufiger Kurzerkrankungen ist arbeitsrechtlich **schwierig**. Es müssen in jedem Fall die folgenden Voraussetzungen erfüllt sein.

1. Voraussetzung: Negative Gesundheitsprognose

Eine negative Gesundheitsprognose besteht, wenn zu erwarten ist, dass die Mitarbeiterin auch in Zukunft wieder häufig krank sein wird. Da Sie nicht in die Zukunft sehen können, genügt es, wenn Sie belegen können, dass die Mitarbeiterin in einem Zeitraum von 2 Jahren **mehr als 6 Wochen pro Jahr krank** war. Möchte die Mitarbeiterin diese negative Prognose widerlegen, kann sie sich gegen die Kündigung gerichtlich wehren und in einem Kündigungsschutzprozess ihre behandelnden Ärzte als Zeugen benennen. Wenn diese bestätigen, dass zukünftig nicht mehr mit häufigen Erkrankungen zu rechnen ist, ist die Kündigung unwirksam.

2. Voraussetzung: Trägerinteressen müssen durch die Erkrankungen beeinträchtigt sein
Durch die Fehlzeiten müssen betriebliche oder wirtschaftliche Interessen Ihres Trägers beeinträchtigt sein. Erkrankt eine Mitarbeiterin immer nur für eine kurze Zeit, ist dies für Ihren Träger eine finanzielle Belastung, da er **bis zu 6 Wochen Krankheit das Gehalt weiterzahlen muss**. Eine krankheitsbedingte Kündigung ist dann gerechtfertigt, wenn die Mitarbeiterin in 2 Jahren jeweils mindestens 6 Wochen pro Jahr wegen unterschiedlicher Krankheiten gefehlt hat. Die Tatsache, dass immer unterschiedliche Krankheiten bestanden, lässt sich dadurch nachweisen, dass das Gehalt der Mitarbeiterin vom Träger weitergezahlt wurde. Wäre sie wegen einer Krankheit ausgefallen, hätte sie nach 6 Wochen Krankengeld von der Krankenkasse bezogen.

Außerdem können Sie als Leiterin Ihren Träger in seiner Begründung der Kündigung dadurch unterstützen, dass Sie erläutern, inwieweit das häufige Fehlen der Kollegin die **Betriebsabläufe in Ihrer Kita beeinträchtigt**, z. B. durch häufige Überstunden oder mangelnde Betreuung der Kinder.

3. Voraussetzung: Interessenabwägung im Einzelfall ist notwendig
Darüber hinaus muss eine Abwägung zwischen den Interessen Ihres Trägers und den Interessen der Mitarbeiterin stattfinden. Dies ist letztlich immer eine Entscheidung im Einzelfall.

Arbeitet z. B. eine Mitarbeiterin seit über 20 Jahren in Ihrer Einrichtung und ist es erst seit 1 Jahr zu gehäuften Erkrankungen gekommen, so ist hier mehr soziale Rücksichtnahme angebracht, als wenn die Mitarbeiterin erst seit kurzem in Ihrer Kita arbeiten würde.

3.12 Arzttermine während der Arbeitszeit sind prinzipiell zulässig

Grundsätzlich ist es so, dass Ihre Mitarbeiterinnen ihre Arzttermine außerhalb der Arbeitszeiten legen müssen.

Bei Lisa Schneider besteht der Verdacht, dass sie unter Diabetes leidet. Daher hat der Arzt sie morgens um 8.00 Uhr zu einer Nüchtern-Blutentnahme bestellt. Sie teilt ihrer Chefin in der Kita „Regenbogen" mit, dass sie am Mittwoch deshalb ca. ½ Stunde später zur Arbeit kommen wird. Die Leiterin meint, das ginge so nicht. Wolle sie während der Arbeitszeit zum Arzt gehen, müsse sie Urlaub nehmen oder Überstunden abbauen.

Dies gilt insbesondere für Kolleginnen, die bei Ihnen in Teilzeit beschäftigt sind. Ausnahmen hiervon gibt es dann, wenn
• es sich um eine akute Erkrankung handelt, die einer sofortigen ärztlichen Behandlung bedarf.
• eine Untersuchung nur zu einer bestimmten Tageszeit möglich ist.
• kein anderer Termin verfügbar ist.

Zum **Nachweis des Arztbesuchs** können Sie die Vorlage einer Bescheinigung des Arztes verlangen. Liegt Ihnen ein entsprechender Nachweis vor, sind Sie bzw. Ihr Träger verpflichtet, der Mitarbeiterin die Stunden, die sie wegen des Arztbesuchs nicht gearbeitet hat, trotzdem zu bezahlen.

Dies ergibt sich aus **§ 616 Bürgerliches Gesetzbuch** (BGB). Denn bei einem solchen unaufschiebbaren Arztbesuch während der Arbeitszeit handelt es sich um eine kurzfristige Arbeitsverhinderung, die sich nach dem Willen des Gesetzgebers nicht nachteilig auf die Bezahlung auswirken darf.

Achtung! Die Mitarbeiterin ist weder verpflichtet, für den Arztbesuch während der Arbeitszeit Urlaub zu nehmen, noch dürfen Sie ihr für diesen Zeitraum geleistete Überstunden abziehen.

Insofern ist die Leiterin im Praxisbeispiel im Unrecht.

3.13 Arbeiten trotz Krankheit? Das sollten Sie als Vorgesetzte beachten

Eine gesetzliche Regelung, die vorschreibt, dass krankgeschriebene Mitarbeiterinnen nicht zur Arbeit kommen dürfen, gibt es nicht.

 Die stellvertretende Leiterin der Kita „Krümelmonster" hatte eine böse Erkältung und war für insgesamt 2 Wochen krankgeschrieben. Am Mittwoch der 2. Woche geht es ihr aber wieder gut, und sie geht zur Arbeit. Die Leiterin ist unsicher, ob das zulässig ist.

Als Vorgesetzte sollten Sie im Rahmen Ihrer Fürsorgepflicht für Ihre Mitarbeiterinnen **vorsichtshalber auf jeden Fall auf einer „Gesundschreibung"** durch den behandelnden Arzt bestehen.

Denn nach der Rechtsprechung des Landesarbeitsgerichts Hamm sind Sie als Vorgesetzte dafür verantwortlich, dass Sie Mitarbeiterinnen, von denen Sie annehmen müssen, dass diese krank sind, von der Arbeit abhalten und nach Hause schicken. Hierfür ist eine fortbestehende Krankmeldung ein Indiz (Urteil vom 10.11.1988, Aktenzeichen: 17 Sa 605/08).

Gut zu wissen! Der **Versicherungsschutz** über die Berufsgenossenschaft ist bei einer Arbeitsaufnahme trotz Krankschreibung allerdings **nicht gefährdet.** Dieser besteht unabhängig davon, ob die Mitarbeiterin gesundgeschrieben wurde oder nicht.

Zur Sicherheit sollte die Leiterin im Praxisbeispiel auf einer Gesundschreibung durch den Arzt bestehen.

3.14 Diese Vorgaben gelten hinsichtlich Fortbildungen

Die Kindertagesstättengesetze der Länder, z. B. § 5 Abs. 5 KiTaG Niedersachsen, der TVöD und z. B. § 10a AVR Caritas sehen vor, dass sich Ihre Mitarbeiterinnen **regelmäßig fortzubilden** haben.

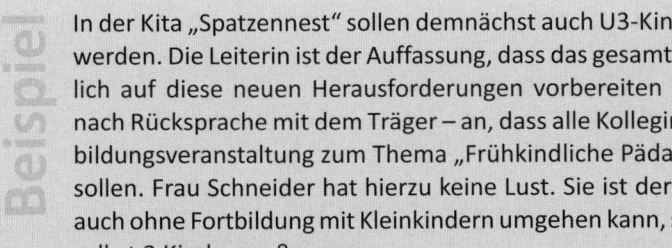

In der Kita „Spatzennest" sollen demnächst auch U3-Kinder aufgenommen werden. Die Leiterin ist der Auffassung, dass das gesamte Team sich gründlich auf diese neuen Herausforderungen vorbereiten soll, und ordnet – nach Rücksprache mit dem Träger – an, dass alle Kolleginnen an einer Fortbildungsveranstaltung zum Thema „Frühkindliche Pädagogik" teilnehmen sollen. Frau Schneider hat hierzu keine Lust. Sie ist der Meinung, dass sie auch ohne Fortbildung mit Kleinkindern umgehen kann, schließlich habe sie selbst 3 Kinder großgezogen.

Auf regelmäßige Fortbildungen haben die Kolleginnen einen Anspruch, sind aber auch verpflichtet, an Fortbildungen, die von Ihnen bzw. von Ihrem Träger angeordnet werden, teilzunehmen.

Fortbildungspflicht
Aus den oben genannten Vorschriften ergibt sich, dass Ihre Kolleginnen verpflichtet sind, sich regelmäßig fortzubilden. Das heißt, dass Sie die **Teilnahme an einer Fortbildung dienstlich anordnen** können. Weigert sich eine Mitarbeiterin, an der Veran-

staltung teilzunehmen, handelt es sich um eine Arbeitsverweigerung, der Sie im Extremfall mit einer – fristlosen – Kündigung begegnen können.

Fortbildungsanspruch

Gleichzeitig haben Ihre Mitarbeiterinnen einen Anspruch darauf, sich **fachlich fortbilden zu dürfen**. Sie müssen daher, wenn es sich bei der von den Kolleginnen ausgesuchten Veranstaltung um eine Fortbildung mit Bezug zur Arbeit in der Kita handelt, unter Fortzahlung des Gehalts von der Arbeit freigestellt werden. In der Regel stehen Erzieherinnen **mindestens 3 Fortbildungstage** im Jahr zu. Dieser Anspruch besteht unabhängig davon, ob die Mitarbeiterin die Fortbildung selbst bezahlt oder Ihr Träger die Kosten dafür übernimmt.

Fortbildungskosten

Ordnen Sie – nach Rücksprache mit Ihrem Träger – die Teilnahme an einer Fortbildung an, muss Ihr Träger die Kosten der Fortbildung sowie die Reise- und Verpflegungskosten tragen. Der Träger zahlt in der Regel eine Weiterbildung nur dann, wenn sie für die Arbeit in der Kita sinnvoll und hilfreich und im Rahmen des **jährlichen Fortbildungsbudgets** finanzierbar ist.

Fahr- und Arbeitszeit

Grundsätzlich gelten die Zeit der Fortbildung und die normalerweise notwendige Fahrzeit als Arbeitszeit. Diese ist der Mitarbeiterin auch zu bezahlen. Fahrzeiten werden nur im gewöhnlichen Umfang vergütet. Braucht die Mitarbeiterin von ihrem Wohnort zur Fortbildungsstätte normalerweise 1 Stunde und wird sie durch einen Stau aufgehalten, wird nur die „gewöhnliche" Fahrzeit auf die Arbeitszeit angerechnet.

Wenn eine Mitarbeiterin, die immer von 8.00 bis 12.00 Uhr arbeitet, an einer Fortbildung teilnimmt, die bis 16.30 Uhr dauert, kann sich die Mitarbeiterin für diese Zeit Überstunden aufschreiben. Voraussetzung ist, dass der Träger die Teilnahme an der Fortbildung angeordnet hat. Ansonsten muss er nur für die „normale" Arbeitszeit das Gehalt weiterzahlen.

Fortbildungsplan

Um eine strukturierte Personalentwicklung zu gewährleisten, ist es sinnvoll, gemeinsam mit den Mitarbeiterinnen einen **Fortbildungsplan aufzustellen**. In diesem Plan können Sie sowohl die Vorgaben Ihres Trägers als auch die Vorstellungen und Wünsche Ihrer Kolleginnen berücksichtigen.

Muster: Fortbildungsplan 2012/2013

	Ersthelfer-Ausbildung	Frühkindliche Bildungspädagogik	Wald-pädagogik	Gestalten mit Ton	Sprach-förderung
Frau Schneider	X	X	X		2009
Frau Hagen	Noch gültig	X		X	X
Frau Sommerfeld	X	X	X		X
Frau Heinken	Auffrischung	X		X	2010
Frau Peters	X	X			X

Fortbildungen, die vom Träger finanziert werden, sind bei den Mitarbeiterinnen äußerst beliebt. Häufig kommt es vor, dass Kolleginnen versuchen, an Ihnen vorbei beim Träger die Bezahlung einer bestimmten Fort- oder Weiterbildungsmaßnahme zu erreichen. Träger durchschauen solche „Manöver" oft nicht und stimmen frohen Herzens einer solchen – außerplanmäßigen – Förderung zu. Die Folge: Sie haben den **Ärger mit dem Gesamtteam.**

Wichtig ist, dass Sie in Fragen der Fortbildung klar mit Ihrem Träger kommunizieren und die Kompetenzen klären. Sie als Leitung kennen am besten den Fortbildungsbedarf Ihrer Mitarbeiterinnen, der sich in erster Linie an den Bedürfnissen in Ihrer Einrichtung orientieren sollte. Sinnvoll ist es daher, wenn Sie vom Träger jährlich ein bestimmtes Fortbildungsbudget bekommen, das Sie dann selbstständig verwalten und bei dem Sie eigenständig entscheiden können, wer an welcher Veranstaltung teilnimmt.

Im Praxisbeispiel besteht für die Mitarbeiterin Fortbildungspflicht. Weigert sie sich, an der Veranstaltung teilzunehmen, handelt es sich um eine Arbeitsverweigerung.

3.15 Rechtliche Aspekte von Mitarbeitergesprächen

Inzwischen werden in den meisten Kitas mindestens 1-mal im Jahr Mitarbeitergespräche geführt. Eine Verpflichtung hierzu ergibt sich z. B. aus **§ 5 Abs. 4 TVöD** für kommunale Kitas. Für Kitas in evangelischer und katholischer Trägerschaft gibt es vergleichbare Regelungen in den jeweiligen AVR.

In der Kita „Gänseblümchen" hat die Leiterin Frau Müller zu einem Mitarbeitergespräch eingeladen. Da es in den vergangenen Wochen zu erheblichen Spannungen mit der Leitung gekommen ist, bittet Frau Müller ihren Mann, sie bei dem Gespräch zu begleiten. Die Leiterin lehnt das Gespräch unter diesen Voraussetzungen ab.

Arbeiten Sie bei einem freien Träger, ergibt sich die Verpflichtung, solche Gespräche durchzuführen und an ihnen teilzunehmen, manchmal ausdrücklich **aus dem Arbeitsvertrag**. Findet sich eine solche Regelung nicht im Vertrag, kann sie aus dem **Direktionsrecht Ihres Trägers abgeleitet** werden.

Ziel ist Kommunikation und Feedback

Zunächst einmal ist ein **Mitarbeitergespräch nichts Negatives**. Es ist eine **Chance**, einmal in Ruhe und allein mit Ihren Mitarbeiterinnen ins Gespräch zu kommen. Es bietet die Gelegenheit, über die Arbeit im vergangenen Jahr zu reflektieren und Probleme, Wünsche und Ziele zu besprechen. Es ist die Gelegenheit zur Standortbestimmung und Bilanzierung, und zwar für beide Seiten. Das sollten Sie als Chefin auch Ihrem Team vermitteln und ihm so ein wenig die Angst vor solchen Gesprächen nehmen.

Nutzen Sie ein solches Gespräch als Gelegenheit, Wünsche Ihrer Mitarbeiterinnen im Hinblick auf Fortbildungen, berufliche Perspektiven und Entwicklungen herauszufinden. Auch können Sie hier **Schwierigkeiten** besprechen.

Mitarbeitergespräche finden grundsätzlich unter 4 Augen statt

An einem „normalen" Mitarbeitergespräch nehmen im Regelfall nur Sie und Ihre Mitarbeiterin teil. Es handelt sich im Grundsatz um ein **streng personenbezogenes Gespräch**, wo kein Dritter etwas zu suchen hat. Schließlich kommen ja auch einrichtungsinterne Dinge auf den Tisch, die Außenstehende nichts angehen.

Das gilt auch, wenn Ihre Mitarbeiterin Angst hat, dass das Gespräch nicht ohne Streit ablaufen wird. Selbst dann hat sie keinen Anspruch darauf, eine Kita-fremde Person ihres Vertrauens hinzuzuziehen. Sie muss also auf die **moralische Unterstützung** ihres Mannes oder einer guten Freundin **verzichten**.

Grundsätzlich müssen auch **Anwälte draußen bleiben**. Dies hat zumindest das Landesarbeitsgericht Hamm in seinem Urteil vom 23.05.2001, Aktenzeichen: 14 Sa 497/01, entschieden.

Wenn es in Ihrer Kita einen **Personalrat oder eine Mitarbeitervertretung** gibt, **dürfen** diese Mitarbeiterinnen an diesem Gespräch **teilnehmen**. Sie sind zu absolutem Stillschweigen über die besprochenen Inhalte verpflichtet.

Auch Sie als Leitung haben jederzeit die Möglichkeit, Ihren Träger zu einem Mitarbeitergespräch hinzuzuziehen. Dies wird bei den jährlich stattfindenden „Routinegesprächen" nicht notwendig sein. Sinnvoll ist dies aber dann, wenn es um „anlassbezogene" Mitarbeitergespräche geht, in denen z. B. schwere Verstöße gegen die arbeitsvertraglichen Pflichten thematisiert werden sollen.

Termin vereinbaren und Zeit einplanen
Ein Mitarbeitergespräch sollte ernst genommen und nicht zwischen Tür und Angel geführt werden. Wichtig ist, dass Sie das Gespräch 1–2 Wochen vorher ankündigen, sonst hat die Mitarbeiterin keine Chance, sich vorzubereiten.

Mit einer **guten Vorbereitung** können beide Seiten positive Impulse aus einem solchen Gespräch ziehen und somit auch die Qualität der Zusammenarbeit verbessern. Auch bietet ein solches Mitarbeitergespräch die Möglichkeit, Konflikte und Spannungen im Team oder mit der Leitung aufzuzeigen und im Idealfall aus der Welt zu schaffen. Gelingt dies nicht, können beide Seiten hieran aber arbeiten.

Kein Gespräch ohne Vorbereitung
Wollen Sie diese Kommunikationschance sinnvoll für sich nutzen, sollten Sie sich auf dieses Gespräch gut vorbereiten und auch Ihren Mitarbeiterinnen die Chance dazu geben.

Nehmen Sie hierzu den **folgenden Fragebogen** zur Hand, und geben Sie diesen auch an die Mitarbeiterin weiter. Auf dieser Grundlage können Sie Bilanz ziehen und Pläne für die Zukunft machen.

Fragebogen: Einschätzung zur Vorbereitung eines Mitarbeitergesprächs (Leitung)

- Wie ist die Situation der Mitarbeiterin in der Einrichtung, und welche berufliche Perspektive gibt es?

- Was sind die besonderen Anforderungen und Herausforderungen, auf die es bei der Arbeit der Mitarbeiterin ankommt?

- Wie kommt die Mitarbeiterin mit ihrer Arbeit zurecht? War ich mit ihren Leistungen im vergangenen Jahr zufrieden?

- Was macht der Mitarbeiterin besonders viel Spaß? Was eher nicht?

- Könnten die Fähigkeiten der Mitarbeiterin in einem anderen Arbeitsbereich besser eingesetzt werden? Möchte sie sich beruflich – innerhalb der Einrichtung – verändern?

- Funktioniert die Kommunikation im Team und mit der Leitung?

- Klappt die Teamarbeit? Gibt es funktionierende und gerechte Vertretungsregelungen?

- Wird die Mitarbeiterin im Vergleich zu anderen Mitarbeiterinnen von mir gerecht behandelt?

- Gibt es Konflikte und Spannungen im Team?

- Wie funktionieren die Zusammenarbeit mit den Eltern und die Arbeit mit den Kindern?

- Wünscht die Mitarbeiterin sich mehr Unterstützung durch mich? In welchen konkreten Situationen?

- Wo sehe ich Fortbildungsbedarf? Welche Fortbildung würde die Mitarbeiterin gern machen?

- Welche beruflichen Entwicklungschancen sehe ich für die Mitarbeiterin in der Einrichtung?

- Funktioniert der Informationsfluss zwischen Leitung und Mitarbeiterin?

- Möchte die Mitarbeiterin mehr in Entscheidungen einbezogen werden, die ihre Gruppe / Arbeit betreffen?

- Möchte die Mitarbeiterin mehr pädagogischen Gestaltungsspielraum?

- Wie schätze ich die Leistungen der Mitarbeiterin insgesamt ein?

- Welche Ziele und Ideen gibt es für das kommende Jahr?

Fragebogen: Selbsteinschätzung zur Vorbereitung eines Mitarbeitergesprächs (Mitarbeiterin)

- Wie ist meine Situation in der Einrichtung, und wie stelle ich mir meine berufliche Zukunft vor?
- Was sind die besonderen Anforderungen und Herausforderungen, auf die es bei meiner Arbeit ankommt?
- Wie komme ich mit meiner Arbeit zurecht? War ich mit meinen Leistungen im vergangenen Jahr zufrieden?
- Was macht mir besonders viel Spaß? Was eher nicht?
- Könnten meine Fähigkeiten in einem anderen Arbeitsbereich besser eingesetzt werden? Möchte ich mich beruflich – innerhalb der Einrichtung – verändern?
- Funktioniert die Kommunikation im Team und mit der Leitung?
- Klappt die Teamarbeit? Gibt es funktionierende und gerechte Vertretungsregelungen?
- Fühle ich mich von der Leitung im Vergleich zu anderen Mitarbeiterinnen gerecht behandelt?
- Gibt es Konflikte und Spannungen im Team?
- Vermisse ich das Eingreifen der Leitung in Konfliktsituationen?
- Wie funktionieren die Zusammenarbeit mit den Eltern und die Arbeit mit den Kindern?
- Wünsche ich mir mehr Unterstützung durch die Leitung? In welchen konkreten Situationen?
- Wo sehe ich bei mir Fortbildungsbedarf? Welche Fortbildung würde ich gerne machen?
- Welche beruflichen Entwicklungschancen sehe ich für mich in der Einrichtung? Wo sehe ich mich in 3 / 5 / 10 Jahren?
- Funktioniert der Informationsfluss zwischen Leitung und mir?
- Möchte ich mehr in Entscheidungen einbezogen werden, die meine Gruppe / Arbeit betreffen?
- Möchte ich mehr pädagogischen Gestaltungsspielraum?
- Wünsche ich mir mehr Offenheit im Umgang mit der Leitung?
- Wie schätzt meine Chefin meine Leistungen wohl ein?
- Welche Ziele und Ideen habe ich für das kommende Jahr?

Protokoll bleibt vertraulich

In aller Regel wird bei einem Mitarbeitergespräch ein **Protokoll** angefertigt, das von allen Anwesenden unterschrieben wird.

Das Protokoll eines Mitarbeitergesprächs ist streng vertraulich. Der Inhalt bleibt zwischen den beteiligten Personen. Insbesondere wird das Protokoll **nicht zur Personalakte** genommen.

Als Leitung geben Sie lediglich an Ihren Träger weiter, wann das Gespräch stattgefunden hat, **welchen Fortbildungsbedarf / -wünsche** Sie besprochen und **welche Ziele** Sie für das kommende Jahr vereinbart haben. Das Protokoll bildet die Gesprächsgrundlage für das nächste Mitarbeitergespräch und sollte von Ihnen daher, getrennt von der Personalakte, sicher vor dem Zugriff Unbefugter aufbewahrt werden.

Im Praxisbeispiel ist die Leiterin im Recht. Die Anwesenheit des Ehemannes der Mitarbeiterin muss sie bei einem solchen Gespräch nicht dulden.

4. Reagieren Sie auf Fehlverhalten im Team arbeitsrechtlich einwandfrei

Als Leitung sind Sie dafür verantwortlich, dass die Abläufe in Ihrer Kita möglichst reibungslos funktionieren. Hierzu gehört auch, dass Sie darauf achten, dass Ihre Mitarbeiterinnen ihren Pflichten aus dem Arbeitsvertrag ordentlich nachkommen und sich an Dienstanweisungen halten.

Verstoßen Mitarbeiterinnen gegen diese „Spielregeln", können Sie – und Ihr Träger – dies **nicht einfach so hinnehmen**. Denn zum einen leisten Ihre Mitarbeiterinnen in solchen Fällen nicht das, wofür sie letztlich bezahlt werden. Zum anderen schadet ein solches vertragswidriges Verhalten letztlich der **Qualität der pädagogischen Arbeit** in Ihrer Einrichtung, gefährdet unter Umständen die Sicherheit der Ihnen anvertrauten Kinder und belastet das gesamte Team.

Insofern sollten Sie – in Abstimmung mit Ihrem Träger – auf Fehlverhalten von Mitarbeiterinnen angemessen mit arbeitsrechtlichen Konsequenzen reagieren.

Hierbei ist es von entscheidender Bedeutung, dass Sie Maß halten und nur solche Sanktionen ergreifen, die in einem angemessenen Verhältnis zum Fehlverhalten der Mitarbeiterinnen stehen.

4.1 Rolle der Kita-Leitung – Klären Sie Ihre Kompetenzen gegenüber Team und Träger

In den meisten Einrichtungen sind die Kita-Leitungen nicht befugt, arbeitsrechtliche Sanktionen – mal abgesehen von Ermahnungen – auszusprechen. Das Recht zur **Abmahnung und Kündigung behält sich der Träger in der Regel vor**.

Hiergegen ist im Prinzip nichts einzuwenden, und Sie als Leitung sollten sich hieran halten. Denn wenn Sie eine Abmahnung oder Kündigung aussprechen, obwohl Sie hierzu nicht berechtigt sind, ist diese – auch wenn sie in der Sache noch so berechtigt war – formell unwirksam und damit wirkungslos.

Allerdings sollte Ihr **Träger** auf Ihre Bitte, in einem bestimmten Fall eine arbeitsrechtliche Sanktion auszusprechen, **zeitnah reagieren**.

Passiert hier nichts, gibt der Träger als Arbeitgeber **2 – falsche – Signale**:

Zum einen bringt er durch Untätigkeit nach einem Verstoß gegen die arbeitsvertraglichen Pflichten zum Ausdruck, dass er dieses Verhalten toleriert.

Zum anderen stellt er Ihre **Autorität als Kita-Leitung in Frage**, denn Sie werden in der Regel ja bereits, zumindest verbal, auf das Verhalten der Mitarbeiterin reagiert und eine Sanktion „angedroht" haben.

www.pulido.de

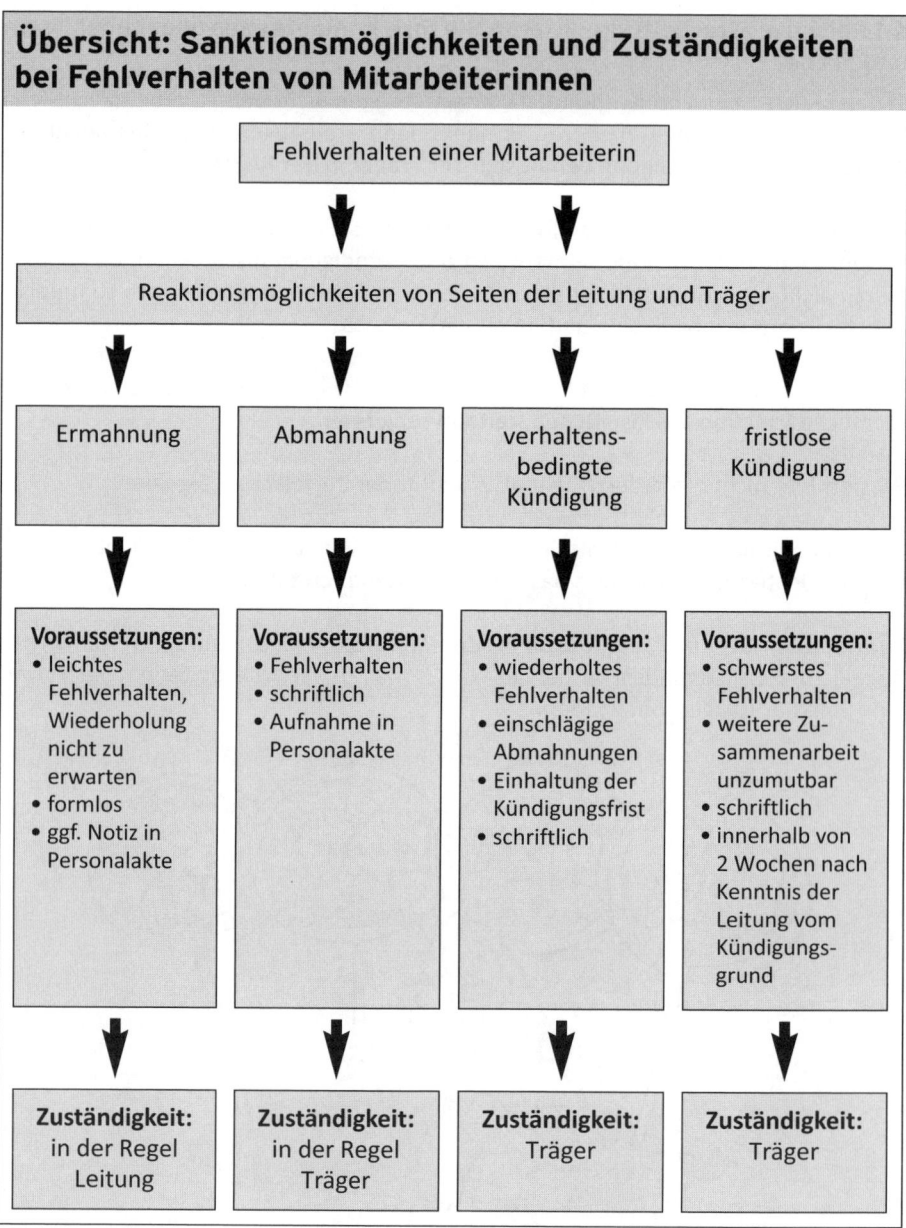

Übersicht: Sanktionsmöglichkeiten und Zuständigkeiten bei Fehlverhalten von Mitarbeiterinnen

Fehlverhalten einer Mitarbeiterin

Reaktionsmöglichkeiten von Seiten der Leitung und Träger

Ermahnung	Abmahnung	verhaltens-bedingte Kündigung	fristlose Kündigung
Voraussetzungen: • leichtes Fehlverhalten, Wiederholung nicht zu erwarten • formlos • ggf. Notiz in Personalakte	**Voraussetzungen:** • Fehlverhalten • schriftlich • Aufnahme in Personalakte	**Voraussetzungen:** • wiederholtes Fehlverhalten • einschlägige Abmahnungen • Einhaltung der Kündigungsfrist • schriftlich	**Voraussetzungen:** • schwerstes Fehlverhalten • weitere Zusammenarbeit unzumutbar • schriftlich • innerhalb von 2 Wochen nach Kenntnis der Leitung vom Kündigungsgrund
Zuständigkeit: in der Regel Leitung	**Zuständigkeit:** in der Regel Träger	**Zuständigkeit:** Träger	**Zuständigkeit:** Träger

4.2 Ermahnungen

Die Ermahnung ist die **leichteste arbeitsrechtliche Sanktion**, mit der Sie auf ein Fehlverhalten Ihrer Mitarbeiterin reagieren können. Geeignet ist diese in Situationen, in denen ein leichtes Fehlverhalten vorliegt und zu erwarten ist, dass die Mitarbeiterin sich zukünftig korrekt verhalten wird.

Lisa Schneider hat vor 4 Wochen nach Ende ihrer Elternzeit wieder angefangen zu arbeiten. Der Leitung ist aufgefallen, dass sie in 1 Woche das 3. Mal verspätet zum Frühdienst erschienen ist. Sie überlegt, wie sie mit diesem Verhalten umgehen soll.

Eine Ermahnung kann **mündlich ausgesprochen** werden. Sinnvoll ist es aber, eine **Gesprächsnotiz** zu fertigen und diese – mit Kenntnis der Mitarbeiterin – in die Personalakte zu nehmen. Ändert die Mitarbeiterin ihr Verhalten nicht, sollte über eine Abmahnung nachgedacht werden.

Sie sollten mit Ihrem Träger abklären, ob Sie berechtigt sind, solche „leichten" arbeitsrechtlichen Sanktionen zu ergreifen. Dies ist in der Regel sinnvoll, da Sie so auf unangemessenes Verhalten im Team schnell und flexibel reagieren können, ohne Ihren Träger einzuschalten. Sie sollten dies daher ansprechen und Ihre Kompetenzen eindeutig klären.

Fazit: Im erwähnten Praxisbeispiel ist sicherlich eine förmliche Ermahnung als „Warnschuss" fällig.

4.3 Abmahnungen

Wo gearbeitet wird, passieren auch Fehler. Das ist ganz normal und passiert jedem von uns. Verstoßen Mitarbeiterinnen aber bewusst gegen Dienstanweisungen oder andere arbeitsvertragliche Pflichten, stellt sich die Frage, ob Sie bzw. Ihr Träger dies einfach so hinnehmen oder **arbeitsrechtliche Sanktionen** erwägen.

In der Kita „Sonnenschein" ist es zu einem Zwischenfall gekommen. Eine Erzieherin hat die Nerven verloren und einem 2-jährigen Kind 2-mal fest auf die Hand geschlagen. Hintergrund war, dass der Kleine ständig an die Ton-Kunstwerke anderer Kinder ging und auch nach Ermahnungen nicht damit aufhörte. Die Mitarbeiterin arbeitet seit 15 Jahren ohne Beanstandungen in der Einrichtung und ist bei Kolleginnen, Eltern und Kindern gleichermaßen beliebt.

Wenn das Verhalten der Mitarbeiterin mit einer Ermahnung nicht aus der Welt zu schaffen ist, sollten Sie über eine Abmahnung nachdenken.

Achtung! Sie können nur solches Verhalten wirksam abmahnen, zu dem die Mitarbeiterin **verpflichtet und auch in der Lage** war. Ist die Mitarbeiterin z. B. aufgrund einer Krankheit nicht in der Lage, bestimmte Aufgaben auszuführen, können Sie ihr dies nicht zum Vorwurf machen.

Auf Verstöße von Mitarbeiterinnen gegen ihre arbeitsvertraglichen Pflichten kann die Abmahnung ein geeignetes Sanktionsmittel sein.

Beispiele von Verhaltensweisen, die eine Abmahnung rechtfertigen
• Erzieherin kommt wiederholt unpünktlich zum Dienst
• Mitarbeiterin fehlt im Anschluss an ihren Urlaub unentschuldigt
• Mitarbeiterin meldet sich erst am 2. Krankheitstag krank
• Erzieherin weigert sich, eine ihr übertragene Aufgabe auszuüben
• Erzieherin führt die ihr übertragenen Aufgaben nachlässig aus
• Erzieherin raucht in der Einrichtung
• Mitarbeiterin erscheint alkoholisiert zur Arbeit
• Erzieherin verletzt ihre Aufsichtspflicht
• Mitarbeiterin beleidigt oder verleumdet Kollegin
• Erzieherin spricht in der Öffentlichkeit – nachweislich – schlecht über die Kita
• Erzieherin mobbt Arbeitskollegin

• Erzieherin schlägt Kind (im Einzelfall auch Kündigungsgrund)
• Mitarbeiterin verstößt gegen datenschutzrechtliche Vorgaben

Eine Abmahnung ist eine **ernsthafte arbeitsrechtliche Sanktion**, die Sie nicht leichtfertig oder inflationär einsetzen sollten. Eine Abmahnung ist **kein Mittel zur Mitarbeiterführung** und sollte nur in begründeten **Ausnahmefällen** zum Einsatz kommen.

Eine Abmahnung hat die folgenden Funktionen:
Hinweis an die Mitarbeiterin,
• dass ihr Verhalten nicht akzeptabel ist (Hinweisfunktion)
• welches Verhalten von ihr erwartet wird (Erinnerungsfunktion)
• dass im Wiederholungsfall der Bestand des Arbeitsverhältnisses gefährdet ist (Warnfunktion).

Die Abmahnung sollte **immer schriftlich** erfolgen. Händigen Sie der Mitarbeiterin das Schriftstück unter Zeugen, z. B. in Anwesenheit Ihrer Stellvertreterin, aus und lassen Sie sich den Erhalt auf Ihrer Kopie bestätigen.

Verweigert sie die Annahme oder die Unterschrift, kann dann Ihre Zeugin bestätigen, dass der Mitarbeiterin die Abmahnung übergeben wurde. Das genügt, um den Erhalt zu dokumentieren.

Beachten Sie die folgenden Formvorschriften:
Damit eine Abmahnung die gewünschte Wirkung entfaltet, muss sie den formellen Anforderungen genügen. Daher sollte sie unbedingt die folgenden Bestandteile enthalten:
• Schriftform
• Konkrete Schilderung des abgemahnten Fehlverhaltens
• Datum und Uhrzeit des abgemahnten Fehlverhaltens
• Aufforderung, das beanstandete Verhalten künftig zu unterlassen
• Kündigungsandrohung für den Wiederholungsfall

Muster: Abmahnung

Sehr geehrte Frau Becker,

am 01.04.2012 um 9.30 Uhr haben Sie Jonas Hansen mit der flachen Hand 2-mal mit erheblicher Krafteinwirkung auf die rechte Hand geschlagen. Wegen dieses Verhaltens mahnen wir Sie hiermit ab. Sie haben durch den körperlichen Übergriff auf ein Ihnen anvertrautes Kind in erheblichem Umfang gegen Ihre Fürsorgepflicht und gegen Ihre arbeitsvertraglichen Pflichten verstoßen.

Ihr Vorbringen, Sie seien mit der Gesamtsituation überfordert gewesen und Jonas habe trotz zahlreicher Ermahnungen einfach nicht auf Sie gehört, kann Ihr Verhalten in keinster Weise entschuldigen. Körperliche Übergriffe gegenüber Kindern sind in unserer Einrichtung unter allen Umständen unerwünscht. Dies ist Ihnen auch bekannt.

Sollte es in Zukunft erneut zu körperlichen Übergriffen gegenüber Kindern kommen, müssen Sie mit weitgehenden arbeitsrechtlichen Konsequenzen bis hin zur fristlosen bzw. verhaltensbedingten Kündigung rechnen.

Mit freundlichen Grüßen

Johannes Hartmann
Unterschrift Träger

Die Abmahnung wurde der Mitarbeiterin am 03.04.2012 um 13.30 Uhr übergeben.

Hannah Arends
Unterschrift stellv. Leitung

Achtung! Haben Sie ein bestimmtes Verhalten abgemahnt, können Sie wegen der **gleichen Angelegenheit nicht mehr kündigen.** Sie müssen daher in extremen Fällen genau abwägen, ob eine Abmahnung oder doch eine (fristlose) Kündigung angezeigt ist. Die Rechtsprechung tendiert derzeit dazu, das Verhalten der Mitarbeiterin vor dem Vorfall in diesem Zusammenhang besonders zu werten. War dieses über lange Jahre ohne Beanstandung und ist das „Vergehen" objektiv betrachtet nicht dramatisch, sollten Sie es lieber bei einer Abmahnung belassen (Fall Emmely, BAG, Urteil vom 10.07.2010, Aktenzeichen: 2 AZR 514/09).

Wenn Sie also der Ansicht sind, dass eine Abmahnung notwendig ist, sollten Sie entsprechend der folgenden Übersicht vorgehen.

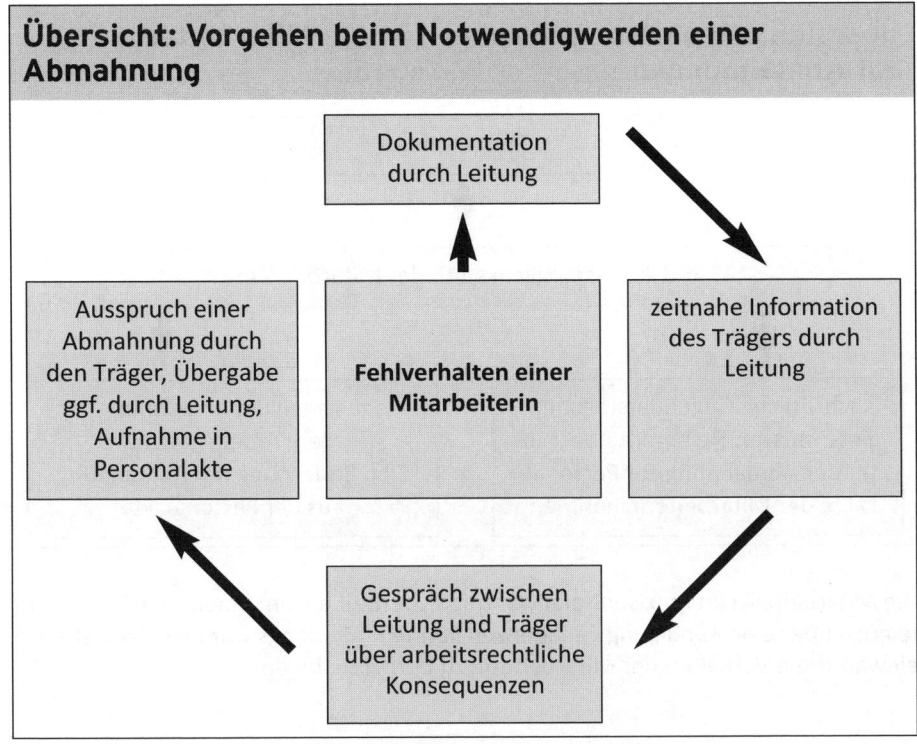

Übersicht: Vorgehen beim Notwendigwerden einer Abmahnung

- Dokumentation durch Leitung
- Ausspruch einer Abmahnung durch den Träger, Übergabe ggf. durch Leitung, Aufnahme in Personalakte
- **Fehlverhalten einer Mitarbeiterin**
- zeitnahe Information des Trägers durch Leitung
- Gespräch zwischen Leitung und Träger über arbeitsrechtliche Konsequenzen

Reaktionsmöglichkeiten der Mitarbeiterin auf eine Abmahnung

Wenn Sie bzw. Ihr Träger eine Abmahnung aussprechen, wird diese zur Personalakte der Mitarbeiterin genommen und bleibt auch dort. Sie kann sich daher auf den weiteren beruflichen Werdegang auswirken.

Daher kann die Betroffene sich **gegen die Abmahnung wehren**, wenn sie sich ungerecht behandelt fühlt.

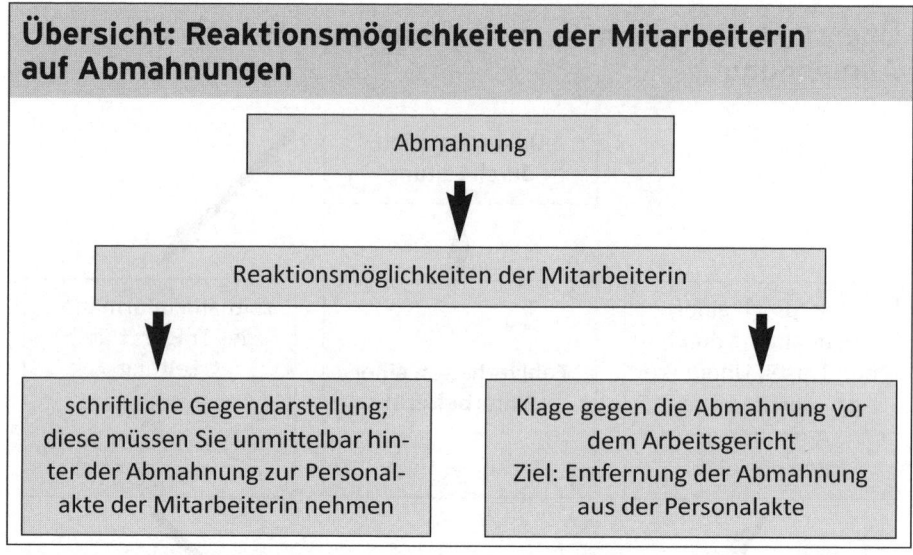

Übersicht: Reaktionsmöglichkeiten der Mitarbeiterin auf Abmahnungen

Abmahnung

Reaktionsmöglichkeiten der Mitarbeiterin

schriftliche Gegendarstellung; diese müssen Sie unmittelbar hinter der Abmahnung zur Personalakte der Mitarbeiterin nehmen

Klage gegen die Abmahnung vor dem Arbeitsgericht Ziel: Entfernung der Abmahnung aus der Personalakte

Die Mitarbeiterin im Praxisbeispiel war mit Sicherheit abzumahnen. Der Träger hätte auch über eine Kündigung nachdenken können. Allerdings war hier das bisherige einwandfreie Verhalten der Mitarbeiterin zu berücksichtigen.

4.4 Voraussetzungen für eine verhaltensbedingte Kündigung

Auch bei aller Geduld und allem Verständnis: Verstoßen Mitarbeiterinnen wiederholt gegen ihre arbeitsvertraglichen Pflichten, stellt sich irgendwann die Frage, ob es nicht besser ist, das Arbeitsverhältnis zu beenden und eine **verhaltensbedingte Kündigung** auszusprechen.

Sonja Krämer arbeitet in der Kita „Rappelkiste". Sie kommt ständig zu spät zum Frühdienst. In den vergangenen 2 Monaten insgesamt 7-mal, mal 10, mal 20, einmal sogar 45 Minuten. Der Träger hat jeweils Abmahnungen ausgesprochen, die offenbar keine Wirkung zeigen. Als Frau Krämer nun zum 8. Mal unentschuldigt zu spät zur Arbeit erscheint, platzt der Leiterin der Kragen, und sie bittet den Träger, eine Kündigung auszusprechen.

Soweit in Ihrer Einrichtung das Kündigungsschutzgesetz (KSchG) Anwendung findet, müssen hierzu die folgenden **Voraussetzungen** erfüllt sein:

1. Die Mitarbeiterin muss in erheblicher Weise gegen ihre arbeitsvertraglichen Pflichten verstoßen haben (**Pflichtverstoß**).
2. Für den Pflichtverstoß darf es **keine rechtfertigenden Umstände** geben. Außerdem muss der Pflichtverstoß schuldhaft, d. h. vorsätzlich oder zumindest fahrlässig begangen worden sein.
3. Die **Kündigung muss verhältnismäßig** sein, d. h., es darf als Reaktion des Arbeitgebers kein milderes Mittel als die Kündigung geben. Ein milderes Mittel ist insbesondere die Abmahnung, manchmal auch eine Versetzung auf einen anderen Arbeitsplatz.
4. Bei der Abwägung der widerstreitenden Interessen, d. h. des Interesses Ihres Trägers an einer Beendigung des Arbeitsverhältnisses und des Interesses der Mitarbeiterin an dessen Fortsetzung, muss das Interesse Ihres Trägers an einer Beendigung überwiegen.

Wichtiger Hinweis!
Eine verhaltensbedingte Kündigung setzt **immer eine vorherige Abmahnung** eines vergleichbaren Verhaltens voraus. Eine feste Regel, wie viele einschlägige Abmahnungen notwendig sind, bevor eine wirksame verhaltensbedingte Kündigung ausgesprochen werden kann, gibt es nicht. Dies ist letztlich immer eine Frage des Einzelfalles.

Grundsätzlich möchte ich Ihnen empfehlen, schwere Verstöße gegen die arbeitsvertraglichen Pflichten konsequent abzumahnen und immer im Einzelfall mit Ihrem Träger zu überlegen, ob eine weitere Zusammenarbeit mit der Mitarbeiterin noch möglich ist oder ob eine Kündigung ausgesprochen werden sollte.

Im Praxisbeispiel hat die Mitarbeiterin die Geduld der Leitung sicher über Gebühr strapaziert, so dass eine verhaltensbedingte Kündigung angemessen war.

4.5 Das sollten Sie bei fristlosen Kündigungen beachten

Nach manchen Vorfällen ist eine weitere Zusammenarbeit mit einer Mitarbeiterin weder für Ihren Träger noch für Sie und Ihr Team zumutbar.

In solchen Situationen besteht grundsätzlich die Möglichkeit einer **fristlosen Kündigung**. Dieser muss keine Abmahnung vorausgehen.

In der Kita „Wilde Kerle" ist es in den vergangenen Wochen häufiger zu Diebstählen von Geld und Wertsachen aus dem Personalraum gekommen. Eines Morgens betritt die Leitung der Kita den Personalraum und erwischt eine neue Mitarbeiterin dabei, wie sie gerade das neue Smartphone einer Kollegin in die eigene Tasche steckt. Die Leitung will das Arbeitsverhältnis sofort beenden.

Eine fristlose Kündigung ist immer dann möglich, wenn das Vertrauensverhältnis zwischen Ihnen und der Mitarbeiterin so weit zerstört ist, dass eine Zusammenarbeit für die Dauer der „normalen" Kündigungsfrist nicht zumutbar ist. Das ist nur in besonderen Ausnahmefällen anzunehmen, z. B.:
• Gewalt gegen Kinder, Eltern oder Mitarbeiterinnen,
• grobe Beleidigungen der Leitung,
• Diebstahl, Unterschlagung von Kita-Geldern (keine Bagatellfälle),
• unerlaubter Urlaubsantritt,
• „angekündigte" Krankheit.

Letztlich bleibt die Entscheidung, ob eine fristlose Kündigung gerechtfertigt ist oder nicht, eine Frage des Einzelfalls, in dem die Gesamtumstände und auch das bisherige Verhalten und die Leistungen der Mitarbeiterin berücksichtigt werden müssen.

Beachten Sie unbedingt die 2-Wochen-Frist
Wenn Sie darüber nachdenken, eine fristlose Kündigung auszusprechen, hat Ihr Träger hierfür nicht viel Zeit, denn zwischen dem Ereignis und der Kündigung dürfen maximal 2 Wochen liegen. Dies ergibt sich aus § 626 BGB.

Wenn er dann noch Ihre Mitarbeitervertretung einbeziehen muss, ist das sehr knapp.

Sind Sie daher der Meinung, dass das Verhalten einer Mitarbeiterin eine fristlose Kündigung nach sich ziehen sollte, ist es wichtig, dass Sie sich sofort mit Ihrem Träger in Verbindung setzen und gemeinsam überlegen, wie es weitergeht. Denn die **2-Wochen-Frist** beginnt zu laufen, wenn Sie von dem „Kündigungsgrund" wissen. Soll tatsächlich eine fristlose Kündigung ausgesprochen werden, hat Ihr Träger nur dann eine Chance, diese Frist einzuhalten, wenn Sie ihn sofort informieren.

Checkliste: Voraussetzungen für eine fristlose Kündigung

Wichtiger Grund, der eine weitere Zusammenarbeit bis zum Auslauf der regulären Kündigungsfrist unzumutbar macht, liegt vor.	❏
Kündigung wird innerhalb von 2 Wochen nach dem Ereignis, das die fristlose Kündigung rechtfertigt, ausgesprochen und ist der betroffenen Mitarbeiterin innerhalb dieser Frist zugegangen.	❏
Kündigung erfolgt schriftlich.	❏
Grund für die Kündigung wird im Kündigungsschreiben genau benannt.	❏
Mitarbeitervertretung wurde, so weit vorhanden, beteiligt.	❏

Auswertung: Wenn Sie alle diese Punkte abhaken konnten, haben Sie alle formellen Voraussetzungen einer fristlosen Kündigung erfüllt. Ob diese Bestand hat, wird allerdings im Einzelfall ein Arbeitsrichter klären, sollte der Fall vor Gericht gehen.

Im Praxisbeispiel war eine fristlose Kündigung möglich, da die Mitarbeiterin auf frischer Tat bei einem Diebstahl angetroffen wurde.

4.6 Mobbing im Team: Mit diesen Maßnahmen setzen Sie klare Grenzen

Mobbing ist derzeit ein echter „Modebegriff" im Arbeitsleben. Nahezu jeder, der Stress mit Kollegen oder dem Chef hat, fühlt sich gemobbt. Aus **rechtlicher Sicht** genügt aber nicht jeder Konflikt am Arbeitsplatz, um von Mobbing zu sprechen.

Beispiel

In der Kita „Sonnenschein" hat zum 01.02.2012 ein „Stabswechsel" stattgefunden. Die Leiterin der „Tigergruppe" ist nach langer Zeit in den wohlverdienten Ruhestand gegangen. Frau Kastner hat die Stelle mit vielen neuen Ideen und großem Elan angetreten. Die Leiterin stellt aber nach 6 Wochen fest, dass die „Neue" sich mit dem Eingewöhnen schwertut. Sie scheint keinen Kontakt zu den Kolleginnen zu finden. Auch fällt ihr auf, dass die Gespräche verstummen, sobald die „Neue" den Raum betritt. Auch Kommentare wie beispielsweise *„Die weiß ja sowieso alles besser"* sind ihr zu Ohren gekommen. Äußert sich Frau Kastner in Teamsitzungen, kommentieren die Kolleginnen ihre Anmerkungen nur mit Schulterzucken und Augenverdrehen.

Mobbing ist ein Begriff, der schwer zu definieren ist. Das Bundesarbeitsgericht (BAG), das sich schon mehrfach mit Fragen des Mobbings auseinandersetzen musste, definiert ihn wie folgt:

*„Mobbing sind **systematische und fortgesetzt aufeinander aufbauende und ineinander übergreifende, der Anfeindung,** Schikane und Diskriminierung dienende Verhaltensweisen, die nach ihrer Art und ihrem Ablauf im Regelfall einer übergeordneten, von der Rechtsordnung nicht gedeckten Zielsetzung förderlich sind und in ihrer Gesamtheit das **allgemeine Persönlichkeitsrecht, die Ehre oder die Gesundheit des Betroffenen verletzen"** (BAG, Urteil vom 15.01.1997, Aktenzeichen: 7 AZR 14/96).*
Als Leiterin vertreten Sie den Träger Ihrer Einrichtung auch gegenüber Ihrem Team. Insofern haben Sie gegenüber Ihren Mitarbeiterinnen gewisse Fürsorgepflichten. Sie sind verpflichtet einzugreifen und sich **schützend vor das Opfer zu stellen,** wenn Sie Mobbing in Ihrer Einrichtung bemerken.

Achtung! Versäumen Sie diese Pflicht, kann die Betroffene ggf. **Schmerzensgeldansprüche** gegenüber Ihrem Träger geltend machen. Sind Ihnen Versäumnisse vorzuwerfen, kann es sein, dass dieser Sie für solche Forderungen in Regress nimmt.

Wenn Sie erste Anzeichen von Mobbing in Ihrer Einrichtung bemerken, sollten Sie daher **umgehend eingreifen.** Dann sind Sie rechtlich auf der sicheren Seite und haben die Chance, die Zusammenarbeit in Ihrem Team wieder konstruktiv zu gestalten.

Diese Auswirkungen hat Mobbing:
• Mobbing macht krank.
• Mobbing führt zu erhöhten Fehlzeiten.
• Mobbing mindert die Konzentration und Leistungsfähigkeit.
• Mobbing führt zu innerer Kündigung.
• Mobbing wirkt sich negativ auf das Team aus.
• Mobbing verunsichert die Kinder.
• Mobbing mindert das Ansehen der Einrichtung in der Öffentlichkeit.

1. Maßnahme: Achten Sie auf erste Alarmsignale
Mobbing ist etwas, was sich meist in verschiedenen Verhaltensweisen äußert. Jede für sich genommen ist nicht so schlimm. In ihrer Summe führen sie aber dazu, dass die Kollegin und ihre Arbeit herabgesetzt werden.

Um Ihren Fürsorgepflichten gerecht zu werden, sollten Sie daher für **erste Mobbing-Anzeichen** sensibel sein und **sofort gegensteuern**.

Übersicht: Anzeichen für Mobbing

- Kollegin wird ständig unterbrochen.
- Es wird ständig Kritik am Privatleben oder an der Arbeit geäußert.
- Es wird nicht mehr mit der Kollegin gesprochen, oder man lässt sich nicht ansprechen.
- Es wird hinter dem Rücken der Kollegin schlecht über sie gesprochen.
- Es werden systematisch Gerüchte, z. B. über eine psychische Krankheit oder Alkoholprobleme, verbreitet.
- Entscheidungen der Betroffenen werden in Frage gestellt, z. B. vor Eltern.
- Absprachen werden nicht eingehalten.
- Informationen werden nicht weitergegeben.
- Die Betroffene wird lächerlich gemacht oder bloßgestellt.

Stellen Sie solche Verhaltensweisen in Ihrem Team fest, sollten Sie eingreifen.

Klar sollte aber auch sein, dass nicht jede Auseinandersetzung am Arbeitsplatz Mobbing ist. Letzteres setzt voraus, dass eine Kollegin mit den oben beschriebenen Methoden systematisch „fertiggemacht" werden soll. **Kurzfristige Streitigkeiten gehören nicht dazu.**

2. Maßnahme: Suchen Sie das Gespräch

Stellen Sie fest, dass es in Ihrem Team Anzeichen für Mobbing gibt, sollten Sie mit allen Beteiligten das Gespräch suchen. Bemühen Sie sich zunächst einmal um eine **sachliche Aufarbeitung** der Situation, und klären Sie den Sachverhalt. Finden Sie heraus, ob es sich bei dem Konflikt um „normale" Spannungen im Team oder tatsächlich um Mobbing handelt.

Bedenken Sie bei Ihren Gesprächen: Mit den „normalen" Methoden des Konfliktmanagements kommen Sie bei echtem Mobbing meist nicht weiter. Die **Gründe** hierfür liegen beim „Täter" und sind meist **nicht rational nachzuvollziehen**. Oft sind Unsicherheit, Unzufriedenheit, fehlende Motivation oder Eifersucht Auslöser für ein solches Verhalten. Diesen Mobbing-Gründen können Sie mit sachlichen Argumenten kaum begegnen.

3. Maßnahme: Beziehen Sie klar Position

Haben Sie bei Ihren Gesprächen herausgefunden, dass es sich bei den von Ihnen bemerkten Spannungen im Team nicht um kleine Streitigkeiten, sondern tatsächlich um Mobbing handelt, müssen Sie als **Vorgesetzte aktiv werden** und sich schützend vor die betroffene Kollegin stellen.

Daher müssen Sie **klar Position beziehen**. Versuchen Sie, Angriffe gegen das Mobbing-Opfer zu versachlichen. Stellen Sie z. B. fest, dass eine Kollegin von den Übrigen geschnitten wird, sollten Sie dies in einer Teambesprechung ansprechen und klar-machen, dass Sie von allen Mitarbeiterinnen erwarten, dass höflich und hilfsbereit miteinander umgegangen wird.

Stellen Sie fest, dass die Anmerkungen einer Mitarbeiterin immer unbeachtet bleiben, greifen Sie ein, indem Sie sagen: *„Sie haben die Meinung von Frau Kastner gehört. Frau Schneider, bitte nehmen Sie hierzu Stellung."*

Werden Gerüchte, z. B. über eine psychische Erkrankung der Kollegin, an Sie herangetragen, sollten Sie die **Angelegenheit offensiv angehen**. Bitten Sie die Betroffene zu dem Gespräch hinzu, und lassen Sie die Kollegin, die das Gerücht aufgebracht hat, ihre „Neuigkeit" wiederholen. So machen Sie deutlich, dass Sie es nicht dulden werden, dass rufschädigender Tratsch über Mitarbeiterinnen in der Kita verbreitet wird.

4. Maßnahme: Ergreifen Sie arbeitsrechtliche Maßnahmen

Stellen Sie fest, dass in Ihrem Team tatsächlich gemobbt wird, sollten Sie den Träger Ihrer Einrichtung über die Vorkommnisse informieren. Können Sie einem „Täter" konkrete Handlungen nachweisen, sollten Sie über arbeitsrechtliche Konsequenzen wie z. B. eine Abmahnung nachdenken.

Auch sollten Sie prüfen, ob es nicht sinnvoll ist, „Opfer" und „Täter" zu trennen und die „Täterin" z. B. in eine andere Gruppe zu versetzen. Hilft dies nicht, sollten Sie mit Ihrem Träger besprechen, ob die **„Strafversetzung"** in eine andere Einrichtung möglich ist.

5. Maßnahme: Holen Sie sich Hilfe

Mobbing im Team in den Griff zu bekommen ist eine schwierige Sache. Mobbing belastet aber nicht nur den Betroffenen selbst, sondern die Zusammenarbeit insgesamt. Sie sollten sich vor Augen führen, dass Sie und Ihre Mitarbeiterinnen den Auftrag haben, den Kindern u. a. auch **Werte zu vermitteln.**

Mobbende Pädagoginnen sind hierfür denkbar ungeeignet, da sie diese Werte selbst nicht leben. Daher ist es auch im Interesse der Kinder, die sehr sensibel auf Spannungen unter Erwachsenen reagieren, sehr wichtig, dass Sie die Situation klären.

Oft werden Sie als **Leitung hiermit überfordert** sein. Bitten Sie daher den Träger Ihrer Einrichtung um Hilfe. Meist ist in einer so verfahrenen Konstellation eine **Supervision oder Mediation** durchzuführen.

Wichtig ist, dass Sie Mobbing zeitnah erkennen und unmittelbar mit Ihrem Träger das weitere Vorgehen besprechen. Abwarten und „laufen lassen" verstärkt die Schwierigkeiten nur noch.

Im Verhalten des Teams im Praxisbeispiel sind zumindest Anzeichen von Mobbing zu erkennen. Insofern sollte die Leiterin aktiv werden und gegensteuern.

5. Voraussetzungen für die Kündigung von Mitarbeiterinnen

Sie als Leitung arbeiten tagtäglich mit Ihren Mitarbeiterinnen zusammen. Sie erkennen daher schneller als Ihr Träger, ob die Qualität der pädagogischen Arbeit Ihrer Mitarbeiterinnen stimmt. Auch können Sie aus eigener Erfahrung sehen, ob die Zusammenarbeit mit den anderen Mitarbeiterinnen, mit Ihnen als Leitung und auch mit den Eltern und Kindern funktioniert.

Ist das nicht der Fall, sollten Sie auf Ihren Träger zugehen und gemeinsam mit ihm überlegen, ob die Möglichkeit besteht, das Arbeitsverhältnis mit einer **Mitarbeiterin zu beenden**.

Die Entscheidung zur Kündigung oder zum Abschluss eines Aufhebungsvertrags trifft aber letztlich Ihr Träger als unmittelbarer Arbeitgeber.

Sie als Leitung sollten aber mit Ihrer Meinung nicht hinter dem Berg halten und **klar Position zur Frage „Kündigung oder nicht?"** beziehen. Schließlich arbeiten Sie im Alltag mit der Mitarbeiterin zusammen und können unmittelbar beurteilen, ob eine weitere Zusammenarbeit für Kinder, Team und Einrichtung gut ist oder nicht.

5.1 Voraussetzungen für die Anwendung des Kündigungsschutzgesetzes

Wenn Sie bzw. Ihr Träger einen Arbeitsvertrag kündigen möchten, müssen Sie zunächst feststellen, ob für Ihre Einrichtung und das jeweilige Arbeitsverhältnis das Kündigungsschutzgesetz (KSchG) gilt oder nicht.

Hannah Klaasen arbeitet in der Kita „Spatzennest". Diese ist in Trägerschaft einer Elterninitiative. Schon seit längerem ist sie mit den Leistungen einer Mitarbeiterin nicht zufrieden und regt schließlich gegenüber dem Vorstand der Elterninitiative an, ihr zu kündigen. Die Vorstandsmitglieder schrecken hiervor zurück, da sie einen Prozess vor dem Arbeitsgericht scheuen. Die Leiterin überlegt, ob das Kündigungsschutzgesetz überhaupt Anwendung findet, schließlich beschäftigt ihr Träger insgesamt nur 6 Mitarbeiterinnen.

Das **Kündigungsschutzgesetz** dient ausschließlich dem Schutz der Mitarbeiterinnen vor Kündigungen durch den Arbeitgeber. Ab einer bestimmten Betriebsgröße und Beschäftigungsdauer ist eine Kündigung nur noch sehr eingeschränkt möglich.

Dieser Umstand führt dazu, dass viele Arbeitgeber vor dem Abschluss unbefristeter Arbeitsverträge zurückschrecken und befristeten Arbeitsverträgen, auf die das KSchG keine Anwendung findet, den Vorzug geben. Denn die Angst, eine unbefristet eingestellte Mitarbeiterin nicht mehr „loszuwerden", ist groß.

Das **KSchG ist anwendbar**, wenn
• das Arbeitsverhältnis länger als 6 Monate besteht und
• Ihr Träger regelmäßig mehr als 10 Mitarbeiter beschäftigt.

Das Vorliegen der 1. Voraussetzung ist in der Regel unproblematisch festzustellen. Denn Sie und Ihr Träger wissen genau, wann die jeweilige Mitarbeiterin bei Ihnen angefangen hat.

Wenn sich in der Probezeit abzeichnet, dass Sie mit der jeweiligen Mitarbeiterin nicht zufrieden sind, sollten Sie hier die „Notbremse" ziehen und Ihren Träger bitten, das Arbeitsverhältnis zu beenden. Ist die 6-monatige Probezeit abgelaufen und das KSchG anwendbar, ist dies ungleich schwieriger.

Wenn Sie prüfen, wie viele Mitarbeiterinnen Ihr Träger tatsächlich beschäftigt, genügt es nicht, die Mitarbeiterinnen in Ihrer Kita zu zählen. Sie müssen vielmehr prüfen, wie viele Mitarbeiter Ihr Träger insgesamt beschäftigt. Bürokräfte, Putzfrauen, Hausmeister, Pfarrsekretärin und Organist zählen hier mit. Auszubildende und Praktikanten bleiben bei der Berechnung „KSchG" außen vor.

Übersicht: Anrechnung von Teilzeitbeschäftigten nach dem KSchG

Wochenarbeitszeit	Anrechnung für KSchG
bis 20 Stunden	0,5 Mitarbeiter
bis 30 Stunden	0,75 Mitarbeiter
mehr als 30 Stunden	1 Mitarbeiter

400-€-Kräfte müssen Sie entsprechend ihrer Wochenarbeitszeit mitzählen.

Diese Konsequenzen hat die Anwendbarkeit des KSchG
Gilt in Ihrer Einrichtung und für das Arbeitsverhältnis das Kündigungsschutzgesetz, wird die Kündigung einer Mitarbeiterin schwierig, denn dann braucht es für die Kündigung eine stichhaltige Begründung, die einer gerichtlichen Prüfung standhalten muss.

Das KSchG kennt nur **3 Kündigungsgründe**:
• betriebsbedingt, z. B. wenn 1 Gruppe geschlossen wird und der Arbeitsplatz wegfällt
• verhaltensbedingt, z. B. wegen wiederholten Zuspätkommens trotz Abmahnung
• personenbedingt, z. B. wegen häufiger Kurzerkrankungen

Stellen Sie fest, dass Sie eine Kündigung aussprechen möchten und das KSchG Anwendung findet, ist das nicht so einfach. Außerdem besteht für Ihren Träger ein **hohes Prozess- und Kostenrisiko**.

Denn die gekündigte Mitarbeiterin kann innerhalb von 3 Wochen ab Erhalt der Kündigung vor Gericht **Kündigungsschutzklage** erheben. Im Rahmen dieser Klage wird dann gerichtlich überprüft, ob die Kündigung wirksam ist. Das ist nur dann der Fall, wenn ein Kündigungsgrund im Sinne des KSchG vorlag.

Tendenziell entscheiden viele Arbeitsrichter – zumindest in 1. Instanz – **zugunsten der Mitarbeiterin** und gehen davon aus, dass kein Kündigungsgrund im Sinne des KSchG vorlag.

Geht ein solches Verfahren durch mehrere Instanzen, kann sich die endgültige Entscheidung darüber, ob die Kündigung jetzt o. k. war oder nicht, **über Jahre hinziehen.** Stellt dann z. B. das Bundesarbeitsgericht nach 4 Jahren Prozess fest, dass die Kündigung unwirksam war, muss Ihr Träger für diesen Zeitraum das Gehalt der Mitarbeiterin nachzahlen.

Mein Rat für Ihren Träger: Vor Ausspruch einer Kündigung sollte unbedingt **anwaltlicher Rat eingeholt** werden, um das Prozessrisiko einschätzen zu können und das Kündigungsschreiben richtig zu begründen.

Findet das KSchG in Ihrer Einrichtung keine Anwendung, kann Ihr Träger das Arbeitsverhältnis innerhalb der im Arbeits- bzw. Tarifvertrag genannten Frist bzw. innerhalb der gesetzlichen Kündigungsfrist beenden, ohne dass er hierfür einen Grund angeben muss. Die Mitarbeiterin hat dann keine Chance, die Kündigung gerichtlich anzugreifen.

 Tipp

Besprechen Sie mit Ihrem Träger, ob das KSchG für Ihre Kita überhaupt Anwendung findet. Gerade „kleine" Träger gehen hier oft von falschen Voraussetzungen aus und stellen sich die Kündigung einer Mitarbeiterin komplizierter vor, als sie tatsächlich ist. Hier lohnt es sich, genau nachzurechnen.

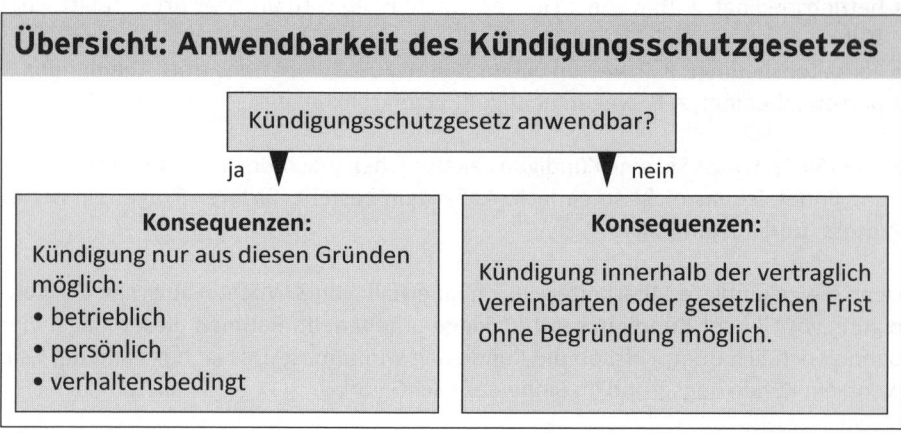

Übersicht: Anwendbarkeit des Kündigungsschutzgesetzes

Kündigungsschutzgesetz anwendbar?

ja ▼   ▼ nein

Konsequenzen:
Kündigung nur aus diesen Gründen möglich:
• betrieblich
• persönlich
• verhaltensbedingt

Konsequenzen:
Kündigung innerhalb der vertraglich vereinbarten oder gesetzlichen Frist ohne Begründung möglich.

Im Praxisbeispiel ist das KSchG nicht anwendbar, da der Träger nur 6 Mitarbeiter beschäftigt. Insofern ist die Kündigung der Mitarbeiterin hier innerhalb der gesetzlichen Kündigungsfristen ohne Begründung möglich. Eine arbeitsgerichtliche Auseinandersetzung muss der Vorstand in diesem Fall nicht fürchten.

5.2 Diese Kündigungsfristen sollten Sie kennen

Will Ihr Träger eine Kündigung aussprechen, muss er hierzu gewisse **Fristen einhalten**. Diese gelten unabhängig davon, ob das KSchG anwendbar ist oder nicht.

Der Träger der Kita „Lummerland" möchte Frau Meyer zum nächstmöglichen Termin kündigen. Der Vertrag wurde am 01.08.2009 geschlossen. Es gelten die gesetzlichen Kündigungsfristen.

Wollen Sie feststellen, welche Kündigungsfristen gelten, bestimmt sich dies zunächst einmal nach dem, was im Arbeitsvertrag geregelt ist.

Findet in Ihrer Kita der **TVöD Anwendung**, ergeben sich die Kündigungsfristen aus § 34 TVöD. Hiernach gilt:

Übersicht: Kündigungsfristen nach dem TVöD

Beschäftigungsdauer	Kündigungsfrist
bis zu 1 Jahr	1 Monat zum Monatsende
mehr als 1 Jahr – 5 Jahre	6 Wochen zum Quartalsende
mindestens 5 Jahre	3 Monate zum Quartalsende
mindestens 8 Jahre	4 Monate zum Quartalsende
mindestens 10 Jahre	5 Monate zum Quartalsende
mindestens 12 Jahre	6 Monate zum Quartalsende

Ansonsten gelten die gesetzlichen **Kündigungsfristen des § 622 Bürgerliches Gesetzbuch (BGB)**.

Übersicht: Kündigungsfristen nach dem BGB

Beschäftigungsdauer	Kündigungsfrist
bis zu 2 Jahren	1 Monat zum Ende des Kalendermonats
bis zu 5 Jahren	2 Monate zum Ende des Kalendermonats
bis zu 8 Jahren	3 Monate zum Ende des Kalendermonats
bis zu 10 Jahren	4 Monate zum Ende des Kalendermonats
bis zu 12 Jahren	5 Monate zum Ende des Kalendermonats
bis zu 15 Jahren	6 Monate zum Ende des Kalendermonats
bis zu 20 Jahren	7 Monate zum Ende des Kalendermonats

In **§ 622 Abs. 2 BGB** ist außerdem geregelt, dass bei der Feststellung der Beschäftigungszeiten die Jahre vor dem 25. Lebensjahr bei der Berechnung der gesetzlichen Kündigungsfrist nicht berücksichtigt werden.

In dieser Vorschrift hat der Europäische Gerichtshof (EuGH) in seinem Urteil vom 19.01.2010, Aktenzeichen: C – 555/0, eine **Altersdiskriminierung** gesehen.

Diese Vorschrift **wird** daher **nicht mehr angewendet**! Es zählt also – entgegen dem Gesetzeswortlaut – bei der Berechnung der gesetzlichen Kündigungsfrist die tatsächliche Beschäftigungszeit der Mitarbeiterin.

Achtung! Soweit im Arbeitsvertrag nichts anderes vereinbart wurde, können Mitarbeiterinnen immer mit einer Kündigungsfrist von einem Monat zum 15. oder zum Monatsende kündigen.

Die Kündigungsfristen des TVöD gelten hingegen sowohl für Ihren Träger als auch für Ihre Mitarbeiterinnen.

Muster: Kündigungsschreiben (KSchG nicht anwendbar)

Kita „Lummerland"
15.02.2012

Sehr geehrte Frau Meyer,

hiermit kündigen wir den zwischen uns am 01.08.2009 geschlossenen Arbeitsvertrag unter Einhaltung der gesetzlichen Kündigungsfrist zum 31.03.2012. Rein vorsorglich kündigen wir zum nächstmöglichen Termin.

Mit freundlichen Grüßen

Karl Meyer
Unterschrift Arbeitgeber

Im Praxisbeispiel gilt eine Kündigungsfrist von 2 Monaten zum Monatsende.

5.3 Formalien rund um die Kündigung – Schriftform, Unterschrift, Zugang

Wichtig für die Wirksamkeit einer Kündigung ist, dass diese schriftlich erfolgt. Dies ergibt sich aus § 623 BGB. Eine mündliche Kündigung ist ebenso unwirksam wie eine Kündigung per E-Mail, SMS oder Fax.

Die Kündigung muss außerdem von jemandem unterschrieben werden, der die Einrichtung im Rechtsverkehr vertritt und zu Personalentscheidungen berechtigt ist.

Außerdem muss die Kündigung der betroffenen Mitarbeiterin **innerhalb der Kündigungsfrist zugehen**, d. h., sie muss bei der betroffenen Mitarbeiterin angekommen sein. Den Zugang muss Ihr Träger im Streitfall beweisen können. Die **Übersendung per Post** – auch per Einschreiben mit Rückschein – ist **immer gefährlich**, da Sie die Dauer des tatsächlichen Postlaufs nicht kontrollieren können.

Der Einwurf eines Abholscheins in den Briefkasten der Mitarbeiterin genügt nicht, um den Zugang der Kündigung zu beweisen. Die Mitarbeiterin muss diesen tatsächlich erhalten haben (Landesarbeitsgericht (LG) Mainz, Urteil vom 29.09.2011, Aktenzeichen: 10 Sa 314/11).

Sicherer ist es, der von der Kündigung betroffenen Mitarbeiterin das Kündigungsschreiben **persönlich zu übergeben**. Lassen Sie sich den Empfang der Kündigung mit Datum auf Ihrer Kopie des Kündigungsschreibens quittieren.

Weigert sich die Betroffene, die Kündigung anzunehmen oder zu quittieren, sollten Sie eine weitere Kollegin, z. B. die stellvertretende Leitung, hinzuziehen. Diese kann dann **bezeugen**, dass die Kündigung fristgerecht übergeben wurde und damit fristgerecht zugegangen ist.

Alternativ können Sie auch einen **Boten beauftragen**, der das Kündigungsschreiben entweder persönlich übergibt oder zu normalen „Postzeiten" in den Hausbriefkasten der Mitarbeiterin einwirft. Wichtig ist hierbei, dass der Bote den Inhalt des Schreibens kennt und den Einwurf bzw. die Übergabe schriftlich dokumentiert.

5.4 So sieht es mit Abfindungsansprüchen aus

Eine **gesetzliche Pflicht**, einer gekündigten Mitarbeiterin eine **Abfindung zu zahlen, gibt es nicht**. Wenn die Kündigung hieb- und stichfest ist, muss Ihr Träger gar nichts zahlen.

Ist das KSchG anwendbar, enden dennoch viele Arbeitsverträge gegen Zahlung einer nicht unerheblichen Abfindung. Denn damit ist der Rechtsstreit um die Wirksamkeit der Kündigung beendet und das Prozessrisiko für den Träger kalkulierbar.

Die so genannte „Regelabfindung" beträgt **ein halbes Brutto-Monatsgehalt pro Beschäftigungsjahr**. Im Einzelfall können Abfindungen aber auch wesentlich höher ausfallen, je nachdem, was es dem Arbeitgeber wert ist, die Mitarbeiterin loszuwerden und den Prozess zu beenden.

Ihr Träger kann diese Regelabfindung bereits im Kündigungsschreiben unter der Bedingung anbieten, dass die Mitarbeiterin auf eine Kündigungsschutzklage verzichtet. Ein solches Angebot ist aber im Einzelfall ganz genau abzuwägen.

5.5 Das sollten Sie über den Abschluss von Aufhebungsverträgen wissen

Wollen Sie bzw. Ihr Träger einen Arbeitsvertrag beenden, ist die Kündigung eine Möglichkeit dafür.

Die Leiterin der Kita „Sonnenschein" ist mit den Leistungen einer Mitarbeiterin nicht mehr zufrieden. Da für die Einrichtung das Kündigungsschutzgesetz Anwendung findet und ihr Verhalten für eine verhaltensbedingte Kündigung nicht „reicht", schlägt die Leiterin dem Träger vor, mit Frau Heinz einen Aufhebungsvertrag abzuschließen. Diese willigt schließlich ein.

Stressfreier ist es allerdings, wenn Sie sich mit der Mitarbeiterin im Rahmen eines **Aufhebungsvertrages** über die Beendigung des Arbeitsverhältnisses einigen.

Vorteile eines Aufhebungsvertrages sind:
- Kündigungsfristen müssen nicht eingehalten werden
- Kündigungsschutzbestimmungen und Kündigungsverbote müssen nicht beachtet werden
- keine Gefahr einer gerichtlichen Auseinandersetzung

Formale Anforderungen an einen Aufhebungsvertrag
- Schriftform, § 623 BGB
- Hinweis auf nachteilige Folgen, z. B. Sperre beim Arbeitslosengeld
- Mitarbeiterin muss Bedenkzeit und Gelegenheit haben, den Aufhebungsvertrag in Ruhe zu prüfen

Werden diese formalen Anforderungen nicht erfüllt, ist der Aufhebungsvertrag unwirksam, und der Arbeitsvertrag besteht fort.

Auswirkungen des Aufhebungsvertrags für die Mitarbeiterin
Unterschreibt die Mitarbeiterin einen Aufhebungsvertrag, wirkt sie aktiv an der Beendigung ihres Arbeitsvertrags mit und muss nach § 144 Abs. 1 Nr. 1 Sozialgesetzbuch (SGB) III mit einer **Sperrzeit von 12 Wochen beim Arbeitslosengeld rechnen**.

Ausnahme:
Soll der Arbeitsvertrag **aus betriebsbedingten Gründen** beendet werden und bekommt die Mitarbeiterin eine Abfindung, die ein halbes Brutto-Monatsgehalt pro Beschäftigungsjahr nicht überschreitet, wird von Seiten der Arbeitsagentur davon aus-

gegangen, dass ein wichtiger Grund für die Beendigung des Arbeitsvertrages vorliegt. Dann **entfällt die Sperrzeit für das Arbeitslosengeld.**

Gleiches gilt, wenn der Aufhebungsvertrag zustande gekommen ist, weil Ihr Träger mit einer rechtmäßigen Kündigung gedroht hat. Ist dies der Fall, sollten Sie dies der Mitarbeiterin entsprechend bescheinigen, damit sie bei der Arbeitsagentur keine Probleme bekommt.

Muster: Aufhebungsvertrag

Zwischen der
Elterninitiative „Kita Sonnenschein" e. V., Sonnenstraße 5, 55555 Glücksstadt, vertreten durch den Vorstand, nachfolgend „Arbeitgeber" genannt,

und

Lara Heinz, Waldstraße 18, 55555 Glücksstadt, nachfolgend „Arbeitnehmerin" genannt,

wird folgender Aufhebungsvertrag geschlossen:

§ 1 Beendigung des Arbeitsverhältnisses
Der zwischen Arbeitgeber und Arbeitnehmerin seit dem 01.08.2008 bestehende Arbeitsvertrag wird zum 31.05.2012 im gegenseitigen Einvernehmen beendet. Hierbei wird die gesetzliche Kündigungsfrist eingehalten.

§ 2 Resturlaub
Der Arbeitnehmerin stehen für das Jahr 2012 noch 5 Urlaubstage zu. Dieser wird ihr in der Zeit vom 26.–30.04.2012 gewährt.

§ 3 Abfindung
Der Arbeitgeber verpflichtet sich, an die Mitarbeiterin eine Abfindung in Höhe von 3.000 € brutto zu zahlen. Die Abfindung ist mit der Beendigung des Arbeitsverhältnisses fällig.

§ 4 Zeugnis, Arbeitspapiere
Der Arbeitgeber verpflichtet sich, der Arbeitnehmerin ein wohlwollendes, qualifiziertes Zeugnis zu erteilen. Er händigt der Arbeitnehmerin dieses sowie die Arbeitspapiere zum Beendigungszeitpunkt aus.

§ 5 Meldepflicht
Zur Aufrechterhaltung ungekürzter Ansprüche auf Arbeitslosengeld ist die Arbeitnehmerin verpflichtet, sich unverzüglich nach Abschluss dieses Aufhebungsvertrages persönlich bei der Agentur für Arbeit als arbeitssuchend zu melden. Weiterhin ist sie verpflichtet, aktiv nach einer anderweitigen Beschäftigung zu suchen.

Muster: Aufhebungsvertrag (Fortsetzung von S. 180)

§ 6 Ausgleichsklausel
Die Parteien sind sich darüber einig, dass mit Erfüllung dieses Vertrages sämtliche gegenseitigen Ansprüche aus dem Arbeitsverhältnis ausgeglichen sind und weitere Ansprüche nicht bestehen.

Glückstadt, 29.03.2012
Ort, Datum

Lara Heinz   *Heinrich Holbein*
Arbeitnehmerin   Arbeitgeber

Im Praxisbeispiel war der Abschluss eines Aufhebungsvertrags möglich.

6. Befristete Arbeitsverträge und Teilzeit – Das sollten Sie als Leitung darüber wissen

In vielen Kitas ist es üblich, dass Mitarbeiterinnen nur befristet oder in Teilzeit angestellt werden. Auch wenn Sie als Leitung nicht unmittelbar für die Vertragsgestaltung zuständig sind, müssen Sie doch im Alltag einiges bei diesen „besonderen" Arbeitsverhältnissen beachten, weil Sie **sonst ggf. Fehler machen können**, die sich nur schwer korrigieren lassen.

6.1 Besonderheiten befristeter Arbeitsverhältnisse

Das Teilzeit- und Befristungsgesetz (TzBfG) sieht vor, dass Sie Arbeitsverträge zeitlich befristet abschließen können.

> **Beispiel**
>
> Die ev. Kita „Sonnenschein" sucht eine Mitarbeiterin zur Vertretung einer längerfristig erkrankten Kollegin. Die Pfarrerin hat sich für eine Bewerberin entschieden. Im Vorstellungsgespräch hat sie ausdrücklich darauf hingewiesen, dass die Stelle befristet ist. Dies steht auch im Arbeitsvertrag. Den unterschriebenen Arbeitsvertrag bekommt die Mitarbeiterin allerdings erst 2 Wochen nach Arbeitsaufnahme ausgehändigt. Nach Rückkehr der erkrankten Kollegin beruft sich die befristet eingestellte Mitarbeiterin darauf, dass die Befristung nicht wirksam vereinbart wurde.

Beim Abschluss eines befristeten Arbeitsvertrages sind einige Besonderheiten und Formvorschriften zu beachten. Werden diese außer Acht gelassen, kann es **schnell passieren**, dass sich das befristete **Arbeitsverhältnis unverhofft als unbefristet** entpuppt.

Das TzBfG kennt 2 Arten der Befristung:

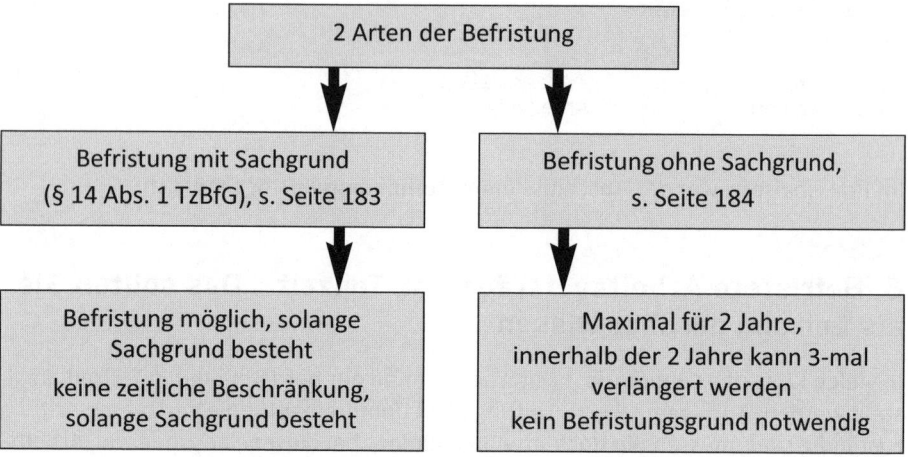

Beachten Sie das Schriftformerfordernis
Aus § 14 Abs. 4 TzBfG ergibt sich, dass eine **Befristungsabrede**, im Gegensatz zu einem Arbeitsvertrag, **immer schriftlich** vereinbart werden muss, und zwar bereits **vor Arbeitsbeginn.**

Nimmt die Mitarbeiterin die Arbeit auf und ist der Arbeitsvertrag bzw. die Befristung **nicht schriftlich vereinbart**, ist diese unwirksam. Es ist ein **unbefristeter Arbeitsvertrag** zustande gekommen.

Außerdem muss der Grund der Befristung genau angegeben werden. Es muss daher z. B. im Vertrag stehen *„Elternzeitvertretung für Frau Hanna Meurer"* und nicht nur *„Elternzeitvertretung".*

Auch hier gilt: Ist der Befristungsgrund nicht genau schriftlich vereinbart, ist die Befristung insgesamt unwirksam, und es ist ein unbefristeter Arbeitsvertrag zustande gekommen.

Tipp

Bei vielen kommunalen und kirchlichen Trägern dauert es manchmal Monate, bis neue Mitarbeiterinnen einen unterschriebenen Arbeitsvertrag in Händen halten. Weisen Sie Ihren Träger bei befristeten Verträgen auf die Problematik des Schriftformerfordernisses hin, und schlagen Sie vor, dass Ihr Träger Ihnen vor Arbeitsaufnahme eine unterschriebene Befristungsvereinbarung zukommen lässt, die Sie dann noch von der Mitarbeiterin vor (!) Beginn der Tätigkeit unterschreiben lassen und ihr aushändigen. Dann ist Ihr Träger rechtlich auf der sicheren Seite.

Befristung mit Sachgrund – Befristungsgründe

§ 14 Abs. 1 TzBfG nennt verschiedene Sachgründe, die eine Befristung eines Arbeitsvertrages rechtfertigen. Diese sind zwar nicht abschließend, dennoch sollten Sie sich hier nicht auf Experimente einlassen, da die Gerichte das Vorliegen eines Sachgrundes für die Befristung streng prüfen.

Achtung! Kommen die Richter zu dem Ergebnis, dass Ihre Begründung für eine Befristung nicht genügt, besteht ein unbefristetes Arbeitsverhältnis, verbunden mit der oft nicht unerheblichen Kündigungsproblematik.

Beschränken Sie sich daher am besten auf die im Gesetz genannten **Befristungsgründe**, die nach der **Vorstellung des Gesetzgebers eine Befristung rechtfertigen:**
- Der betriebliche Bedarf an der Arbeitsleistung besteht nur vorübergehend, z. B. Einzelintegration eines behinderten Kindes.
- Die Befristung erfolgt im Anschluss an eine Ausbildung oder ein Studium, um den Übergang der Arbeitnehmerin in eine Anschlussbeschäftigung zu erleichtern.
- Die Arbeitnehmerin wird zur Vertretung einer anderen Mitarbeiterin beschäftigt, z. B. Elternzeitvertretung.
- Die Eigenart der Arbeitsleistung rechtfertigt die Befristung, z. B. ein besonderes Sprachprojekt.
- Die Befristung erfolgt zur Erprobung.
- In der Person der Arbeitnehmerin liegende Gründe rechtfertigen die Befristung.
- Die Arbeitnehmerin wird aus Haushaltsmitteln vergütet, die haushaltsrechtlich für eine befristete Beschäftigung bestimmt sind, und entsprechend beschäftigt.
- Die Befristung beruht auf einem gerichtlichen Vergleich.

Auch **mehrere Befristungen mit Sachgrund**, z. B. wegen Elternzeitvertretung, hintereinander sind rechtlich zulässig und verstoßen nicht gegen europäisches Recht (EuGH, Urteil vom 26.01.2012, Aktenzeichen: C–586 /10).

Befristung ohne Sachgrund, kalendermäßige Befristung

Neben der Befristung mit Sachgrund gibt es auch die Möglichkeit, Arbeitsverträge **nur zeitlich zu befristen**. Auch hier gibt es strenge Vorgaben, die eingehalten werden müssen. Passieren hier Fehler, besteht ein von Anfang an unbefristeter Arbeitsvertrag.

Für die zeitliche Befristung eines Arbeitsvertrages gelten die folgenden Anforderungen:
• Befristung für max. 2 Jahre. Eine Verlängerung ist nicht möglich.
• Innerhalb der 2 Jahre kann der Vertrag max. 3-mal verlängert werden, wenn sich die Verlängerung unmittelbar an den ursprünglichen Vertrag anschließt.
• Schriftform der Befristungsabrede vor Arbeitsbeginn.

Beachten Sie das Verbot der „Zuvor-Beschäftigung"

Bei zeitlich befristeten Arbeitsverträgen gilt der Grundsatz

„Einmal und nie wieder!",

d. h., kalendermäßige Befristungen sind prinzipiell nur bei Neueinstellungen möglich. Hat Ihr Träger eine Mitarbeiterin bereits befristet oder unbefristet beschäftigt („Zuvor-Beschäftigung"), ist eine erneute kalendermäßige Befristung eines Arbeitsvertrages nicht zulässig. Dies ergibt sich aus § 14 Abs. 2 Satz 2 TzBfG.

Achtung: Neue Rechtsprechung! Bundesarbeitsgericht (BAG), Urteil vom 06.04.2011, Aktenzeichen: 7 AZR 716/09

Bisher galt: War die Mitarbeiterin bereits vorher zu irgendeinem Zeitpunkt beim selben Arbeitgeber beschäftigt, war die Befristung eines neuen Arbeitsvertrages ohne einen sachlichen Grund nicht möglich.

Ein so abgeschlossener befristeter Arbeitsvertrag galt dann als unbefristet abgeschlossen, so dass ein Arbeitgeber das Arbeitsverhältnis selbst dann nur durch Kündigung beenden konnte, wenn die **Zuvor-Beschäftigung viele Jahre zurücklag**.

Von diesem gesetzlich in § 14 Abs. 2 Satz 2 TzBfG normierten Grundsatz hat das **Bundesarbeitsgericht nunmehr eine Ausnahme zugelassen**. Die Richter stellten fest: Eine Zuvor-Beschäftigung liegt nicht vor, wenn ein früheres Arbeitsverhältnis bei Ihrem Träger **mehr als 3 Jahre zurückliegt**. Durch das Verbot der Zuvor-Beschäftigung sollten

Befristungsketten und der Missbrauch befristeter Arbeitsverträge verhindert werden. Die Gefahr missbräuchlicher Befristungsketten bestehe aber regelmäßig nicht mehr, wenn zwischen dem Ende des früheren Arbeitsverhältnisses und dem sachgrundlos befristeten neuen Arbeitsvertrag **mehr als 3 Jahre liegen.**

Für Sie und Ihren Träger heißt das konkret: Sie müssen, wenn ein Arbeitsvertrag zeitlich befristet abgeschlossen werden soll, nur noch prüfen, ob mit der in Frage stehenden Mitarbeiterin in den vergangenen **3 Jahren ein Arbeitsverhältnis bestand.** Zurückliegende Arbeitsverträge müssen Sie nicht mehr beachten, was Ihnen die Arbeit enorm erleichtert.

Folgen einer unwirksamen Befristung, § 16 TzBfG
Wurde bei der Befristung eines Arbeitsvertrages ein Fehler gemacht, ist **nicht etwa der ganze Arbeitsvertrag unwirksam.** Vielmehr ist nur die Befristung unwirksam, und es ist ein von Anfang an unbefristeter Arbeitsvertrag entstanden. Dies ergibt sich aus § 16 TzBfG.

An diesen Punkten kann eine Befristung scheitern (= Entfristungsfallen):
- Weiterbeschäftigung, obwohl das Arbeitsverhältnis eigentlich ausgelaufen ist (§ 15 Abs. 5 TzBfG)
  Achtung! Hier müssen Sie als Leitung aufpassen: Notieren Sie sich genau, wann der Arbeitsvertrag Ihrer Mitarbeiterin endet, und schicken Sie sie nach Hause, wenn sie trotz Ablaufs der Befristung weiter zur Arbeit kommt.
- Befristung ohne Sachgrund über 2 Jahre hinaus
- Wiederholte Befristung ohne Sachgrund innerhalb von 2 Jahren, aber mehr als 3-mal
- Mündliche Vereinbarung der Befristung
- Sachgrundlose Befristung, obwohl innerhalb der vergangenen 3 Jahre bereits ein unbefristetes oder befristetes Arbeitsverhältnis beim selben Arbeitgeber bestand
- Befristung war nicht ausreichend begründet

Beendigung befristeter Arbeitsverhältnisse
Grundsätzlich endet ein befristetes Arbeitsverhältnis entweder **durch Zeitablauf** oder mit **Wegfall des Befristungsgrundes**, z. B. wenn eine Mitarbeiterin, die sich in Elternzeit befand, ihre Arbeit wieder aufnimmt. Eine **Kündigung ist hier grundsätzlich nicht notwendig.**

Es **kann allerdings vereinbart werden**, dass innerhalb der Befristungszeit die „normalen" Kündigungsfristen gelten sollen. Das Recht der außerordentlichen Kündigung besteht immer.

Übersicht: Beendigung von befristeten Arbeitsverträgen

Zeitablauf	Wegfall Befristungsgrund	Kündigung	Außerordentliche Kündigung
Konsequenzen Kündigung nicht notwendig; Sonderkündigungsschutz, z. B. in der Schwangerschaft, gilt nicht; Betriebsrat/ MAV muss nicht angehört werden.	**Konsequenzen** Kündigung nicht notwendig; Sonderkündigungsschutz, z. B. in der Schwangerschaft, gilt nicht; Betriebsrat/ MAV muss nicht angehört werden.	**Konsequenzen** Sonderkündigungsschutz, z. B. in der Schwangerschaft, gilt; Betriebsrat/MAV muss angehört werden.	**Konsequenzen** Sonderkündigungsschutz, z. B. in der Schwangerschaft, gilt; Betriebsrat/MAV muss angehört werden.
Besonderheiten Hinweis der Mitarbeiterin auf Meldepflicht bei der Agentur für Arbeit 3 Monate vor Ende des Arbeitsvertrages.	**Besonderheiten** Träger muss das Ende der Beschäftigung mit einer Frist von 2 Wochen schriftlich ankündigen.	**Besonderheiten** Ordentliche Kündigung muss gesondert im Arbeitsvertrag vereinbart werden.	**Besonderheiten** Besteht immer, muss nicht gesondert vereinbart werden; kann vertraglich nicht ausgeschlossen werden.

Nach § 17 TzBfG kann eine Mitarbeiterin, die meint, die Befristung sei unwirksam, innerhalb von **3 Wochen Klage beim Arbeitsgericht** erheben. Ziel einer solchen Klage ist es, feststellen zu lassen, dass die Befristung unwirksam war und ein unbefristetes Arbeitsverhältnis besteht.

Die Befristung im Praxisbeispiel war tatsächlich unwirksam, weil diese bei der Arbeitsaufnahme nicht schriftlich vereinbart war. Es bestand daher von Anfang an ein unbefristeter Arbeitsvertrag.

6.2 Teilzeitjobs - Diese Besonderheiten sollten Sie kennen

Nach § 8 TzBfG und § 15 Bundeselterngeld- und Elternzeitgesetz (BEGG) haben Ihre Mitarbeiterinnen im Grundsatz einen Anspruch darauf, ihre **Arbeitszeit zu reduzieren** und nur noch in Teilzeit zu arbeiten, wenn bestimmte gesetzliche Bedingungen erfüllt sind.

Beispiel

Frau Mattes, die ehemalige Leiterin der „Mäuse-Gruppe" in der Kita „Sommerwind", hatte nach der Geburt ihres Sohnes 3 Jahre Elternzeit in Anspruch genommen. Jetzt möchte sie wieder arbeiten gehen. Mit Rücksicht auf ihren Sohn und im Hinblick darauf, dass sie bei der „Kita-Konkurrenz" an ihrem Wohnort nur einen Halbtagsplatz für ihren Sohn bekommen hat, möchte sie jetzt nur noch halbtags arbeiten, und zwar von 8–12.00 Uhr. Sie stellt einen entsprechenden Antrag. Die Leiterin der Kita reagiert nicht auf diesen Antrag. Sie meint, die Mitarbeiterin komme zu den bestehenden Arbeitsbedingungen zurück.

Einen solchen Antrag, wie im Beispiel, können Sie bzw. Ihr Träger nur unter besonderen Bedingungen ablehnen.

Hierbei muss unterschieden werden, ob sich die Mitarbeiterin auf **§ 8 TzBfG oder auf § 15 BEGG** bezieht. Bei der Prüfung der Voraussetzungen des Anspruchs auf eine Teilzeitbeschäftigung können Sie sich an der folgenden Übersicht orientieren.

Mitarbeiterzahl > 15

Bei der Beantwortung der Frage, ob der Träger Ihrer Einrichtung regelmäßig mehr als 15 Mitarbeiter beschäftigt, müssen Sie in der Regel nicht nur die Häupter in Ihrer Einrichtung zählen. Ist der Träger z. B. eine Orts- oder Kirchengemeinde, zählen die Sekretärin des Bürgermeisters, die Stadtarbeiter oder der festangestellte Organist ebenso wie die angestellten Reinigungskräfte. Auszubildende bleiben bei der Feststellung der Zahl der Mitarbeiter aber ebenso außen vor wie 1-€-Kräfte.

Antragsverfahren, § 8 Abs. 2 TzBfG

Möchte eine Ihrer Mitarbeiterinnen nur noch in Teilzeit arbeiten, muss sie einen **Antrag auf Stundenreduzierung** stellen. Dieser sollte enthalten:
- Termin, ab dem die Stundenreduzierung gelten soll
- Anzahl der zu reduzierenden Stunden
- Verteilung der Arbeitszeit

Der Antrag muss spätestens **3 Monate vor Beginn der Teilzeittätigkeit** gestellt werden. Ihr Träger und die Mitarbeiterin sollen dann Verhandlungen mit dem Ziel einer einvernehmlichen Regelung zu diesem Antrag führen. Will Ihr Träger den Antrag ablehnen, so hat er hierfür 1 Monat Zeit. Lässt er diese **Frist ungenutzt verstreichen**, gilt der **Antrag als genehmigt**.

Übersicht: Voraussetzungen für den Anspruch auf Teilzeitbeschäftigung

Voraussetzungen nach § 8 TzBfG	Voraussetzungen nach § 15 BEEG
	Mitarbeiterin befindet sich in Elternzeit.
	Geplante Wochenarbeitszeit beträgt weniger als 30 Stunden.
Träger beschäftigt regelmäßig mehr als 15 Mitarbeiter.	Träger beschäftigt regelmäßig mehr als 15 Mitarbeiter.
Arbeitsverhältnis besteht länger als 6 Monate.	Arbeitsverhältnis besteht länger als 6 Monate.
Arbeitszeit soll dauerhaft reduziert werden.	Arbeitszeit soll für mindestens 2 Monate auf 15 bis 30 Wochenstunden reduziert werden.
Erneute Arbeitszeitverringerung kann erst nach 2 Jahren erneut beantragt werden.	Arbeitszeit kann während der Elternzeit insgesamt 2-mal reduziert werden.
Mitarbeiterin hat Antrag auf Stundenreduzierung mindestens 3 Monate vor Beginn der Teilzeittätigkeit schriftlich gestellt.	Mitarbeiterin hat Antrag auf Stundenreduzierung mindestens 7 Wochen vor Beginn der gewünschten Teilzeitbeschäftigung schriftlich gestellt.
Mitarbeiterin hat Beginn und Umfang der gewünschten Stundenreduzierung und Verteilung der Arbeitszeit angegeben.	Mitarbeiterin hat Beginn und Umfang der gewünschten Stundenreduzierung und Verteilung der Arbeitszeit angegeben.
Der Teilzeitbeschäftigung stehen aus Sicht der Kita keine betrieblichen Gründe entgegen.	Der Teilzeitbeschäftigung stehen aus Sicht der Kita keine dringenden betrieblichen Gründe entgegen.

Achtung! Bei Uneinigkeit über die Verteilung der Arbeitszeit muss Ihr Träger die Monatsfrist genauso beachten und ggf. schriftlich ablehnen. Verstreicht diese Frist ungenutzt, gilt der Vorschlag der Mitarbeiterin zur Verteilung der Arbeitszeit als genehmigt.

Aufgabe der Leitung bei Anträgen auf Teilzeitbeschäftigung

Da diese Frist zur Ablehnung sehr kurz ist, ist es wichtig, dass Sie die bei Ihnen **eingehenden Anträge auf Teilzeitbeschäftigung umgehend an Ihren Träger weiterleiten**.

Sind Sie der Ansicht, dass eine Teilzeitbeschäftigung in Ihrer Kita nicht möglich oder die von der Mitarbeiterin vorgeschlagene Verteilung der Arbeitszeit so nicht haltbar ist, sollten Sie dies Ihrem Träger mit einer ausführlichen Begründung mitteilen. Dann kann dieser sich bei seiner Entscheidung über den Antrag daran orientieren.

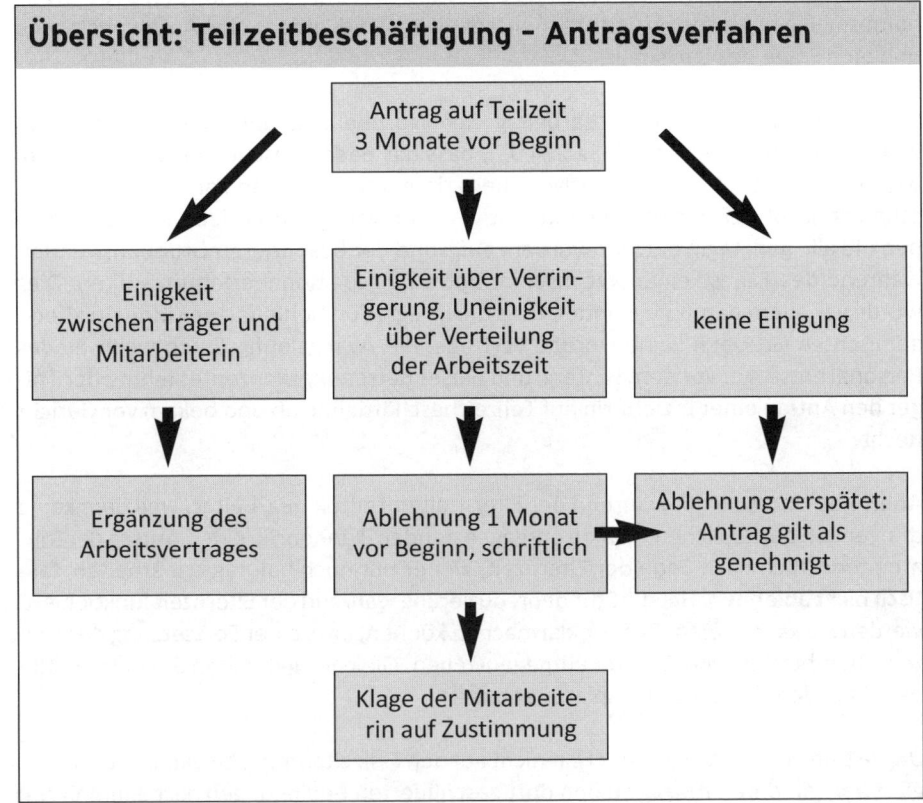

Übersicht: Teilzeitbeschäftigung - Antragsverfahren

Antrag auf Teilzeit 3 Monate vor Beginn

Einigkeit zwischen Träger und Mitarbeiterin

Einigkeit über Verringerung, Uneinigkeit über Verteilung der Arbeitszeit

keine Einigung

Ergänzung des Arbeitsvertrages

Ablehnung 1 Monat vor Beginn, schriftlich

Ablehnung verspätet: Antrag gilt als genehmigt

Klage der Mitarbeiterin auf Zustimmung

Betriebliche Gründe können Teilzeitbeschäftigung entgegenstehen
Der Gesetzgeber wollte, indem er den Anspruch auf Teilzeit geschaffen hat, vor allem Frauen die Rückkehr in den Beruf nach der Babypause erleichtern und die Teilzeitbeschäftigung auch während der Elternzeit fördern.

Daher hat er die **Hürden für die Ablehnung eines Antrages auf Stundenreduzierung auch von Arbeitgeberseite sehr hoch gelegt**. So kann Ihr Träger eine Halbtagsbeschäftigung nur dann ablehnen, wenn dieser „betriebliche" (TzBfG) bzw. „dringende betriebliche Gründe" (BEEG) entgegenstehen.

Welche Gründe dies im Einzelnen sind, sagt der Gesetzgeber allerdings nicht. Gegen eine Reduzierung der Arbeitszeit kann sprechen, dass die Organisation, die Arbeitsabläufe oder die Sicherheit in der Kita wesentlich beeinträchtigt werden oder unverhältnismäßig hohe Kosten verursachen. Letztlich ist dies immer eine Auslegungssache und eine Frage des Einzelfalls.

Wichtiger Hinweis! Das Landesarbeitsgericht Nürnberg hat entschieden (Urteil vom 23.02.2006, Aktenzeichen: 5 Sa 224/05), dass das pädagogische Konzept einer Kita der Teilzeitbeschäftigung einer Mitarbeiterin entgegenstehen kann. Im pädagogischen Konzept der betroffenen integrativen Kita war festgeschrieben, dass die Kinder, die alle ganztägig betreut wurden, aufgrund der besonderen Gruppensituation während des Tages keinen Wechsel im Betreuungspersonal erfahren sollten. Dies wurde vor allem damit begründet, dass die Integration behinderter Kinder in altersgemischten Gruppen keine Unruhe vertrage, die zwangsläufig durch wechselndes Personal entstehe. Vor dem Hintergrund dieses Betreuungskonzeptes lehnte der Träger den Antrag einer Erzieherin auf Teilzeitbeschäftigung ab und bekam vor Gericht Recht.

Aber: Hat eine Kollegin während der Elternzeit in Teilzeit gearbeitet, weil dem keine dringenden betrieblichen Gründe entgegenstanden, können Sie einen **Antrag** der Mitarbeiterin auch nach Ende der Elternzeit, weiter nur noch halbtags zu arbeiten, **faktisch nicht ablehnen.** Hat die Stundenreduzierung während der Elternzeit funktioniert, werden Sie kaum einem Richter klarmachen können, dass einer Fortsetzung der Teilzeitarbeit betriebliche Gründe entgegenstehen. Gleiches gilt, wenn Sie in Ihrer Kita bereits andere Teilzeitarbeitsplätze anbieten.

Da die Leiterin im Praxisbeispiel gar nicht auf den Teilzeitantrag der Mitarbeiterin reagiert hat, gilt deren Antrag zu den dort geschilderten Bedingungen als genehmigt.

6.3 Diese Besonderheiten sollten Sie bei 400-€-Kräften kennen

In vielen Kitas wird das Team durch so genannte 400-€-Kräfte unterstützt. Diese geringfügig Beschäftigten sind im Grundsatz „ganz normale" Teilzeitmitarbeiterinnen mit allen damit verbundenen Rechten. Dies ergibt sich aus § 2 Abs. 2 TzBfG, d. h., sie haben Anspruch auf
• Erholungsurlaub
• Entgeltfortzahlung im Krankheitsfall

- Mutterschutz
- Kündigungsschutz

Deren Verdienst ist bis zu einer Höhe von 400 € monatlich steuerfrei. Geht dieser über diesen Betrag hinaus, ist das Einkommen insgesamt zu versteuern. Die pauschalen Abgaben zur Sozialversicherung übernimmt der Arbeitgeber.

Übersicht: Aufgaben der Kita-Leitung im Zusammenhang mit Teilzeitarbeitsplätzen und befristeten Verträgen

Teilzeitarbeitsplatz	Befristete Arbeitsverträge
Keine Benachteiligung von Teilzeitmitarbeiterinnen im Kita-Alltag	Keine Benachteiligung von befristet beschäftigten Mitarbeiterinnen im Kita-Alltag
Sofortige Weitergabe von Befristungsanträgen an Träger	Kontrolle vor Arbeitsaufnahme, ob Befristung schriftlich vereinbart wurde
Stellungnahme zur Machbarkeit von Teilzeitbeschäftigung und Arbeitszeitverteilung	Kontrolle, ob Mitarbeiterin in den 3 vergangenen Jahren in der Einrichtung beschäftigt war (bei sachgrundloser Befristung)
	Kontrolle des Befristungsendes, Heimschicken einer Mitarbeiterin, die trotz Ende der Befristung weiter zur Arbeit kommt

Abkürzungsverzeichnis

AGG	Allgemeines Gleichbehandlungsgesetz
ArbZG	Arbeitszeitgesetz
AVR	Richtlinien für Arbeitsverträge
Az.	Aktenzeichen
BAG	Bundesarbeitsgericht
BDSG	Bundesdatenschutzgesetz
BEEG	Bundeselterngeld- und Elternzeitgesetz
BGB	Bürgerliches Gesetzbuch
BUrlG	Bundesurlaubsgesetz
BZRG	Bundeszentralregistergesetz
EFZG	Entgeltfortzahlungsgesetz
EuGH	Europäischer Gerichtshof
GewO	Gewerbeordnung
IfSG	Infektionsschutzgesetz
KiTaG	Kindertagesstättengesetz
KSchG	Kündigungsschutzgesetz
MAV	Mitarbeitervertretung
NachwG	Nachweisgesetz
SGB	Sozialgesetzbuch
TVöD	Tarifvertrag für den öffentlichen Dienst
TzBfG	Teilzeit- und Befristungsgesetz